LE SIÈGE DE L'ALCAZAR DE TOLÈDE

Collection CAMPAGNES & STRATÉGIES
dirigée par
Philippe RICALENS

Les Grandes Batailles

Alain HUETZ de LEMPS

LE SIÈGE DE L'ALCAZAR DE TOLÈDE

(Juillet-septembre 1936)

ECONOMICA
49, rue Héricart, 75015 Paris

À Nicole

INTRODUCTION

Le siège de l'Alcazar de Tolède, en juillet-septembre 1936, est certainement un des épisodes les plus étonnants, et glorieux, de la guerre civile espagnole. Comment expliquer qu'en plein XXe siècle, un millier de militaires, encombrés de plusieurs centaines de femmes et d'enfants, aient pu résister dans une vieille citadelle à un siège de 70 jours ? Comment les troupes gouvernementales, dotées de moyens de destruction modernes, n'ont-elles pas réussi à les neutraliser avant qu'ils ne soient délivrés par une colonne nationaliste venue de Séville ?

La résistance et la délivrance de l'Alcazar ont constitué incontestablement une aubaine pour le général Franco, qui a su remarquablement utiliser l'héroïsme des assiégés pour son profit personnel, et un échec pour les Républicains, qui purent ensuite en atténuer les effets, militairement et psychologiquement, par leur succès dans la défense de Madrid.

L'histoire du siège de l'Alcazar a donné lieu à d'innombrables ouvrages et articles. Pendant la guerre, elle a suscité des récits passionnés, trop souvent bourrés d'erreurs, qui exaltaient ou dénigraient les combattants des deux camps. Les polémiques ne se sont pas arrêtées avec la fin de la guerre civile ; cependant, au cours des dernières décennies, des études sérieuses, s'appuyant sur des documents d'archives, des témoignages et des lettres de combattants, permettent d'avoir une vision plus sereine des événements et de les replacer dans le contexte d'une période atroce pour les belligérants des deux bords. En nous appuyant sur les récits les plus fiables, nous nous sommes efforcé d'établir les faits avec le maximum d'impartialité, ce qui est évidemment plus facile pour un Français, soixante-quinze ans après la guerre.

NOTE PRÉLIMINAIRE

Les termes utilisés pour désigner les protagonistes du siège de l'Alcazar sont nombreux :

– Les assiégés ont été qualifiés, dans le camp gouvernemental, de *conjurados* (conjurés), *facciosos* (factieux), *fascistas* (fascistes), *franquistas* (franquistes), *golpistas* (auteurs du coup d'État), *insurgentes*, *insurrectos* (insurgés), *rebeldes* (rebelles), *sediciosos* (séditieux), *sublevados* (insurgés), *traidores* (traîtres) et dans le camp des insurgés de : *asediados* (assiégés), *defensores* (défenseurs), *nacionales* (nationaux), *nacionalistas* (nationalistes), *sitiados* (assiégés). Dans les journaux français, il est question aussi de *mutins*, de *blancs* (par opposition aux rouges), de *putschiste*s.

– Les assiégeants ont été qualifiés, dans le camp gouvernemental, de : *atacantes* (attaquants), *asaltantes* (assaillants), *gubernamentales* (gouvernementaux), *leales* (loyalistes), *republicanos* (républicains), *sitiadores* (assiégeants). Dans le camp des insurgés, il est question de *rojos* (rouges), *anarquistas* (anarchistes), *comunistas* (communistes), *frentepopulistas* (partisans du Front Populaire), *marxistas* (marxistes).

Principaux sigles des associations, partis et syndicats :

CEDA : Confederación española de Derechas Autonómas (droite modérée)
CNT : Confederación Nacional del Trabajo (anarchiste)
FAI : Federación Anarquista Ibérica (anarchiste)
FALANGE : Phalange, mouvement créé par José Antonio Primo de Rivera en 1933
JONS : Juntas de Ofensiva Nacional-Sindicalista (fusion avec la phalange en 1934)
MAOC : Milicias Antifascistas Obreras Campesinas (extrême gauche)
PCE : Partido Comunista español (communiste)
POUM : Partido obrero de Unificación Marxista (trotskyste)
PSOE : Partido Socialista Obrero español (socialiste)
UGT : Unión General de Trabajadores (proche des communistes)
UME : Unión Militar Española (militaires de droite)
UMRA : Unión Militar Republicana Antifascista (militaires de gauche)

La GUARDIA CIVIL, comparable à la Gendarmerie en France, fut créée en 1844 pour lutter contre le banditisme. Plusieurs fois réorganisée, elle comptait, en 1936, plus de 32 000 *guardias*, coiffés du célèbre *tricornio*.

La GUARDIA DE ASALTO (Garde d'Assaut) a été constituée en 1931 par la République pour combattre la violence urbaine ; elle rappelle la CRS française. En 1936, ces guardias étaient moins nombreux (17 000) que les gardes civils, mais plus politisés, surtout dans les grandes villes.

CHAPITRE 1

Les prémices de la guerre civile

Lorsque, le 18 juillet 1936, éclate la Guerre civile, l'Espagne se trouvait depuis longtemps dans une situation politique et sociale très instable. À la fin du XIXe siècle, après les ruineuses Guerres carlistes, les Espagnols avaient ressenti comme une humiliation la perte de leurs dernières colonies d'Amérique (Cuba, Puerto Rico…) et d'Océanie (Philippines…) ; les opérations militaires qu'ils avaient finalement menées à bien dans le Rif marocain avaient été suivies de plusieurs années de dictature du général Primo de Rivera. Le roi Alphonse XIII avait perdu progressivement toute autorité, le mouvement en faveur de la République n'avait cessé de s'affirmer et, après le départ de Primo de Rivera en janvier 1930, les partisans d'un changement de régime, socialistes, radicaux, libéraux, régionalistes, syndicalistes… avaient réussi à s'unir et avaient signé, le 17 août 1930, le « Pacte de Saint Sébastien », qui préparait l'avènement de la République.

Le 12 avril 1931, des élections municipales se déroulent dans toute l'Espagne : les listes « républicaines » obtiennent la majorité dans 41 des capitales de province. À la suite de ce triomphe, Niceto Alcalá Zamora, chef du gouvernement, proclame la République le 14 avril devant la foule assemblée sur la place de la Puerta del Sol de Madrid. Le 17, le roi annonce que, pour éviter toute effusion de sang, il quitte l'Espagne mais il n'abdique pas. Le 14 juillet, une assemblée constituante est élue ; elle prépare la nouvelle Constitution qui est promulguée le 9 décembre 1931 [1].

1. Parmi les nombreux ouvrages en langue française sur cette période : Pérez Joseph. *Histoire de l'Espagne*, Paris, Fayard, 1996, 921 p. Pour la Guerre civile, le plus complet est celui de Bennassar Bartolomé, *La Guerre d'Espagne et ses lendemains*, Paris, Perrin, 2004, 548 p.

1. L'instabilité politique

De 1931 à 1936, des gouvernements de tendances opposées vont se succéder et cette alternance s'accompagne de mesures législatives contradictoires qui traduisent les oppositions de plus en plus vives entre les diverses classes sociales du pays.

Les élections au Parlement (*Cortes*) du 28 juin 1931 confirment le succès de la coalition de gauche, qui enlève 280 sièges, dont 117 socialistes, 93 radicaux et 59 radicaux-socialistes, tandis que le centre en obtient seulement 120 et la droite 85. Le Président de la République Alcalá Zamora fait appel à Manuel Azaña comme Premier ministre. Profitant du soutien populaire, le gouvernement, qui comprend plusieurs ministres socialistes (Indalecio Prieto, Francisco Largo Caballero), entreprend des réformes sociales comme la lutte contre l'illettrisme, la réforme agraire… que les révolutionnaires, anarchistes et communistes trouvent très insuffisantes, tandis que la droite dénonce des mesures anticléricales et s'inquiète de l'adoption, le 15 juin 1932, du Statut de la Catalogne avec la création de la *Generalitat*.

L'inquiétude de la droite se traduit par le renforcement de la CEDA (*Confederación Española de Derechas Autonómicas*) dont le chef est José Maria Gil Robles et par l'apparition d'une « extrême droite » avec la création des JONS (*Juntas de Ofensiva Nacional-Sindicalista*) par Onésimo Redondo et, le 29 octobre 1933, José Antonio Primo de Rivera, le fils de l'ancien dictateur, fonde la phalange espagnole (*Falange española*). Les JONS et la phalange fusionnent en février 1934. Les *falangistas* sont très influencés par les fascistes italiens et ils commencent à constituer des groupes d'action qui vont se heurter aux milices d'extrême gauche.

À l'intérieur de la coalition de gauche, des dissensions éclatent et les socialistes qui faisaient partie du gouvernement donnent leur démission. Le président de la République Alcalá Zamora dissout les Cortes. Les élections ont lieu en octobre 1933 : elles sont gagnées par une coalition de centre-droit groupant la CEDA de Gil Robles (113 sièges) et le Parti Radical d'Alexandre Lerroux (104 sièges). La gauche est battue, avec 98 sièges dont 58 pour le parti socialiste, le PSOE ; les communistes ont un seul député. Divers groupes du Centre obtiennent 102 députés.

L'arrivée de la droite au pouvoir est suivie de nouvelles difficultés et de nouveaux affrontements. Bien que la situation économique se soit un peu améliorée par rapport aux années précédentes, les conflits sociaux se multiplient. Les grèves de la seule année 1934 représentent plus de 11 millions de journées de travail perdues. La révolte des mineurs dans les Asturies est suivie d'une implacable répression.

Le gouvernement remet en cause une partie des lois votées par la précédente assemblée et suspend l'application du Statut de la Catalogne. L'opposition de gauche est de plus en plus violente, non seulement aux Cortes mais aussi dans les manifestations de rue. Largo Caballero, leader du PSOE, n'hésite pas à déclarer « Nous devrons nécessairement en venir à la Guerre civile ouverte », et la CNT (*Confederación Nacional del Tra-*

bajo), épaulée par la FAI (*Federación Anarquista Ibérica*) préconise la « révolution totale ». À l'extrême droite, la phalange pratique elle aussi la violence et les affrontements deviennent parfois sanglants. José Antonio Primo de Rivera déclare en juillet 1935 : « Nous n'avons pas d'autre choix que d'aller à l'insurrection. Notre devoir est d'aller à la Guerre civile. »

La droite modérée qui gouverne est elle-même divisée. Alexandre Lerroux, chef du Parti Radical, est discrédité par des affaires de corruption, Gil Robles, qui dirige la CEDA, est combattu par José Calvo Sotelo, un ancien ministre du dictateur Primo de Rivera, qui est rentré en Espagne après quelques années d'exil, a été élu député et a fondé son propre parti, le *Bloque Nacional* en décembre 1934. Les dissensions dans la majorité de droite conduisent le Président de la République à dissoudre l'assemblée à la fin de 1935.

Les élections du 16 février 1936 se déroulent dans un climat politique très lourd ; les accusations de fraudes, à droite comme à gauche, se sont multipliées. La gauche et l'extrême gauche, regroupées par un pacte signé le 15 janvier en un « Front Populaire », obtient plus de voix que la droite (4 838 449 contre 3 996 931 et 449 320 au Centre) et la victoire est amplifiée par la loi électorale : le « Front Populaire » enlève 277 sièges ; aux 99 élus du PSOE, s'ajoutent 84 élus de la Gauche Républicaine d'Azaña, 37 de l'Union Républicaine de Martínez Barrio, 38 de l'Esquerra catalane de Campanys et 17 du parti communiste (PCE) ; le POUM, de tendance trotskyste, en a un seul. À droite, la CEDA recule (86 sièges) et la *Renovación española* de Calvo Sotelo n'a que 11 députés ; le Parti Radical s'effondre (6 sièges, Lerroux est battu) et le Centre de Valladares a seulement 14 représentants aux Cortes.

Dès le 19 février, le président de la République Alcalá Zamora demande à Manuel Azaña de former le gouvernement ; les Cortes « déposent » Alcalá Zamora, considéré comme incapable de faire face à la situation, et élisent Azaña comme Président de la République. Celui-ci fait appel à Martínez Barrio mais des dissensions apparaissent dans la majorité de gauche ; Largo Caballero, chef des socialistes, refuse de participer au gouvernement. Les condamnés de l'insurrection de 1934 dans les Asturies sont amnistiés, le statut de la Catalogne est rétabli, la réforme agraire est relancée. Mais, des mesures maladroites et sectaires contre le clergé et contre la hiérarchie militaire aggravent les tensions et la situation est de plus en plus tendue à Madrid comme en province.

2. L'aggravation des conflits sociaux

Pendant la Deuxième République, les gouvernements de gauche comme ceux de droite, qui ont été alternativement au pouvoir, ont été confrontés à des conflits sociaux qu'ils n'ont pas su, ou pas pu, maîtriser. Les dirigeants du pays ont été souvent dépassés par des mouvements populaires, plus ou moins encadrés par les organisations syndicales d'extrême gauche. L'UGT (*Unión General de Trabajadores*), fondée en 1885, est marxiste ; la révolution russe de 1917 constitue pour elle un modèle à suivre ; elle est fortement implantée à Madrid et dans le Nord du pays. Plus puissante encore est la CNT (*Confederación Nacional del Trabajo*), qui se développe à partir de 1911 en Catalogne et dans toute la moitié Sud du pays. Épaulée par la FAI (*Federación Anarquista Ibérica*), la CNT anarchiste est très active ; elle n'hésite pas à pratiquer le terrorisme. Des milices, les MAOC (*Milicias Antifascistas Obreras Campesinas*), ont été constituées dans certaines régions. Nous verrons que la rivalité entre les communistes (PCE-UGT) et les anarchistes de la CNT-FAI a été très vive pendant le siège de l'Alcazar à Tolède ; elle aboutira à des conflits sanglants en Catalogne.

La situation du monde rural était particulièrement inquiétante. Certes de grandes différences existaient entre les régions : le niveau de vie des petits ou moyens propriétaires de Navarre n'avait rien à voir avec celui des masses de paysans sans terre d'Andalousie, d'Estremadure ou de Nouvelle Castille, où la misère engendrait la violence. Une réforme agraire était nécessaire : elle fut votée par les Cortes le 9 septembre 1932 ; elle visait surtout les immenses domaines des « Grands d'Espagne », qui furent expropriés sans indemnité, mais les crédits nécessaires à l'installation des paysans étaient très insuffisants. La droite revenue au pouvoir a continué cette installation de paysans sans terre, *braceros* en Castille, *jornaleros* en Andalousie, *yunteros* en Estremadure, sur des terres parfois déjà occupées illégalement ; en compensation, elle vote l'indemnisation des grands propriétaires. À la fin de 1934, sur les 577 000 hectares visés par la loi de 1932, seuls 89 000 avaient été effectivement expropriés.

Lorsque le Front Populaire arrive au pouvoir en février 1936, un « coup d'accélérateur » est donné à la réforme agraire : en 4 mois, près de 72 000 paysans sont installés sur 233 000 ha ; cependant, bien souvent, il s'agit là encore de terres occupées illégalement. Au moment où éclate la Guerre civile, les occupations se généralisent dans les zones restées républicaines et dans certains villages, se met en place une exploitation collective des terres inspirée du modèle soviétique.

Dans les régions industrielles et minières, la situation des ouvriers est également précaire, d'autant plus qu'à partir de 1930, la crise mondiale sévit et que le chômage se développe. Les grèves se multiplient et prennent parfois un caractère insurrectionnel. En octobre 1934, sous le gouvernement de droite, les syndicats ouvriers lancent un appel à la grève générale et à l'occupation des bâtiments publics. À Madrid, dans le Pays Basque, en Andalousie, le mouvement est peu suivi et l'autorité du gouvernement n'est pas remise en cause. Par contre, en Catalogne où le régionalisme est exacerbé, le président de la Generalitat, Lluis Companys, en profite pour proclamer « l'État Catalan » : le gouvernement de Madrid déclare l'état de Guerre, menace de bombarder la Generalitat et le mouvement tourne court.

Il n'en est pas de même dans les Asturies : les mineurs groupés dans la *Alianza Obrera* se révoltent, prennent d'assaut des casernes, des fabriques d'armes et occupent la capitale des Asturies, Oviedo. Le rétablissement de l'autorité de l'État est brutal : le ministre de la Guerre Hidalgo, épaulé par son « adjoint technique », le général Francisco Franco, envoie trois colonnes armées, dont une de *regulares* marocains commandée par le colonel Yagüe. Les insurgés sont écrasés, Oviedo est reprise. Le bilan est lourd, probablement plus de 3 000 morts et quelque 30 000 arrestations mais les condamnés seront ensuite amnistiés par le Front Populaire. Quant aux responsables politiques qui ont encouragé la révolte, Indalecio Prieto et Largo Caballero, ils sont épargnés, ce qui leur permettra de garder toute leur place dans le mouvement révolutionnaire.

3. La virulence de l'anticléricalisme

Le clergé était alors considéré par de nombreux Espagnols comme un des principaux responsables du retard économique et social du pays. Il était l'objet de l'hostilité de deux groupes très différents. Une partie de l'élite intellectuelle des villes, notamment de Madrid, se considérait comme l'héritière du « mouvement des lumières » du XVIIIe siècle et de la Révolution française ; beaucoup étaient « libre-penseurs » et appartenaient à des loges maçonniques, qui, pour la plupart, étaient très hostiles à l'Église catholique. Ils tenaient une place importante dans la haute administration et les partis politiques de gauche. Arrivés au pouvoir avec la proclamation de la République, ils rédigent la Constitution de 1931 qui établit la liberté de culte, la séparation de l'Église et de l'État, mais ce sont surtout les mesures suivantes qui choquèrent les catholiques, en particulier la loi du 17 mai 1933 qui déclarait propriétés publiques les églises et autres édifices cultuels et la loi du 1er octobre 1933 qui interdisait aux Congrégations religieuses d'enseigner. Ces lois furent suspendues lorsque la droite revint temporairement au pouvoir et rétablies après la victoire du Front Populaire.

Les catholiques reprochèrent aux gouvernements de gauche leur passivité, ou parfois même leur complicité, lors des exactions commises par les anarchistes contre les édifices religieux. Après la proclamation de la République, en mai 1931, une douzaine d'églises et de couvents furent incendiés à Madrid et à Séville sans que le gouvernement réagisse et, après la victoire du Front Populaire en février 1936, les agressions contre des membres du clergé se sont généralisées. Il s'agit là du prélude aux effroyables massacres de prêtres et de religieuses du début de la Guerre civile. De nombreux catholiques, bouleversés par ces crimes, rallieront pour cette raison le camp franquiste.

4. Une armée inquiète et divisée

Au XIXe siècle et au début du XXe, l'armée avait à plusieurs reprises fomenté des coups d'État, des *pronunciamentos,* et en septembre 1923, celui de Primo de Rivera avait réussi : le général avait exercé un pouvoir autoritaire jusqu'en janvier 1930. L'armée, meurtrie par le désastre d'Anoual dans le Rif, s'était ressaisie et avait finalement gagné la Guerre avec l'aide de la France : l'Espagne avait obtenu le protectorat sur le Nord du Maroc ; après la fin de la Guerre, Primo de Rivera avait entrepris une réorganisation de l'armée, mis d'office à la retraite une partie des 217 généraux et licencié de nombreux officiers. Aussi la majeure partie de l'armée s'était-elle ralliée à la République, mais le gouvernement de gauche poursuivit les mises à la retraite d'office et prit quelques mesures très mal perçues par les militaires, notamment la suppression des promotions pour faits de Guerre, qui fut suivie de rétrogradations. Le malaise aboutit, en août 1932, à la révolte du général Sanjurjo, qui tente de prendre le ministère de la Guerre mais qui échoue piteusement car les autres généraux refusent de le suivre ; condamné à mort puis gracié, il se réfugie au Portugal. Mais la défiance subsiste, certains officiers constituent un réseau clandestin, l'UME (*Unión Militar Española*), qui jouera un rôle certain dans les événements de 1936.

Le gouvernement de droite issu des élections d'octobre 1933 s'est appuyé sur l'armée pour juguler les mouvements insurrectionnels de 1934, en Catalogne et surtout dans les Asturies. Le général Franco, qui avait organisé les opérations dans les Asturies, est promu général de division et chef de l'état-major central ; le général Goded est nommé Inspecteur de l'Armée et le général Mola devient gouverneur général du Protectorat du Maroc.

Après la victoire du Front Populaire en février 1936 et le retour de Manuel Azaña comme chef du gouvernement puis son ascension comme chef de l'État, le commandement de l'armée est réorganisé, sept généraux sont laissés sans commandement et les trois généraux que le ministre de la Guerre considère comme les plus dangereux pour le pouvoir sont « éloignés » : le général Franco est nommé aux Canaries, le général Goded aux Baléares, le général Mola en Navarre. Cette décision s'est révélée catastrophique pour le gouvernement car elle a donné à ces militaires une plus grande liberté d'action et la possibilité de préparer le soulèvement.

CHAPITRE 2

Le soulèvement de juillet 1936

La campagne électorale précédant les élections de février 1936 avait été émaillée de multiples incidents et la victoire du Front Populaire n'a pas permis l'apaisement. Les résultats des élections sont contestés dans certaines villes comme Grenade. Les anarchistes et les communistes s'attaquent au clergé, des processions sont assaillies, des églises sont incendiées : aux Cortes, Gil Robles indique en juillet 1936 que du 16 février au 16 juin, 160 églises ont été détruites par le feu en Espagne. Les affrontements entre les groupes d'extrême droite et d'extrême gauche sont de plus en plus violents et sanglants. Dans une ville comme Valladolid où existent à la fois des milices de cheminots anarchistes ou communistes et les groupes actifs des JONS-Falange, on déplore une vingtaine de morts entre février et juillet 1936. Même dans les villages, les meurtres se multiplient. Le gouvernement est incapable de maintenir l'ordre. Cependant, le 14 mars, il se décide à agir contre la phalange, qui est mise hors la loi ; son chef, Onésimo Redondo, le fondateur des JONS en Castille, est arrêté en même temps que 150 de ses partisans et quelques militants d'extrême gauche : ils se retrouvent tous dans les mêmes prisons, où ils continuent à s'affronter !

Les grèves perturbent l'activité économique, à la ville comme à la campagne. Le 1er juin, à Madrid, l'UGT et la CNT, momentanément unies, décident de lancer une grève générale dans le secteur du bâtiment. Progressivement, les militants de la CNT s'opposent à ceux de l'UGT et les affrontements font plusieurs morts. La bourgeoisie est inquiète, des socialistes lucides comme Prieto dénoncent les dangers que cette anarchie fait courir à la République et craignent de plus en plus une intervention de l'armée.

1. Le complot des militaires

Une partie des généraux qui ont été mis en disponibilité et ceux qui doivent partir pour leur nouvelle affectation se réunissent clandestinement le 9 mars 1936 à Madrid ; ils envisagent de déclencher un coup d'État qui serait dirigé par le général Rodríguez del Barrio et ils en fixent même la date éventuelle, le 20 avril. Mais cette date est prématurée, d'autant plus que le général Rodríguez del Barrio est malade, atteint d'un cancer, qui va d'ailleurs l'emporter rapidement. Le général Mola prend alors en mains la préparation du soulèvement ; comme il est seulement général de brigade, il se place sous l'autorité du général Sanjurjo, alors exilé au Portugal. Mola, qui prend le nom de code de *Director*, obtient le soutien de la plupart des généraux monarchistes et, en mai, il arrive à avoir l'accord de certains généraux réputés « républicains », Miguel Cabanellas, qui commande à Saragosse et Queipo de Llano, qui est en Andalousie. Il s'appuie sur les membres de l'UME qui est très bien implantée parmi les colonels et commandants. Le ralliement de la phalange se fait aisément et après de difficiles discussions sur le drapeau et le futur régime politique, il réussit à obtenir le concours des Carlistes de Navarre. Ces derniers sont très hostiles au gouvernement de la République et ils avaient établi des contacts avec les fascistes italiens, qui leur avaient fourni des armes ; ils avaient constitué une puissante milice : les *Requetes*, au célèbre béret rouge, étaient environ 7 000.

Cependant, un des généraux, qui était pourtant présent à la réunion du 9 mars, réserve sa réponse sur son éventuelle participation au soulèvement : le général Franco ne veut pas se compromettre prématurément ; de plus, il déteste Sanjurjo. Or le ralliement de Franco est indispensable pour assurer celui de l'Armée d'Afrique, qui lui voue une grande admiration. Cette armée, installée dans le Protectorat du Maroc, comprend, en plus des régiments de soldats espagnols, deux unités d'élite, les *Regulares* et le *Tercio*. Les *Regulares* sont des Marocains (*Moros*), recrutés depuis 1911 pour les opérations dans le Rif et encadrés par des officiers espagnols. L'unité de base est le *tabor*, qui comprend 4 compagnies d'infanterie, un escadron de cavalerie et une section de mitrailleurs espagnols. En juillet 1936, on comptait environ 9 000 *Regulares* et 8 000 auxiliaires. Le *Tercio* est la Légion étrangère espagnole, créée en 1920 par le général Millán Astray, sur le modèle français. Elle est divisée en plusieurs *banderas* et comprend environ 5 000 hommes.

Les hésitations de Franco irritent non seulement Mola mais aussi ses amis civils qui font partie du complot, notamment le directeur du journal ABC, Luca de Tena, le journaliste Luis Bolín, correspondant de l'ABC à Londres, le banquier Juan March, qui finance l'achat d'armes. Le célèbre ingénieur Juan de la Cierva, très connu à Londres, loue discrètement un avion bimoteur De Havilland, le *Dragon Rapide*, en vue d'un transfert secret de Franco des Canaries au Maroc. Le pilote anglais, le capitaine Cecil Bebb, transporte Luis Bolín et deux jeunes touristes anglaises pour donner le change ; il se rend aux Canaries en passant par Bordeaux, Biarritz, Porto, Lisbonne, où Bolin rencontre le général Sanjurjo, Casablanca et Cap Juby. Aux Canaries, l'avion est en attente à Gando (Gran Canaria). Mola avait prévu que si Franco renonçait, l'avion irait chercher Sanjurjo à Lisbonne.

Il est évident qu'un complot d'une telle ampleur ne pouvait rester longtemps secret. Le président Azaña était parfaitement au courant de ce qui se tramait, en particulier grâce aux rapports du chef de la police de la Generalitat de Catalogne. Il attend le début de juillet pour essayer d'éloigner du Maroc le colonel Yagüe en lui proposant un poste important dans la Péninsule, mais Yagüe le refuse. En fait, dans l'entourage du président, beaucoup pensaient qu'il fallait crever l'abcès, qu'une bonne partie de l'armée restait fidèle à la République, et que le putsch échouerait comme celui de Sanjurjo en 1932. Inversement, de nombreux militaires favorables au soulèvement croyaient qu'il y aurait peu de résistance comme cela avait été le cas lors de la prise du pouvoir par Primo de Rivera en 1923. Quelle erreur tragique, quel manque de lucidité de la part des protagonistes des deux camps !

2. Le déclenchement du soulèvement au Maroc et en Andalousie

Le début du soulèvement (*sublevación* ou *alzamiento*) avait été fixé par les conjurés au 18 juillet, mais des événements dramatiques à Madrid vont perturber quelque peu le déroulement des opérations. Le 12 juillet, le lieutenant des gardes d'assaut José del Castillo, membre de l'UMRA, est assassiné par des phalangistes, qui voulaient venger Andrés Saenz de Heredia, un cousin de José Antonio Primo de Rivera, que Castillo avait tué au cours d'une manifestation. Le lendemain, les compagnons de Castillo arrêtent le député Calvo Sotelo, un des chefs de l'opposition au Parlement et l'assassinent[1].

Dès que les officiers conjurés du Maroc apprennent la nouvelle, ils décident de passer à l'action : dans la soirée du 17 juillet, un bataillon de la Légion part de Alhucemas et se dirige vers Melilla ; le colonel Luis Solans et le lieutenant-colonel Segui arrêtent le général Romerales et proclament l'état de guerre. À Tétouan, le colonel Asensio Cabanillas prend le contrôle du Haut Commissariat, arrête le Haut Commissaire Alvarez Buylla, mais, à l'aérodrome, il se heurte à la résistance de certains aviateurs, en particulier du commandant Ricardo de la Puente Bahamonde, cousin germain du général Franco, qui rend inutilisable 7 des 10 Breguet XIX puis se rend : il est fusillé. À Ceuta, le lieutenant-colonel Yagüe se rend maître de la ville en deux heures. Quelques combats ont lieu à Larache, mais la ville est, elle aussi, conquise. Dès le 19 au matin, tout le Protectorat du Maroc est aux mains des insurgés.

C'est ce jour-là qu'arrive, vers 7 heures du matin, le général Franco. Dès qu'il a appris l'assassinat de Calvo Sotelo, Franco a considéré que ce meurtre fournissait à la rébellion une justification morale supplémentaire et que l'affrontement était devenu inévitable : il avait donc télégraphié à Mola un message pour donner son accord. Le *Dragon Rapide* l'attendait ;

1. Laviana, ed., *La guerra civil española mes a mes*, Biblioteca El Mundo, vol. 2 : Julio 1936, La sublevación, p. 53.

l'avion l'emmène vers le Maroc, en faisant escale à Agadir et Casablanca, où il passe la nuit du 18 au 19 juillet. À son arrivée au Maroc, il adresse un message à tous les chefs militaires espagnols annonçant son ralliement au soulèvement. De son côté, le général Sanjurjo veut quitter Lisbonne pour rejoindre les conjurés : le 20 juillet, son avion s'écrase au décollage et le général est tué.

De l'autre côté du détroit de Gibraltar, à Séville, le général Queipo de Llano, accompagné de son aide de camp et de trois officiers, se rend chez le chef de la 2e Division, qui refuse de se rallier à l'insurrection ; Queipo de Llano l'enferme dans son bureau, se rend à la caserne d'infanterie, remplace le colonel par un de ses capitaines, fraternise avec les soldats et les fait défiler dans le centre de la ville à plusieurs reprises. Il occupe les bâtiments publics et prend le contrôle de l'aérodrome : dès le 20 juillet les trois Breguet arrivent de Tetouan avec 40 Légionnaires et 24 Regulares. Mais les quartiers périphériques de la ville, Triana, San Marcos, la Macarena…, sont aux mains des milices ouvrières, qui essaient de prendre la Maestranza de Artillería, où sont stockés 40 000 fusils mais elles échouent ; elles ne seront éliminées par les troupes nationalistes qu'au prix de violents combats suivis d'une terrible répression. Le gouverneur civil de Huelva distribue des armes aux ouvriers qui forment une colonne pour aller aider leurs camarades de Séville mais ils sont décimés sur la route par les troupes nationalistes.

Le problème essentiel qui se pose aux insurgés est de faire passer une partie de l'Armée d'Afrique, notamment les Regulares et la Légion, du Maroc en Espagne à travers le détroit de Gibraltar. Dès le 19 juillet, un destroyer et deux cargos quittent Ceuta avec 220 Regulares qui sont débarqués à Cadix, où Varela, retenu dans le Castillo de Santa Catalina, a été libéré et prend le commandement des insurgés, tandis que 170 autres arrivent à Algesiras sur une canonnière. Le 25 juillet, une compagnie de Légionnaires arrive à Tarifa. Un millier d'hommes ont été transférés par mer entre le 20 et le 29 juillet. Cependant, la situation dans la Marine est très confuse. La majeure partie des officiers soutient la rébellion mais, sur plusieurs bateaux, les équipages se mutinent et exécutent leurs chefs. C'est seulement le 5 août qu'un véritable convoi bien protégé peut franchir le détroit et débarquer 2 500 hommes et du matériel.

Pour faire passer des troupes très rapidement, il fallait faire appel au transport aérien et organiser le premier véritable pont aérien de l'Histoire. Les trois Breguet firent plusieurs navettes par jour entre Ceuta et Jerez ou Séville, mais c'était très insuffisant. Le 22 juillet, le général Franco et le lieutenant-colonel Beigbeder font parvenir un message urgent à Hitler, qui décide d'envoyer plusieurs Junkers 52 avec leurs équipages allemands et quelques avions de chasse pour les escorter. Les premiers arrivent le 27 juillet et, du 29 juillet au 5 août, ils transportent 1 500 hommes. Les Italiens sont également sollicités et ils envoient plusieurs Savoia-Marchetti.

Le pont aérien continue pendant tout le mois d'août et en septembre ; il permit de transporter au total 11 900 hommes et 274 tonnes de matériel.

Grâce à lui, les Nationaux purent consolider leur occupation de l'Andalousie occidentale et surtout organiser les colonnes de Marocains et de Légionnaires qui devaient marcher vers Madrid et délivrer les assiégés de l'Alcazar.

3. Succès et échecs du soulèvement

À l'autre extrémité de la Péninsule, en Navarre, le soulèvement, bien préparé par le général Mola, réussit facilement. Dès le 18, Pampelune est aux mains des insurgés. Le 19, l'état de guerre est proclamé et, après avoir entendu la messe, les *requetes* s'enrôlent dans l'enthousiasme. Ils forment une colonne de 1 200 hommes qui pénètre en Aragon, occupe Huesca puis descend vers Saragosse pour épauler le général Cabanellas qui, en dépit de sa réputation d'homme de gauche et franc-maçon notoire, s'est rallié au complot mais fait croire qu'il est fidèle à la République. Le général Nuñez de Prado, Director general de Aeronáutica, essaie d'empêcher le ralliement de Cabanellas : il est arrêté et fusillé. La capitale de l'Aragon est une importante ville industrielle et les ouvriers sont nombreux. Lorsque les milices s'aperçoivent qu'elles ont été bernées, elles tentent de réagir en déclarant la grève générale, mais c'est trop tard : elles sont écrasées par l'armée.

Le général Mola, dont l'autorité sur les régions soulevées du Nord se trouve accrue après la mort accidentelle de Sanjurjo au Portugal, envoie une colonne vers le Sud-Ouest où les insurgés se sont rendus maîtres de Burgos, puis de Valladolid, où les combats ont été plus meurtriers. Les généraux fidèles au gouvernement sont arrêtés et plusieurs d'entre eux fusillés. Les troupes nationales poursuivent leur progression vers le Sud, vers Madrid et atteignent la Cordillère centrale : elles se heurtent aux troupes venues de Madrid et ne progressent plus. Par contre, elles étendent leur domination sur le León et jusqu'au Nord de l'Estremadure. Dans la capitale des Asturies, Oviedo, le colonel Aranda fait croire aux milices ouvrières qu'il restait fidèle au gouvernement et leur suggéra d'envoyer une colonne de secours pour aider le peuple de Madrid ; 4 000 hommes, mal armés, prirent le chemin de Madrid et le colonel Aranda en profita pour prendre le contrôle de la ville d'Oviedo. Prévenues en route, les milices ouvrières rebroussèrent chemin, revinrent dans les Asturies et encerclèrent Aranda dans Oviedo, mais celui-ci fut délivré ensuite par une colonne nationale venue de Galice.

En effet, en Galice, où la situation a été d'abord confuse, la résistance des ouvriers du Ferrol et de Vigo n'a duré que quelques jours et les nationaux réussissent à contrôler toute la région. De même, dans les îles Baléares, les troupes commandées par le général Goded rejoignent le camp des insurgés.

Au total, quelques jours après le début du soulèvement (*movimiento*), les nationalistes contrôlent environ la moitié du territoire espagnol, mais ils sont loin d'avoir atteint tous leurs objectifs. Ils ont échoué dans plusieurs régions vitales du pays, dans les provinces de la côte septentrionale, provinces basques, Montaña de Santander et la majeure partie des Asturies ; sur la côte méditerranéenne, les soulèvements militaires sont rapidement brisés ; il en est de même à Madrid, la capitale du pays.

Dans le pays basque, où le chef du parti nationaliste, Manuel de Irujo, se déclare dès le 18 juillet fidèle au gouvernement républicain, il n'y eut pas de soulèvement militaire à Bilbao. Par contre à Saint-Sébastien, une partie de l'armée se révolte, de durs combats se déroulent en ville jusqu'à la prise par les Républicains de l'hôtel Maria Cristina le 23 juillet ; la caserne de Loyola se soulève aussi : elle est isolée, encerclée par les gouvernementaux et elle capitule. Il fallut ensuite que les troupes du général Mola attaquent le Guipúzcoa à partir de la Navarre pour couper le pays basque espagnol de la frontière française.

Le partage de l'Espagne entre Républicains et Nationaux au début du mois d'août 1936

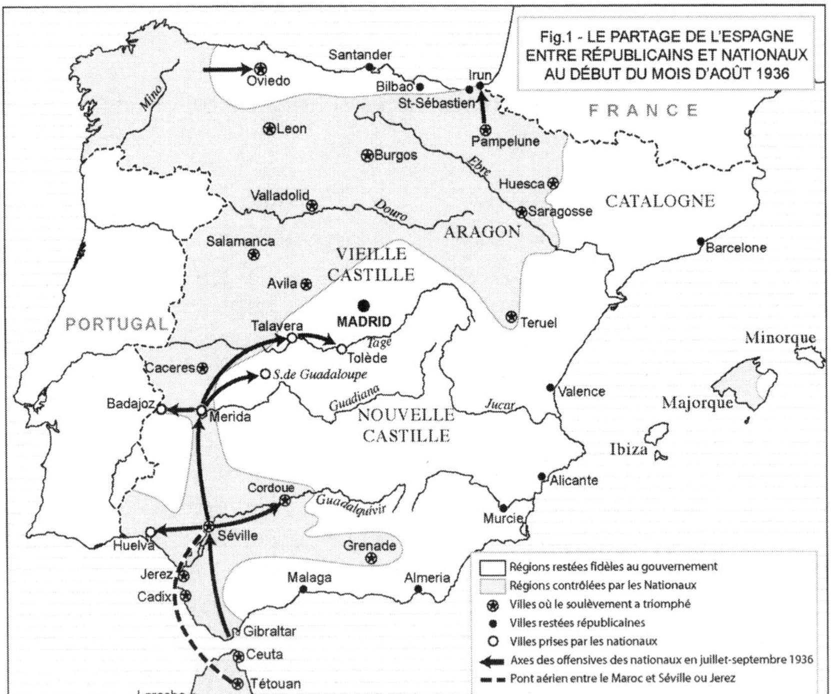

Les insurgés connaissent un grave échec à Barcelone, où pourtant le *movimiento* avait été soigneusement préparé par le général Goded. Mais toutes les unités de l'armée n'ont pas accepté de participer au soulèvement, certaines se sont même mutinées et ont exécuté leurs officiers. La garde civile, commandée par le colonel Escobar, est restée fidèle au gouvernement. Les anarchistes avaient constitué des milices commandées par

Durruti ; de violents combats ont lieu dans le centre de la ville les 19 et 20 juillet. Dans la soirée du 20, après la prise de l'armurerie de San Andrés et de ses 30 000 fusils, la victoire des miliciens est acquise ; le général Goded, arrivé des Baléares et encerclé dans la *Capitanía general*, se rend ; il est ensuite jugé, condamné à mort et fusillé.

À Valence, les chefs de l'armée, informés des événements de Barcelone, sont hésitants ; l'armée ne sort pas de ses casernes, ce qui donne le temps aux miliciens de constituer un comité révolutionnaire, qui prend le contrôle de la ville, et d'attaquer les quelques casernes rebelles, qui ne tardent pas à capituler. À Alicante, l'armée ne bouge pas, ce qui n'empêche pas les révolutionnaires de s'en prendre, comme à Valence, à tous ceux qui ne partagent pas leur idéal. José Antonio Primo de Rivera, le chef de la phalange, fait parvenir un message en faveur de la rébellion depuis sa prison, où il restera jusqu'à son exécution en novembre 1936. À Murcie, Carthagène, et sur la côte andalouse jusqu'à Málaga, la situation évolue rapidement en faveur des gouvernementaux. À Málaga, l'armée prend part d'abord au soulèvement, occupe le centre de la ville mais le général Patxet donne ensuite l'ordre à ses troupes de rentrer dans leur caserne, ce qui permet aux milices ouvrières et aux gardes d'assaut de se mobiliser, de recevoir l'aide des marins mutins du navire *Sánchez Barraiz*, d'encercler la caserne puis d'y mettre le feu : les soldats se rendent.

Le plus grave échec de la rébellion est subi à Madrid, la capitale siège du gouvernement. Dès que les Madrilènes apprennent la nouvelle du soulèvement au Maroc, les organisations ouvrières se mobilisent, parcourent les rues de la ville et réclament des armes. Le chef du gouvernement Casares Quiroga, dépassé par les événements, est contraint à démissionner ; le président de la République Azaña nomme pour le remplacer un républicain modéré, Diego Martínez Barrio, qui cherche à négocier avec le général Mola mais sans succès : il démissionne à son tour et, dès le 19 juillet, Azaña fait appel à José Giral, qui décide de distribuer 5 000 fusils aux volontaires pour qu'ils s'organisent en milices et aillent renforcer les gardes d'assaut fidèles au gouvernement. Dans les casernes, une partie des soldats refusent de suivre leurs chefs, qui sont hésitants sur la conduite à suivre et ne proclament l'état de guerre que le 19 au soir, bien trop tard. De nombreux officiers se regroupent dans la caserne de la Montaña, en face du Palais royal, où ils sont encerclés par les gardes d'assaut et les miliciens. Le 20, après des combats acharnés, ils capitulent, sont abattus sur place et les quelques prisonniers, dont le chef de la rébellion, le général Fanjul, sont jugés et fusillés.

Ainsi, quelques jours après le début du soulèvement, le gouvernement républicain garde le contrôle de plus de la moitié du territoire espagnol, en particulier les régions les plus peuplées et les plus grandes agglomérations, Madrid, Barcelone, Valence, Bilbao, Málaga... à l'exception de Séville, de même que les plus importantes régions industrielles, Pays Basque, Asturies, Catalogne..., soit au total les trois-cinquièmes de la population du pays. Tolède, située à seulement 70 kilomètres au Sud de

Madrid, est complètement isolée au milieu du territoire contrôlé par le gouvernement. Le colonel Moscardó et les officiers de la garnison vont pourtant participer au soulèvement ; réfugiés dans l'Alcazar, encerclés, ils vont réussir à se maintenir jusqu'à l'arrivée des troupes franquistes.

Le soulèvement avait souvent échoué parce que l'armée était profondément divisée. Dans la Marine, les officiers s'étaient heurtés fréquemment à l'opposition de leurs propres équipages et beaucoup avaient été assassinés ; 60 des 88 navires de la marine de Guerre espagnole étaient « républicains ». Les aviateurs sont restés pour les trois-quarts du côté républicain ; cependant, la majeure partie des 300 avions était vétuste et certains inutilisables. En ce qui concerne l'armée de terre, il y avait, semble-t-il, dans chaque camp des effectifs comparables ; côté républicain, aux soldats, s'ajoutaient les miliciens, au début de la Guerre mal équipés et trop indisciplinés, alors que les insurgés bénéficiaient des unités d'élite des *regulares* marocains et de la Légion étrangère.

Pour de nombreux militaires espagnols, le ralliement à l'un des deux camps fut dicté fréquemment par des considérations religieuses, idéologiques ou politiques, mais souvent aussi par le fait qu'ils se trouvaient au moment du soulèvement dans une zone fidèle au gouvernement ou, au contraire, dans une unité qui participait à la rébellion. La Guerre civile espagnole fut immédiatement caractérisée par son extrême violence. Dans les deux camps, la haine a conduit au meurtre ; on fait peu de prisonniers, on préfère souvent fusiller ceux qui se rendent : de cette façon, ils ne causaient plus de soucis aux combattants. La vie humaine n'a plus aucune valeur. Et les civils sont trop souvent entraînés dans cette spirale de la mort.

CHAPITRE 3

Le ralliement des militaires de Tolède à l'insurrection

Après la victoire du Front Populaire aux élections législatives de février 1936, la situation est devenue explosive en Espagne, non seulement à Madrid mais aussi dans des villes de province comme Tolède. Certes, celle-ci était jusqu'alors une ville relativement calme et la droite modérée l'avait largement emporté aux élections législatives. Mais les anarchistes et les communistes avaient constitué des groupes révolutionnaires actifs, notamment parmi les ouvriers de la fabrique d'armes et l'hostilité d'une partie de la population envers les militaires de l'Académie d'Infanterie installée dans l'Alcazar, s'était traduite par des incidents entre les élèves-officiers (*cadetes*) et certains ouvriers de la ville groupés en milices, qui avaient défilé le 1er mai 1936, au cri de « Patria no, Comunismo sí ».

Pour éviter une aggravation de la tension, sur rapport du général Miaja, les cadets avaient été transférés de l'Alcazar au Campamento de los Alijares, à environ 5 kilomètres à vol d'oiseau, pour des manœuvres (*prácticas*) de fin de cours, puis le 30 juin, ils furent envoyés en vacances.

Des incidents s'étaient également produits entre les miliciens et les phalangistes : après la victoire du Front Populaire en février, le siège de la phalange avait été saccagé ; aux phalangistes de José Antonio Primo de Rivera, s'ajoutaient des groupes de jeunes traditionalistes de l'Action Populaire, considérés comme fascistes parce que catholiques. L'inquiétude s'accroît à l'annonce de l'assassinat à Madrid du lieutenant José Castillo et surtout après le meurtre de José Calvo Sotelo, leader de l'opposition au Front Populaire, le 13 juillet.

1. Tolède aux mains des insurgés

La nouvelle du soulèvement de l'armée d'Afrique est annoncée par la radio dès le 17 juillet au soir. À Tolède, des groupes se forment pour commenter l'événement, des militaires mais aussi des civils, des phalangistes,

Photo 1 – L'Alcazar avant la Guerre civile

En contrebas, le vaste *Gobierno Militar*. Au premier plan, le pont de Alcántara sur le Tage.

Photo 2 – La place de Zocodover avant la Guerre civile

Au fond, l'imposante masse de l'Alcazar.

des membres de l'Action Populaire et, à gauche, des syndicalistes, des miliciens. Le 18 au matin, la rébellion est confirmée par la presse.

Le colonel José Abeilhé Rodríguez, commandant de l'Académie militaire, est absent, en vacances d'été ; le lieutenant-colonel Valencia Somalo assure l'intérim. Le commandement de la place de Tolède est assuré par le militaire le plus ancien dans le grade le plus élevé : il s'agit du colonel José Moscardó e Ituarte, directeur de l'École Centrale de Gymnastique de l'Armée. Le colonel Moscardó désirait se rendre à Madrid afin de préparer son voyage à Berlin avec un groupe d'élèves de l'École qui devaient assister aux Jeux Olympiques. Le 18 au matin, il prend l'autobus pour Madrid : il trouve la capitale en pleine effervescence à cause des nouvelles en provenance du Maroc ; il se rend à la Capitanía General où la gravité de la rébellion lui est confirmée. Il s'étonne de rencontrer des civils en armes dans les rues ; cette présence d'hommes armés dans la capitale dès le samedi 18 est confirmée par la journaliste française Marguerite Jouve : « Mais tout à fait en fin de journée, il nous fut offert un spectacle plus rare encore : des piquets d'ouvriers en armes assuraient dans la rue le service d'ordre. Poliment, mais avec fermeté, ils dissolvaient les rassemblements, réglaient la circulation des voitures, les fouillaient aussi[1]. » Le colonel Moscardó téléphone alors au capitaine de cavalerie Emilio Vela Hidalgo, professeur à l'Académie et lui demande de convoquer tous les officiers de la Place de Tolède pour une réunion au *Gobierno Militar* ; il rentre ensuite par l'autobus à Tolède. Tous les témoignages et les écrits du Colonel Moscardó semblent indiquer qu'il n'était pas un membre actif de la conjuration mais il était probablement au courant du projet de soulèvement militaire, dont il ignorait la date prévue ; sinon, il n'aurait pas quitté son poste pour faire un déplacement risqué, en autobus, à Madrid. Toutefois, de La Cierva indique que José Antonio, le fondateur de la Phalange, aurait écrit au général Mola lui demandant de prévenir Moscardó de l'ordre du soulèvement[2].

À Tolède, le samedi 18, la situation s'aggrave d'heure en heure ; le lieutenant Cirujano se rend au local de l'Action Populaire où se sont réunis des jeunes favorables à la rébellion : il leur demande de se joindre aux militaires ; plusieurs dizaines d'entre eux se retrouvent sur l'esplanade Nord de l'Alcazar ; vers minuit, une patrouille de gardes civils est prise à partie place de Zocodover par des miliciens armés ; des officiers, qui prenaient le café sur la place ou qui descendent de l'Alcazar, interviennent. L'échange de coups de feu provoque des pertes de part et d'autre ; le bilan varie selon les témoignages, quelques blessés et peut-être quelques morts ; le *Diario de Operaciones* signale 3 blessés parmi les gardes civils. Dans une interview publiée dans l'*ABC*, édition de Séville, le 4 octobre 1936, le lieutenant d'artillerie Tomás Ravina parle de six morts parmi les « rouges » mais n'y a-t-il pas confusion avec l'opération postérieure du 24 juillet [3] ?

1. Jouve Marguerite, *Vu en Espagne*. Paris, 1937, p. 40.
2. De La Cierva, 1936, *El Alcázar de Toledo*, Madrid, 1997, p. 11.
3. Interview dans le journal *ABC*, édition de Séville, le 4 octobre 1936.

Le lendemain matin, dimanche 19, le colonel Moscardó réunit les officiers supérieurs (*Jefes*) de la place [1] : il leur fait part de son désir de rallier le mouvement insurrectionnel, mais sa décision n'est pas divulguée afin de gagner du temps. Les nouvelles en provenance de la capitale le confortent dans sa résolution : dans la nuit du 19 au 20 juillet, 50 églises sont incendiées à Madrid, des prêtres, des religieux, des officiers, des « bourgeois » sont assassinés. Le député Dolores Ibárruri « la Pasionaria » prononce au micro de Unión Radio un discours très violent qui se termine par son fameux : *No pasarán !* (ils ne passeront pas !)[2]. À Tolède, les rues sont désertes, personne n'ose plus sortir de son domicile.

Le mardi 21, les dés sont jetés : le colonel Moscardó proclame « l'état de guerre » ; à 7 heures du matin, le capitaine Vela Hidalgo lit la proclamation dans la cour de l'Alcazar, au pied de la statue de Charles Quint, puis descend de l'Alcazar jusqu'à la place de Zocodover avec un groupe de 18 hommes et un camion équipé d'une mitrailleuse : il lit la proclamation sur la place, puis va la relire en divers endroits de la ville, en particulier devant l'Assemblée provinciale (*Diputación Provincial*) et devant la Maison du Peuple (*Casa del Pueblo*) occupée par des miliciens : ces derniers ne réagissent pas.

Photo 3 – La proclamation de l'état de guerre lue par le capitaine Emilio Vela Hidalgo dans la cour (*patio*) de l'Alcazar

1. Le corps des officiers comprend les *oficiales*, de *alférez (sous-lieutenant)* à *capitán* et les *jefes* à partir du grade de commandant.
2. Traduction du discours dans Serrano : *Madrid 1936-1939*, Paris, 1991, p. 186.

De petits contingents de gardes civils sont installés en divers points de la ville, devant la Banque d'Espagne, la Mairie, les Télégraphe et Téléphone, la place de Zocodover, la Cathédrale, les ponts, au total une dizaine de postes avec plus de 80 hommes [1].

La position la plus importante est située à l'Hôpital de Fuera (ou de Tavera), au Nord de la ville ; elle contrôle l'accès de Tolède par la route venant de Madrid. Le détachement, sous les ordres du commandant d'infanterie Ricardo Villalba Rubio, regroupe les hommes de l'École de Gymnastique, soit 3 capitaines, 4 lieutenants, 1 sous-lieutenant, 4 sergents et 32 soldats ; ils disposent de 2 mitrailleuses, 50 fusils et quelques grenades. La garnison est ensuite renforcée par 40 gardes civils, 2 officiers avec 12 élèves du Collège pour les orphelins de l'infanterie. Aux 99 combattants, se joignent une soixantaine de civils, femmes, enfants, sœurs de charité de l'hôpital... À proximité, dans le couvent des Carmelites, s'est installé un groupe de 26 gardes civils venus de Talavera.

De l'autre côté de Tolède, dans la fabrique d'armes, se trouve une section du régiment d'infanterie n° 2 venue de Madrid pour protéger les installations ; le 21, un peloton de gardes civils vient la renforcer.

2. Le regroupement des gardes civils

La *Guardia Civil* de la province de Tolède était constituée de quatre compagnies de 150 hommes chacune ; deux d'entre elles, la première et la quatrième, étaient installées dans la capitale de la province, Tolède ; la deuxième compagnie avait pour centre Talavera, la troisième Ocaña ; 92 postes de 5 ou 6 hommes chacun étaient dispersés dans toute la province. Ces derniers étaient souvent l'objet de l'hostilité des groupes révolutionnaires et anarchistes et des instructions secrètes avaient été adressées à tous les postes en vue d'un éventuel regroupement en cas de crise grave. Les enveloppes ne devaient être ouvertes qu'après réception du message « *Siempre fiel a su deber* » (Toujours fidèle à son devoir). Ces instructions existaient depuis novembre 1935, d'après Jorge Ruiz de Santayana [2], et certainement, dès juin 1936.

Le 18 juillet, sans même attendre le retour du colonel Moscardó de Madrid, le lieutenant-colonel Pedro Romero Basart, chef de la Guardia civil de la Commandancia de Tolède, qui, selon certains historiens, aurait joué un rôle important dans la conspiration [3], donne l'ordre d'ouvrir les enveloppes : celles-ci prescrivent le regroupement immédiat de tous les gardes civils dans la capitale de la province avec leurs familles et leurs armes ; trop dispersés, il leur était impossible d'empêcher la prise du pouvoir par les milices locales. Malheureusement, dans de nombreux villages, leur départ a laissé sans aucune protection ceux qui étaient considérés comme « réactionnaires », civils et prêtres, et les a livrés à la vindicte populaire.

1. Casas de la Vega, *El Alcázar*, Madrid, 1976, p. 65.
2. Ruiz de Santayana, *La pequeña historia del Alcázar*, Madrid, 1974, p. 19.
3. Ruiz Alonso, *La guerra civil en la provincia de Toledo*, Toledo, 2004, t. 1, p. 143.

Les gardes des postes dispersés rejoignent d'abord les centres de Talavera, Ocaña, Tembleque… Ceux de Talavera (3e compagnie), commandés par le capitaine Miguel Osorio Rivas, arrivent sans encombre à Tolède le 22 juillet. Ceux d'Ocaña (2e compagnie), commandés par le capitaine Esteban Valls Ochoa, sont acclamés à leur passage dans certains villages par les comités révolutionnaires qui croient que les gardes civils vont combattre les insurgés de Tolède et « réduire à l'obéissance le colonel factieux Moscardó » ; eux aussi s'installent dans l'Alcazar le 22, au moment où la colonne commandée par le général Riquelme arrive de Madrid pour briser la rébellion. Les camions qui ont transporté les gardes civils sont conduits par des chauffeurs syndiqués de gauche qui ont été réquisitionnés par les gendarmes sous la menace. Des gardes civils d'Illescas, Alcázar de San Juan, Quero, Mora, Torrijos rejoignent également Tolède ; par contre, les 29 gardes civils de la région de Tembleque, commandés par le commandant Sánchez del Valle, sont arrêtés et ils auraient été conduits comme prisonniers à Madrid.

Les deux premiers groupes de gardes civils (1re et 4e compagnies) commencent à s'installer dans la forteresse dès la soirée du 20 ; les autres sont à Tolède le 22 : ils arrivent dans l'Alcazar avec femmes et enfants. Cependant, d'après Vilanova[1], la plupart des gardes civils venus de la province seraient entrés à l'Alcazar sans leur famille ; les femmes et les enfants qui se réfugièrent dans l'Alcazar faisaient surtout partie des familles de gardes civils de la ville de Tolède.

Les gardes civils étaient au total 690 et ils vont jouer un rôle décisif dans la défense de l'Alcazar, sous les ordres du lieutenant-colonel Pedro Romero Basart.

3. La récupération des munitions de la fabrique d'armes

Tolède possède une importante fabrique d'armes où sont entreposées environ un million de cartouches. En temps ordinaire, quelque 1 500 ouvriers y travaillent ; le directeur est le colonel Soto, ami du président Azaña. Le 17 juillet dans l'après-midi, était arrivé à la fabrique d'armes un groupe de 17 lieutenants, récemment sortis de l'Académie d'Artillerie de Ségovie, dirigés par le commandant Pedro Méndez de Parada. Ils avaient suivi depuis janvier un cours de perfectionnement à l'Atelier de Précision de Madrid et devaient aller à Trubia (Oviedo) pour effectuer des exercices pratiques de tir et d'optique ; devant la situation tendue dans les Asturies, il avait été décidé que le stage aurait lieu à la fabrique d'armes de Tolède[2]. Les 18 artilleurs se présentent au colonel Moscardó le 18 juillet ; ils sont d'abord logés dans un hôtel proche de la place de Zocodover, mais dès la nuit suivante, le commandant Méndez demande au colonel Moscardó de les regrou-

1. Vilanova Fuentes. *La defensa del Alcázar de Toledo, epopeya o mito*, Mexico, 1963, p. 180.
2. Leiros Freire, « La defensa del Alcázar vista por un artillero », *Ejército*, n° 380, sept. 1971, p. 22.

L'Alcazar et ses dépendances au moment du siège

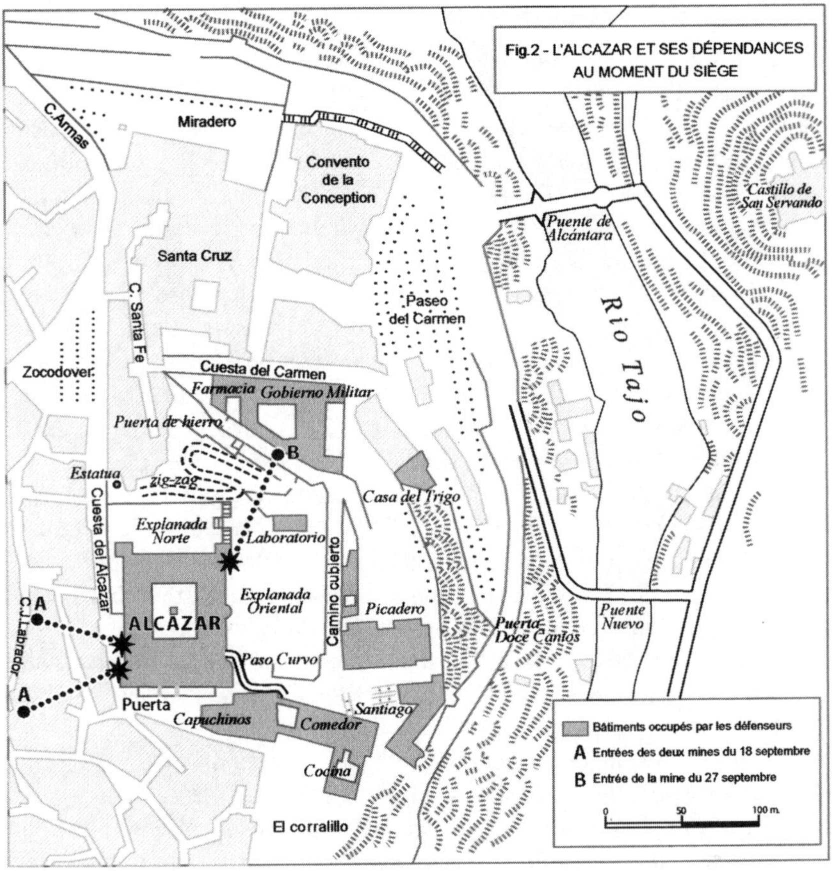

per à l'Alcazar, où ils passent la nuit du 19 au 20. D'après le commandant Méndez, ces jeunes artilleurs se sentaient plus à l'aise auprès des officiers de l'Alcazar qu'avec ceux de la fabrique d'armes. Avec leur chef, ils vont jouer le rôle principal dans la récupération des munitions par les insurgés.

Dès le dimanche 19 juillet, le général Manuel de la Cruz Boullosa avait téléphoné du ministère de la Guerre au Colonel Moscardó, commandant de la place de Tolède, pour réclamer l'envoi immédiat à Madrid des munitions de la fabrique d'armes. Le Colonel Moscardó demande alors un ordre écrit, un télégramme chiffré et signale qu'il n'a pas les camions nécessaires. Dans la nuit du 19 au 20, le lieutenant-colonel d'artillerie Juan Hernández Sarabia est nommé chef de l'état-major de la Présidence de la République et, après avoir destitué le général de la Cruz Boullosa, il donne à nouveau l'ordre de transfert des munitions : malgré les menaces, le colonel Moscardó refuse.

De son côté, le député socialiste José Prats intervient auprès du gouverneur civil, Manuel María González López, pour qu'il exige de Moscardó l'envoi des munitions à Madrid et demande que les armes de la Guardia Civil et de l'Académie soient remises aux miliciens républicains : évidemment, le refus est catégorique.

Le 20 juillet, le colonel Soto reçoit directement l'ordre de transférer les munitions à Madrid, en réquisitionnant les camions nécessaires, avec une escorte de 200 gardes civils. Le colonel Soto ne sait pas quelle décision prendre : le colonel Moscardó a des camions, mais il a appris que ce dernier est favorable à l'insurrection ; il adopte une attitude attentiste. L'après-midi, le général Pozas, directeur général de la Guardia Civil, téléphone au colonel Moscardó pour exiger le transfert des munitions à Madrid ; sinon, il enverra une colonne armée et bombardera la Place ; pour gagner du temps, Moscardó répond qu'il n'a que deux camions ; Pozas déclare alors qu'il fournira les 40 camions nécessaires dès le lendemain matin ; il semble que ces camions n'aient jamais quitté Madrid.

Le même jour, le colonel Soto téléphone à l'Alcazar pour demander au commandant Méndez Parada de venir à la fabrique d'armes : les ouvriers veulent l'occuper et Soto, officier républicain et légaliste, se refuse à remettre des armes à des civils. Avec l'accord de Moscardó, le commandant Méndez se rend à la fabrique et négocie avec les ouvriers, qui acceptent de rentrer chez eux, à l'exception d'un groupe d'une trentaine, chargé de protéger la fabrique aux côtés des soldats de la section d'infanterie et des artilleurs en stage. Moscardó est d'accord pour que les 17 lieutenants quittent l'Alcazar et s'installent à la fabrique d'armes, avec leur chef qui les répartit dans les endroits stratégiques.

Le lundi 21 est la journée décisive : la proclamation de l'état de guerre produit des effets immédiats : les ouvriers qui étaient restés pour garder la fabrique ont peur d'être tués par les officiers et ils s'enfuient ; une partie des soldats du régiment n° 2 disparaissent eux-aussi, car le gouvernement avait autorisé la désertion, en cas de soulèvement contre les autorités légales ; ils pensent que la situation sera rapidement réglée avec l'arrivée des troupes de Madrid.

Les officiers d'artillerie prennent en main les opérations ; le commandant Méndez Parada demande au colonel Moscardó qu'il lui envoie d'urgence tous les camions disponibles pour charger les munitions. Le convoi, commandé par le lieutenant Delgado Saavedra, arrive à la fabrique d'armes ; outre le chauffeur, il y a quatre gardes civils sur chaque camion et 25 sur un camion spécial. Le nombre total de camions qui ont participé à l'opération varie selon les témoignages, 10, 12, peut-être 15 ; de même, les avis divergent-ils sur leur capacité de transport ; certains avaient 1,5 tonne de charge et pouvaient transporter une trentaine de caisses de 50 ou 52 kg chacune. À leur arrivée à la fabrique, 12 gardes civils sont envoyés pour protéger la clôture. Les autres aident les lieutenants d'artillerie à charger à la main les lourdes caisses sur les camions.

Le chargement n'est pas encore terminé qu'arrive un détachement avancé de la colonne républicaine qu'a constituée à la hâte à Madrid le général Riquelme ; un caporal (*cabo*) d'infanterie, envoyé comme parlementaire, est reçu par le colonel Soto en présence du commandant Méndez et il donne aux insurgés un quart d'heure pour se rendre, sinon ils auront le même sort que ceux du *Cuartel de la Montaña*, la caserne de Madrid qui vient d'être reprise par les Républicains. Le colonel Soto, qui veut éviter un bain de sang, tergiverse, déclare qu'il va laisser la fabrique aux forces républicaines mais il se heurte à la détermination du commandant Méndez et de ses lieutenants. La tension est extrême et comme le chargement des camions est à peu près terminé, le commandant Méndez sort en criant « Al Alcázar » ou, selon le commandant Méndez lui-même : « *yo, me voy al Alcázar con el que quiera seguirme* » (moi, je vais à l'Alcazar avec celui qui voudra me suivre) ; il part avec la colonne des camions, les gardes civils et, fermant la marche, la plupart des lieutenants d'artillerie dans un autobus de la garde civile. Les chefs et officiers de la fabrique d'armes ne le suivent pas mais ne font rien pour empêcher le départ des camions[1]. Un peu plus tard, deux des officiers de la fabrique, les lieutenants Dorda et Ros, décident de rejoindre les insurgés ; deux des officiers du groupe du commandant Méndez, les lieutenants Gómez Zarranz et López Montenegro, absents lors du transfert des munitions, réussissent à gagner l'Alcazar par leurs propres moyens.

Vers 4 heures de l'après-midi du 21 juillet, le convoi de camions emprunte la route longue et difficile qui fait le tour de Tolède et monte vers l'Alcazar, en passant par la Puerta de Bisagra et Zocodover. Les miliciens rencontrés en chemin n'osent pas intervenir ; par contre, les camions sont survolés puis attaqués par un avion gouvernemental ; un des camions aurait été touché par une bombe à l'entrée de la forteresse, en face de la Puerta de Carros. D'après certains témoignages, il aurait sauté avec toutes les cartouches qu'il contenait ; d'autres prétendent qu'il aurait été déchargé sur place et les munitions auraient été transportées dans la forteresse. De toute façon, la carcasse incendiée devient un tas de ferrailles au pied de l'Alcazar.

Le commandant Méndez propose au colonel Moscardó de redescendre à la fabrique d'armes avec un groupe de volontaires pour essayer de décider les officiers de la fabrique à les rejoindre et pour neutraliser le matériel de fabrication mais le colonel refuse.

Il est évident que la récupération par les insurgés des caisses de munitions de la fabrique d'armes a été capitale : les évaluations du nombre de cartouches transportées à l'Alcazar oscillent entre 700 000 et un million ; Moscardó lui-même a parlé de 800 000. De toute façon, les assiégés n'auraient pas pu résister 70 jours sans ces munitions. Inversement, les gouvernementaux se sont plaints au début des hostilités du manque de munitions. Lorsque Hernández Saravia est nommé, le 9 août, ministre de la Guerre, il se rend le jour même à Tolède pour faire le point sur les possibilités de production de la fabrique d'armes[2].

1. Déclaration du lieutenant-colonel Pedro Méndez de Parada, Madrid, 25 octobre 1939 (manuscrit inédit publié en annexe).

2. Aroca Mohedano, *General Juan Hernández Saravia*, Madrid, 2006.

4. L'encerclement de l'Alcazar

Après deux jours d'incertitude, le gouvernement de Madrid a repris les choses en main : les insurgés de la caserne de la Montaña ont capitulé et tous les officiers ont été exécutés. Le général Luis Castello Pantoja, nommé ministre de la Guerre, confie immédiatement le commandement de la 1re division organique au général José Riquelme y López-Bago, avec pour première mission de liquider la révolte de l'Alcazar de Tolède.

Le général Riquelme constitue la *Columna Toledo*, qui comprend des éléments de l'armée et des miliciens. D'après Casas de la Vega, la colonne était constituée par :

– un noyau de forces de sécurité avec 2 compagnies de gardes d'assaut, dont le chef était le commandant Torres et qui comprenait 450 à 550 hommes ; un état du 2 août recense 546 gardes d'assaut ;

– des soldats appartenant aux unités d'infanterie des régiments 1 et 2, au total 230 hommes ;

– de quelques soldats de plusieurs autres unités, dont les artilleurs d'une batterie de 105 de montagne et un bataillon de mitrailleurs ;

– de miliciens volontaires, pour la plupart communistes ou anarchistes ; le gouvernement décida qu'ils toucheraient 10 pesetas par jour.

Au total, la colonne avait au minimum 1 300 hommes, chiffre avancé par le général Riquelme lui-même [1] mais celui-ci n'a peut-être pas compté tous les miliciens car il n'avait guère confiance dans certains d'entre eux. Salas [2] parle de 1 500 hommes, Casas de la Vega [3] d'un minimum de 1 600, Palomino [4] de 2 000 et Eby [5] de 3 000. Dans ses *Mémoires*, Lister a évalué à 5 000 le nombre total des miliciens anarchistes qui ont participé au siège [6]. De toute façon, le nombre des miliciens était très fluctuant.

Les miliciens sont en partie des Tolédans, en partie des Madrilènes, qui pendant toute la durée du siège feront des allers et retours entre la capitale et Tolède située à 70 kilomètres seulement. Ils n'acceptent pas toujours d'obéir aux officiers restés fidèles au gouvernement, car ils n'ont pas confiance en eux. Lorsque le général Riquelme déploie ses troupes autour de l'Alcazar, les meilleurs emplacements pour préparer un assaut sont le plus souvent occupés par des miliciens, qui ont dressé des barricades dans les rues et occupent les balcons et fenêtres, d'où ils peuvent tirer sur les assiégés.

De plus, les miliciens, et les miliciennes, constituent plusieurs groupes distincts ou même rivaux ; les communistes s'opposent aux anarchistes, dont ils déplorent le manque de discipline ; ils rendront responsables ces « miliciens madrilènes accompagnés de prostituées » de l'échec des opé-

1. Quintanilla, *Los rehenes del Alcázar de Toledo*, Paris, 1967, p. 88.
2. Salas Larrazabal, *Historia del Ejército popular*, Madrid, 1973, t. 1, p. 263.
3. Casas de la Vega, *op. cit.*, p. 102.
4. Palomino, *Defensa del Alcázar*, Barcelone, 1995, p. 60.
5. Eby, *The siege of the Alcazar*, Londres, 1965, p. 45.
6. Lister, *Nuestra Guerra*, Paris, 1966, p. 115.

rations. Le chef des miliciens de Tolède, Cándido Cabello, s'est installé dans l'Assemblée provinciale (*Diputación Provincial*), mais tous n'acceptent pas son autorité. Le comité de Milicias de Tolède autorise les camarades Ubaldo Pérez et Eugenio Suarez à arrêter et même à fusiller tous ceux qui « opposeraient de la résistance ». Les exécutions de civils et de prêtres se multiplient. Les relations entre les militaires de carrière et les miliciens sont souvent difficiles.

Les premières forces de la Columna Toledo sont arrivées au cimetière de Tolède le 21 juillet vers 17 heures ; elles se heurtent au groupe du commandant Villalba et du capitaine Badenas Padilla, qui tiennent l'hôpital de Tavera ; 12 miliciens sont tués lors d'une première attaque et, bien qu'appuyée par un char Renault, la seconde échoue également. Un contingent, dirigé par le commandant José Noe Rodríguez, contourne alors l'hôpital, se dirige vers la fabrique d'armes où elle arrive vers 18 heures, trop tard : les camions de munitions sont déjà partis pour l'Alcazar.

Le général Riquelme se rend lui-même à Tolède, passe courageusement devant l'hôpital encore tenu par les insurgés et téléphone directement à Moscardó pour lui demander de se rendre ; Moscardó répond qu'il lui est impossible d'obéir à un gouvernement qui livre des armes à des milices. Le général Riquelme rentre à Madrid pour s'occuper des opérations dans la Sierra et le 22, son second, le colonel Aureliano Alvarez Coque, professeur d'histoire militaire, qui a pris le commandement de la colonne Toledo, fait la conquête de la ville.

Photo 4 – Protégé par un véhicule blindé, les Républicains reprennent la ville de Tolède aux insurgés et lancent leurs premières attaques contre l'Alcazar

Photo 5 – Les barricades, qui bloquent les accès à l'Alcazar, sont peu à peu renforcées et rendent impossible toute sortie des assiégés. Elles sont gardées par des miliciens de mieux en mieux installés

Le colonel Moscardó s'est tout de suite rendu compte qu'avec les effectifs dont il dispose, la ville n'est pas défendable et il décide le repli de tous les groupes dispersés[1]. Mais l'ordre arrive un peu tard : plusieurs détachements encerclés doivent se rendre ou profitent de l'occasion pour passer dans le camp gouvernemental. Ainsi ne rejoignent pas l'Alcazar 9 gardes civils qui se trouvaient à la radio, 8 qui protégeaient la Banque d'Espagne et 12 qui gardaient la clôture de la fabrique d'armes ; ces derniers, d'après leurs déclarations au colonel Soto, seraient restés volontairement pour rallier les Républicains. Les 26 gardes civils du couvent des Carmélites se replient vers l'Alcazar mais les moines refusent de les suivre ; la plupart de ces Carmelites, 18, accusés d'avoir participé à la défense du couvent, sont exécutés par les miliciens[2].

Les défenseurs de l'hôpital de Tavera (*Hospital de Afuera*), menacés d'encerclement et sans munitions, se replient eux aussi vers l'Alcazar dans la soirée du 22 : ils ont accompli leur mission de retardement, en permettant le regroupement de la plupart des gardes civils et le transport des

1. Pío Moa (*Los Mitos de la Guerra Civil,* Madrid, 2003, p. 255) pense que cette décision fut probablement une erreur parce que le site naturel de la ville facilitait la défense. À notre avis, les effectifs de Moscardo étaient insuffisants pour contrôler la ville.

2. Palomino, *op. cit.*, p. 109.

munitions. Le commandant Villalba organise un repli échelonné, d'abord des réfugiés civils encadrés par quelques soldats, puis des militaires par détachement de 8 à 10 hommes. Pour éviter les gouvernementaux, qui ont déjà occupé la Puerta de Bisagra et la place de Zocodover, ils passent par le quartier de las Cavachuelas et remontent ensuite vers l'Alcazar. Leur marche est très difficile, il leur faut 6 heures et 18 hommes disparaissent, dont 8 soldats, 2 gardes civils, le capitaine-médecin Andrés Gato, son aide, l'infirmier José Mena et deux prêtres ; ces quatre derniers sont capturés et fusillés[1]. Le lendemain de son arrivée à l'Alcazar, le capitaine Badenas est tué en essayant de neutraliser une batterie ennemie[2]. La récupération de son corps est difficile : la nuit, deux officiers réussissent à l'atteindre, l'attachent à une corde et le tirent jusqu'à la forteresse.

De nouveaux appels à la reddition sont faits : le matin, le nouveau gouverneur civil, José Vega López, qui a remplacé Manuel María González López, détenu à l'Alcazar par les insurgés, donne deux heures à Moscardó pour capituler. Le soir, le ministre de l'Instruction publique et des Beaux-Arts, Francisco Barnés, minimise l'importance de la révolte, qu'il qualifie d'enfantillage, et fait des promesses d'indulgence aux insurgés en cas de reddition ; l'appel est diffusé par haut-parleur.

Le colonel Moscardó est au courant de l'échec de la rébellion à Madrid, par la radio des gardes civils qui fonctionne encore (jusqu'au 22 à huit heures du soir) et par le commandant Méndez Parada qui l'a appris du parlementaire de la colonne Riquelme à la fabrique d'armes. Il aurait eu alors des hésitations sur la conduite à tenir et, selon Vilanova[3], il aurait même envisagé de déposer les armes, ce que récuse Morata, admirateur de Moscardó[4]. Quoi qu'il en soit, Moscardó réunit une *Junta de Jefes* de 11 officiers : trois d'entre eux, dont Morata donne les noms, n'auraient pas été favorables à la poursuite de la résistance : après l'exposé du colonel, ce fut un silence impressionnant, raconte Méndez Parada [5] ; les commandants Villalba et Méndez vont chercher des capitaines, Vela, Alamán, Aguila… qui déclarent qu'il n'est pas question de se rendre, qu'il faut lutter jusqu'au bout. Moscardó, conforté dans sa décision de ne pas capituler, consulte également des représentants de la population civile, en particulier des femmes : elles refusent d'abandonner leurs maris ou parents[6].

1. Casas de la Vega, *op. cit.*, p. 108. Morata, *Leyenda Negra*, (p. 151) donne seulement 14 disparus.
2. Trapiella, *Una gesta : la defensa del Alcazar*, p. 99. Trapiella qualifie cette action d'« héroïque folie ».
3. Vilanova, *op. cit.*, p. 158.
4. Morata, *El asedio del Alcázar de Toledo*, p. 199.
5. Méndez de Parada, Mémoire inédit, fol. 14.
6. Casas de la Vega, *op. cit.*, p. 109.

La ville de Tolède et les principales routes d'accès

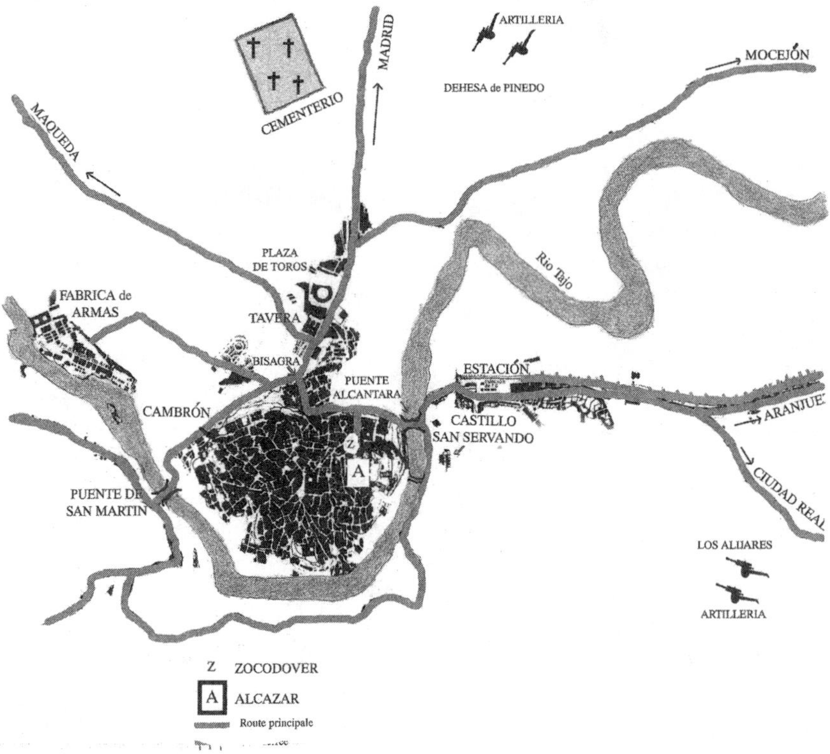

CHAPITRE 4

La dure réalité d'un siège de longue durée

Au soir du 23 juillet, les insurgés sont complètement encerclés et tous les efforts des Républicains pour les amener à se rendre ont échoué. Cependant, dans les deux camps, on pense que le siège ne va pas durer longtemps. Les gouvernementaux, qui contrôlent la ville, savent que les assiégés sont nombreux, encombrés de femmes et d'enfants et que, très vite, ils vont être sans vivres. Ils pensent que les bombardements d'artillerie et d'aviation suffiront à les démoraliser. Une partie des hommes de la colonne Toledo est envoyée au Nord de Madrid, dans la Sierra, pour empêcher la progression des troupes du général Mola vers la capitale. Restent à Tolède quelques centaines de gardes d'assaut, qui s'installent à l'hôpital de Santa Cruz et sont sous les ordres du commandant Torres et les miliciens locaux ou madrilènes. Le commandement de l'ensemble de ceux qui assiègent l'Alcazar est assuré par le colonel Aureliano Alvarez Coque avec, comme officier de liaison, le capitaine Francisco García Viñals[1].

De leur côté, les insurgés n'avaient pas prévu un long siège et certains ont d'ailleurs reproché au colonel Moscardó son imprévision ; il a lui-même admit qu'il ne pensait pas que les événements prendraient cette tournure et les émouvantes lettres à sa femme révèlent un certain pessimisme sur l'issue du siège[2].

1. Les effectifs des assiégés

Les évaluations du nombre des assiégés varient relativement peu selon les auteurs sérieux. L'effectif total des combattants a été estimé entre

1. Martínez Bande, *El asedio del Alcázar*, 1971, p. 28.
2. Bullón y Togores, *El Alcázar de Toledo : Final de una polémica,* Madrid, 1997.

1 106 et 1 290. Le général Villalba donne le chiffre de 1 244. De son côté, Martínez Leal, qui fournit une liste nominative, estime à 1 015 les « hombres útiles »[1]. Aux combattants, s'ajoutent entre 550 et 638 « non-combattants », soit un total de 1 806 assiégés selon Villalba, et de 1 810 d'après Caporilli [2] ; Cabanellas est un peu plus généreux : 1 900 personnes dont 1 350 combattants[3].

Ces combattants ont des origines très diverses :

– L'Alcazar abrite l'Académie militaire d'Infanterie. Le gouvernement du Front Populaire avait adjoint à l'Infanterie, la Cavalerie et l'Intendance. Au moment de l'insurrection, le directeur de l'École, le colonel Abeilhé Rodríguez Fito, est en vacances à Madrid, où il est arrêté et fusillé. À Tolède, l'intérim est assuré par le lieutenant-colonel de cavalerie Antonio Valencia Somalo. Les effectifs présents à l'Académie sont réduits à cause des vacances. Ils s'élèvent à 45 officiers (70 en temps normal), 27 sous-officiers (35 en temps normal) et 170 hommes de troupe (au lieu de 252), soit au total 242 combattants d'après Villalba. La *Unidad de Tropa de la Academia* est commandée par le capitaine Martín Galindo ; beaucoup de ses hommes sont des ordonnances, secrétaires, serveurs, sans véritable expérience militaire.

– Les cadets (*cadetes*) étaient pendant les mois d'instruction environ 70, mais ils avaient été envoyés en vacances dès le 30 juin. Au moment du soulèvement, deux seulement sont présents à Tolède mais sept autres vinrent en voiture depuis Madrid pour se mettre sous les ordres du colonel Moscardó ; ce ne serait pas le capitaine Vela qui serait allé les chercher à Madrid dans la journée du 19 comme le prétend Timmermans[4], mais, selon Ruiz de Santayana, ils seraient venus de Madrid à Tolède par de petites routes pour éviter les barrages déjà installés sur la route principale. Un des cadets qui avait rejoint Tolède, repartit à Madrid à la demande de son père mais se rendit ensuite à la caserne de la Montaña où il trouva la mort. En effet, vingt-quatre autres cadets participèrent à l'insurrection à Madrid en rejoignant le *cuartel de la Montaña* : après la capitulation de la caserne, le 20 juillet, ils furent tous fusillés.

Les Républicains sont les premiers à mentionner la présence de cadets dans l'Alcazar : le 21 juillet, la radio de Madrid annonce que le général Riquelme est entré à Tolède et que les cadets de l'Académie se sont réfugiés dans l'Alcazar, mais personne ne connaît leur nombre exact et les chiffres les plus fantaisistes sont avancés par les journalistes.

Très vite, les pro-nationalistes firent de ces jeunes gens, qui sacrifiaient leur vie pour la cause nationale, le symbole de l'héroïsme et quelques ouvrages comme *Les Cadets de l'Alcazar* de Massis et Brasillach firent penser que ces cadets étaient les principaux défenseurs de la forte-

1. Martínez Leal, *El asedio del Alcázar*, Toledo, 1937, p. 324.
2. Caporilli, *El Asedio del Alcázar*, Roma, 1940, p. 50.
3. Cabanellas, *La Guerra de los mil dias*, Barcelona, 1973, p. 587.
4. Timmermans, *Les Héros de l'Alcazar*, Olten, 1937, p. 20.

resse, alors qu'ils n'étaient que huit (neuf en ajoutant un jeune artilleur) ; cependant, après la fin du siège, dès la seconde édition de 1937, le titre de l'ouvrage était changé (*Le siège de l'Alcazar*). Pour certains, le mythe subsista.

– L'École centrale de Gymnastique, dont le directeur était, avant l'insurrection, le lieutenant-colonel Moscardó, comportait 10 officiers, 5 sous-officiers et 28 hommes de troupe.

– Un groupe de 17 jeunes lieutenants d'artillerie était arrivé, le 17 juillet, à Tolède pour accomplir un stage à la fabrique d'armes sous la direction du commandant Méndez Parada. Ce groupe joua un rôle essentiel non seulement dans la récupération des armes de la fabrique, comme nous venons de le voir, mais aussi pendant toute la durée du siège.

– Le personnel de la *Comandancia militar* comprenait 51 personnes.

– 25 gardes de sécurité et d'assaut, qui ne supportaient pas l'anarchie engendrée par les miliciens et 10 militaires du Centre de Recrutement, s'étaient joints aux insurgés.

– La Garde civile (*Guardia civil*) a constitué l'essentiel des combattants : 3 chefs d'unité, 23 officiers, 33 sous-officiers, 631 gardes, soit 690 gendarmes se sont regroupés dans l'Alcazar. Très légalistes, ils étaient mal à l'aise lorsque les haut-parleurs les traitaient de factieux mais disciplinés, ils ont toujours obéi à leurs officiers et se sont révélés pour la plupart d'excellents soldats.

Au total, la proportion des officiers parmi les défenseurs était très élevée : 24 *jefes* (commandants et colonels) et 102 *oficiales* (de sous-lieutenant à capitaine). Leiros Freire donne les chiffres de 57 officiers d'infanterie, 25 d'artillerie, 15 de cavalerie, 25 de la Garde civile, 4 médecins et pharmaciens, 3 officiers d'intendance, 1 du corps d'ingénieurs [1].

Selon Moscardó, cité par Leiros Freire, les assiégés avaient à leur disposition 1 200 fusils Mauser, 11 mitrailleuses Hotchkiss et 13 fusils-mitrailleurs Hotchkiss de 7 mm (sur les 24, 14 restaient en service à la fin du siège), 2 pièces d'artillerie de montagne de 70 mm, 1 mortier de 50 mm (4 dit Caporilli mais deux seulement auraient été utilisés), 200 obus de mortier (Caporilli donne 265) dont il restait 10 à la fin du siège, près d'un million de cartouches de 7 mm, 4 caisses de grenades et 100 obus explosifs ; avec les têtes des gros clous de la porte d'entrée et des boîtes de conserve, les défenseurs confectionnèrent des *bombas de mano*.

Aux militaires proprement dits, s'est ajoutée une centaine de civils qui ont été militarisés et ont participé aux combats (106 d'après Caporilli). Il s'agissait d'une soixantaine de volontaires de la phalange, qui furent placés sous les ordres du capitaine Vela, 18 membres de l'Action populaire, 8 de la Rénovation espagnole, 4 Traditionalistes et 17 retraités. Au total, un éventail très large de militaires de toutes les armes et de civils appartenant aux différentes composantes de la droite espagnole.

1. Leiros Freire, *op. cit.*, p. 26.

Il faut ajouter aux combattants, des civils non militarisés, 16 qui étaient au service de l'Académie et les 22 conducteurs de camions qui avaient été réquisitionnés par les gardes civils pour les transporter jusqu'à l'Alcazar.

Le nombre des femmes et des enfants qui ont subi le siège avoisinait 550, avec une répartition entre les deux groupes assez différente selon l'âge choisi pour les distinguer : 578 dont 50 enfants... ou 269 femmes et 215 enfants... ou 328 femmes et 210 enfants... Morata donne le chiffre de 543 femmes et enfants, dont 263 adultes, 44 adolescentes (de moins de 17 ans), 112 petites filles (*niñas*), 103 petits garçons (*niños*) et 21 servantes (*sirvientas*). Ces femmes étaient en majorité les épouses et les filles des gardes civils de Tolède, qui s'étaient réfugiés dans l'Alcazar pour éviter les représailles des miliciens. Il s'y ajoutait des femmes d'officiers mais pas toutes car certaines restèrent en ville, plus ou moins cachées ; quelques familles de Tolède particulièrement menacées trouvèrent également refuge dans la forteresse.

Aucun prêtre ne se réfugia dans l'Alcazar mais seulement 5 sœurs de la Charité. D'après Morata, témoin oculaire, 4 ou 5 prêtres seraient montés à l'Alcazar le matin du 21 juillet, ce que confirment Ruiz de Santayana et Barón ; ils auraient confessé quelques jeunes puis seraient retournés dans la ville encore contrôlée par les insurgés ; ils voulaient continuer à exercer leur sacerdoce ; en réalité, après la prise de la ville par les Républicains, la plupart d'entre eux furent assassinés.

Il y eut naturellement des personnes retenues contre leur gré dans la forteresse, considérées comme prisonniers (*presos*) ou otages (*rehenes*). Le cas du gouverneur civil de Tolède est à mettre à part : Manuel María González López, ancien député de la Gauche républicaine pour La Corogne, avait été gouverneur civil d'Albacete où avait eu lieu le massacre, la *matanza*, de Yeste le 31 mai 1936 (22 morts) dont certains l'avaient rendu responsable : il préféra se réfugier dans l'Alcazar avec sa famille dès le 21 juillet, après la proclamation de l'état de guerre. Il fut interné mais les assiégés ne le considéraient pas comme un ennemi et il passa toute la durée du siège avec les autres réfugiés.

Le nombre des prisonniers ne dépassa pas la vingtaine si nous admettons les chiffres fournis par divers témoignages ; Muro Zegri précise qu'il s'agissait de 16 hommes et de 5 femmes[1]. Parmi les prisonniers, se trouvait le directeur de la prison Francisco Sánchez López. Trois autres détenus étaient le maire et deux miliciens d'un village qui s'étaient joints aux gardes civils en croyant que ceux-ci allaient combattre les insurgés de Tolède[2] ! Quatre otages de la famille du conseiller municipal Domingo Alonso furent capturés le 24 juillet lors d'une sortie d'un groupe de gardes civils ; dans une lettre du 25 juillet adressée à sa femme et retrouvée par Bullón et Togores, le colonel Moscardó regretta cette capture et, le

1. Muro Zegri, *La epopeya del Alcázar*, Valladolid, 1937, p. 33.
2. Bullón, *op. cit.*, p. 125.

27 juillet, il fit libérer les deux femmes et les deux enfants. Ehrenburg raconte qu'une femme a cherché à s'évader avec ses deux enfants de 9 et 7 ans ; elle fut tuée par un fasciste, mais les deux enfants furent recueillis par les miliciens de la FAI[1].

Il est évident que d'autres assiégés, militaires ou civils, n'étaient pas favorables au soulèvement et auraient désiré se rendre, mais la détermination des officiers qui entouraient le colonel Moscardó rendait tout mouvement en faveur de la capitulation impossible. Le padre Risco a évalué à 115 le nombre des personnes enfermées dans la forteresse contre leur volonté [2] ; Herreros a donné le chiffre de 200[3]. L'Américain Matthews estimait que l'ensemble des femmes et des enfants pouvait être considéré comme des otages, puisqu'ils n'avaient pas la possibilité de sortir s'ils le désiraient[4]. En fait, tous les témoignages indiquent que la majorité des femmes ont toujours soutenu les combattants qui étaient leur mari ou leur père. Vilanova[5] estime que les 18 servantes (*sirvientas*) qui accompagnèrent leurs patronnes dans l'Alcazar pouvaient être considérées comme des otages ; effectivement, l'une d'elles s'échappa le 9 août et déclara qu'elle avait été maltraitée[6], mais ce cas isolé ne peut pas être étendu aux autres. La plupart des domestiques vécurent dans les groupes familiaux qui s'étaient reconstitués dans les souterrains.

L'Anglais Borkenau, qui arrive à Tolède le 2 septembre, indique que « les photographies des otages sont placardées dans le grand réfectoire de la milice pour leur éviter de subir le sort qui attendra les autres quand l'Alcazar tombera » ; d'après Ehrenburg, le nombre des photographies de femmes et d'enfants retenus dans l'Alcazar était de 38 [7]. Andrée Viollis a vu, au siège du gouvernement militaire, un mur tapissé d'une trentaine de photos « de gens à respecter lors de la prise de l'Alcazar car ils sont lâchement retenus »[8].

Le cas des 22 chauffeurs de camion est plus complexe. Ces *conductores* (12 d'Ocaña et 10 de Talavera), réquisitionnés par les gardes civils, se retrouvèrent involontairement avec les assiégés et 12 d'entre eux furent obligés de participer au transport des munitions ; mais ils restèrent ensuite « non militarisés » ; il semble que certains participèrent à la défense.

Les prisonniers furent d'abord mis dans la prison (*calabozo*) de l'Alcazar mais les tirs des canons de 155 rendirent nécessaire leur déplacement dans les souterrains et finalement dans la salle de chauffage de la

1. Ehrenburg, *Corresponsal en la Guerra Civil Española*, Madrid, 1979, p. 13.
2. Risco, Alberto S.J., *La epopeya del Alcázar de Toledo*, Burgos, Aldecoa, 1937, 239 p.
3. Herreros, *Mitología de la Cruzada de Franco. El Alcázar de Toledo*, Madrid, 1995, p. 78.
4. Matthews, *The Yoke and the Arrows*, New York, 1957, p. 199.
5. Vilanova, *op. cit.*, p. 197.
6. Koestler, *Spanish testament*, Londres, 1937, p. 159.
7. Southworth, *Le mythe de la croisade de Franco*, Paris, 1964, p. 86.
8. Viollis, *Héros de l'Alcazar*, 1937, p. 22.

piscine ; ils recevaient la même ration de survie que les autres assiégés et sortaient de temps à autre dans le patio, surveillés par deux hommes armés.

2. L'organisation de la défense

L'Alcazar est situé sur le rebord de l'éperon sur lequel s'est développée la ville de Tolède. C'est une énorme bâtisse, une forteresse musulmane renforcée après la Reconquête et améliorée par Charles Quint, qui fit édifier la façade Sud par Juan de Herrera. Plusieurs fois incendiée, elle avait été remise en état en 1875 et l'Académie d'Infanterie s'y était installée en 1883.

La muraille en pierre, renforcée vers l'intérieur par des murs en béton armé, a une épaisseur de 2,5 à 3 mètres à la base. Aux trois étages situés au-dessus du sol, s'ajoutent en profondeur deux étages de souterrains, en partie creusés dans la roche granitique. Dans ces *sótanos* furent installés les femmes et les enfants, l'infirmerie… ; ils devinrent les foyers de la vie quotidienne des assiégés. Cinq profondes citernes (*algibes*) emmagasinaient les eaux de pluie.

Le bâtiment est rectangulaire, avec une vaste cour centrale (*patio*), où a été installée une statue de Charles Quint ; aux quatre angles s'élèvent des tours (*torreones*) qui renforcent l'aspect de château-fort de l'Alcazar.

Les assiégés ne se sont pas enfermés uniquement à l'intérieur de l'Alcazar mais ont gardé le contrôle de plusieurs bâtiments à l'extérieur de la forteresse ; ceux qui étaient situés au Nord se trouvaient en contrebas de la façade Nord de la forteresse et de l'esplanade qui la bordait ; une voie d'accès en forte pente, le zig-zag, permettait de gagner la Puerta de Hierro et le long de la Cuesta del Carmen, la pharmacie militaire, le *gobierno militar* et encore plus loin, quelques maisons, dont la *casa del trigo*. Par contre, de l'autre côté de la Cuesta del Carmen, l'hôpital de Santa Cruz et le couvent de la Concepción furent abandonnés et occupés par les Républicains. Casas de la Vega prétend qu'il existait une communication souterraine, à l'abri des tirs ennemis, entre l'Alcazar et le Gobierno Militar[1]. D'autres, comme Morata[2], ont nié son existence. Il semble qu'il fallait effectuer un trajet de 80 mètres à travers l'esplanade, dont la moitié était très exposée : pour protéger ceux qui voulaient passer, il fallait souvent déclencher des tirs de mitrailleuses.

Vers l'est, l'Alcazar surplombait de vastes esplanades, en particulier l'esplanade du gymnase et l'esplanade du *picadero* (manège des chevaux) qui dominait le Tage : cet escalier de terrasses ne permettait pas un assaut de ce côté-là. Entre l'esplanade est, au pied de la forteresse, et le fleuve, le Tage, qui coule au fond d'une véritable gorge, il y a une différence d'altitude de 137 mètres. Dans l'angle Sud-Est, on accédait depuis le tor-

1. Casas de la Vega, *op. cit.*, p. 160.
2. Morata, *En defensa de la verdad*, Toledo, 2004, p. 267.

Croquis panoramique de l'Alcazar et de ses dépendances

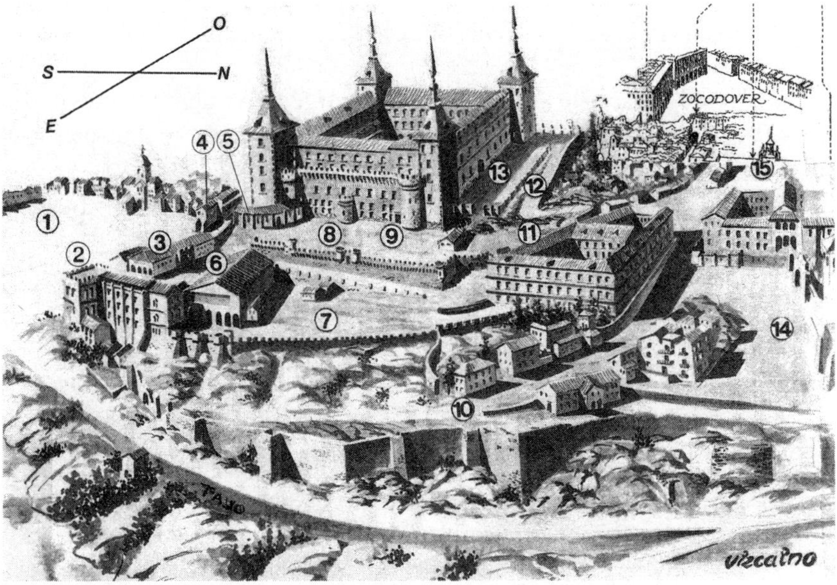

1. Place du Corralillo – 2. Couvent de Santiago – 3. Salle à manger de l'Académie – 4. Couvent des Capucins – 5. Passage courbe entre l'Alcazar et ses dépendances – 6. Le vaste manège (*picadero*) – 7. Esplanade du manège – 8. Esplanade de l'est – 9. La porte de la piscine – 10. La maison du blé (*casa del trigo*) – 11. Le Commandement militaire (*Gobierno Militar*) – 12. Le zig-zag entre le Gobierno et l'esplanade du nord – 13. Esplanade du nord – 14. Couvent de la Conception – 15. Monastère de Santa Cruz

reón du Sud-Est par un passage courbe couvert à des bâtiments annexes de l'Académie, le manège, la salle à manger des élèves avec la cuisine, les anciens couvents des Capucins et de Santiago.

Côté Ouest, l'Alcazar n'était séparé de la ville que par une rue, la Cuesta del Alcázar : les maisons furent rapidement abandonnées par leurs habitants et certaines furent occupées par des miliciens, qui, depuis les fenêtres, pouvaient tirer sur les façades Ouest et Sud de l'Alcazar.

3. Comment survivre pendant un siège de 70 jours ?

Lorsque les troupes du général Riquelme ont pris la ville de Tolède et que les insurgés se sont repliés dans l'Alcazar avec femmes et enfants, ceux qui étaient devenus des assiégés se sont vite rendus compte que, s'ils avaient des munitions en abondance, ils possédaient très peu de vivres. Or il fallait nourrir chaque jour au moins 1 800 personnes !

Le siège a commencé au début des vacances estivales et les magasins de l'Alcazar étaient à moitié vides. Les inventaires publiés par Caporilli ou Palomino ne diffèrent guère l'un de l'autre et montrent qu'il y avait un peu de tout, mais que les quantités étaient limitées, un peu de farine, de grain, des haricots, des pois chiches, du sucre, des boîtes de conserves de tomate, 1 500 litres d'huile, quelques bouteilles de vermouth, de champagne et de malaga… Au total, cela représentait à peine plus d'une semaine de vivres.

Le colonel Moscardó a admis que les insurgés n'avaient pas prévu que le siège durerait longtemps. Dans une lettre destinée à sa femme écrite le 31 juillet, Moscardó écrit : « D'après les nouvelles de la radio, tout va très lentement, c'est une véritable Guerre civile, qui exigera du temps pour se résoudre et nous n'avons pas les moyens de résister ici longtemps. Nous devrons sortir quand les vivres seront épuisés et nous verrons avec quelle chance. » Le 2 août, il précise qu'ils ne pourront pas résister plus de 6 à 8 jours à cause des vivres (la lettre est antérieure à la découverte des sacs de blé).

De leur côté, les Républicains comptaient sur ce manque de vivres pour amener les assiégés à capituler rapidement, ce qui explique qu'ils n'aient pas cherché tout de suite à prendre l'Alcazar de haute lutte et, qu'au début du siège, ils se soient contentés de bombarder la citadelle.

Les assiégés s'efforcèrent évidemment de récupérer des vivres dans les maisons proches de l'Alcazar. Il y eut quelques sorties individuelles, la nuit ; on récupéra ainsi quelques bouteilles d'huile, des conserves, des épices, du saucisson… Et surtout, le 24 juillet, deux compagnies de gardes civils font deux sorties en ville : la première compagnie, sous les ordres du Commandant Martínez Leal, s'élança à 12 heures 30, en pleine chaleur pour essayer de surprendre les miliciens qui font la sieste : à partir du Gobierno militar, elle traverse les ruines de la *Posada de la Sangre* afin d'atteindre la place de Zocodover que les miliciens abandonnent momentanément ; les gardes civils récupèrent 75 kg de saucissons, 150 kg de café, deux sacs de haricots, deux de riz, deux de pois chiches, deux de sel et 120 kg de sucre, mais ils doivent se replier rapidement, emmenant avec eux les quatre otages dont nous avons parlé précédemment. Ils perdent 3 hommes dans cette action et les Républicains auraient eu 6 tués, dont l'ancien député socialiste Domingo Alonso[1]. La seconde compagnie sort de l'Alcazar par la Puerta de Carros pour essayer de s'ouvrir un chemin vers le marché, mais elle doit se replier sous le feu des miliciens.

Plusieurs autres tentatives eurent lieu sans grand résultat : le 4 août, le chef des phalangistes sort par une fenêtre et sa périlleuse expédition lui permet de récupérer 2 poules, des œufs, un peu de pain et quelques autres victuailles qui sont distribuées aux malades. D'autres sorties ont lieu en août, le 7, le 10 (mais les bananes sont pourries !), le 11, le 13, le 16 (pour 15 livres de chocolat) : les résultats sont trop modestes pour les risques encourus ; deux phalangistes sont tués dans une expédition ratée et les sorties individuelles sont alors interdites. D'ailleurs, pour empêcher toute nouvelle sortie des insurgés, les miliciens ont renforcé les barricades édi-

1. Casas de la Vega, *op. cit.*, p. 119.

fiées autour de l'Alcazar, en particulier le 18 août, grâce à l'arrivée de 22 000 sacs de sable et 15 rouleaux de fils de fer[1].

La sortie du civil Isidore Ratié, époux de la veuve Clamagiraud, boulangère à Tolède, a également mal tourné. Ce commerçant français, qui avait un magasin d'alimentation près de la Puerta de Hierro, s'était réfugié dans l'Alcazar ; le 29 juillet, il réussit de nuit à sortir de la forteresse avec une corde et à atteindre son magasin où il trouva quelques religieuses cachées depuis plusieurs jours ; l'une d'elles était morte, il l'enterra, il ravitailla les autres, fit quelques provisions mais quand il voulut rentrer à l'Alcazar, sa corde avait disparu : un déserteur l'avait utilisée pour fuir et avait dénoncé Ratié-Clamagiraud, qui fut arrêté, condamné à mort mais ne fut pas exécuté grâce à l'intervention du consul de France, car il était de nationalité française. L'Ambassade de France le fit libérer et envoyer en France[2].

Quant aux larguages par des avions nationalistes, ils furent tardifs et insignifiants ; le premier eut lieu le 22 août : un trimoteur largua quelques boîtes de sardine, de la mortadelle et des fruits au sirop. Un autre, le 6 septembre, ne permit de récupérer qu'un seul colis, les autres furent perdus. Dans le court passage qu'il consacre à l'Alcazar, Arthur London écrit que « les rebelles sont ravitaillés par l'aviation allemande »[3]. En réalité, même si les avions des Nationalistes étaient allemands, des trimoteurs Junkers 52, leur intervention a été très limitée[4].

Au total, toutes ces tentatives de récupération de vivres n'avaient permis d'accroître les provisions que pour à peine deux jours de survie supplémentaires ; la situation serait rapidement devenue intenable si les assiégés n'avaient pas eu deux sources d'approvisionnement miraculeuses.

La première fut la viande de cheval. Le gouvernement avait décidé, peu de temps avant le début de la Guerre civile, de regrouper dans l'Alcazar, siège de l'Académie militaire d'Infanterie, les Académies de Cavalerie et d'Intendance. Les cavaliers étaient venus s'installer dans la forteresse avec leurs chevaux et leurs mules. Le nombre total des chevaux était, d'après le *Diario del Alcázar* du 27 juillet, de 170 chevaux de l'Académie et 29 de la Guardia civil. D'autres sources donnent 210 chevaux et 30 ou même 42 mulets ; d'après Georges Roux, 43 chevaux auraient été tués au cours des bombardements, mais leur viande devait être consommable.

Dès le 27 juillet, les assiégés commencent à manger de la viande de cheval. La consommation est fixée à quatre animaux par jour, ce qui permet de distribuer 300 grammes de viande par personne et par jour ; après le 17 septembre, la durée du siège restant très incertaine et le nombre des bêtes survivantes diminuant dangereusement, il fut décidé de n'abattre

1. Martínez Bande, *Los Asedios*, Madrid, 1983, p. 58. Quelques fruits furent récupérés dans des jardins situés sur les pentes descendant vers le Tage.

2. Morata, *Fuí yo un rehen ?*, 1997, p. 461.

3. London, Arthur, *Espagne...*, p. 153.

4. Caporilli, *op. cit.*, p. 156.

que deux chevaux par jour et la ration quotidienne fut ramenée à 150 grammes. La viande joua un rôle essentiel dans la survie des assiégés. À la fin du siège, il ne restait que 6 chevaux ou mulets[1].

Les assiégés ne pouvaient se contenter de manger de la viande : il leur fallait du pain. Or les stocks de farine se sont épuisés rapidement. On pouvait utiliser une partie de l'orge et du blé destinés aux chevaux et aux mulets, la consommation du cheptel diminuant au fur et à mesure des abattages, mais ces provisions s'amenuisaient chaque jour. Selon Timmermans[2], les assiégés auraient alors envisagé de lancer une attaque désespérée avec la moitié des hommes disponibles (480 hommes) pour récupérer dans la ville des provisions. Ce ne fut pas nécessaire.

Car la seconde grande chance des assiégés fut l'existence à proximité de l'Alcazar d'un magasin où était entreposé un nombre impressionnant de sacs de blé. L'existence de ce dépôt leur aurait été révélée par le Français Ratié-Clamagiraud, avant son expédition malheureuse en ville[3]. Ces sacs n'étaient pas les stocks accumulés par de gros commerçants réactionnaires en collusion avec le parti militaire et les phalangistes comme l'a prétendu Bloch[4] mais ils constituaient simplement les garanties de prêts accordés à des paysans par le Banco de Bilbao. Or cette *casa del trigo* se trouvait dans une des maisons situées en contrebas de l'Alcazar et dont les toits étaient accessibles depuis l'esplanade du manège.

Une fois l'entrepôt localisé de nuit par le commandant Araujo, une ouverture fut pratiquée dans le toit en enlevant des tuiles et en sciant une poutre ; les hommes purent s'introduire dans le magasin et sortir les sacs un par un par la brèche du toit ; les sacs de 90 kg étaient impossibles à manipuler et il fallut les diviser en deux. Tous ces transports de sacs eurent lieu de nuit et en silence.

Huit expéditions nocturnes furent organisées, la première le 3 août (23 sacs) et les autres le 4 (43 sacs), le 17, le 24 août, les 4, 5, 6 et 16 septembre ; la dernière, le 20 septembre, permit de récupérer encore 2 700 kg[5]. Le *Diario de Operaciones* (Journal des Opérations) fournit le détail du nombre des sacs apportés lors des diverses opérations, 315 au total, avec 28 350 kg de blé. Le général Villalba fournit des chiffres un peu supérieurs, 360 sacs avec 32 400 kg de blé.

Il est étonnant que les assiégés aient pu faire ces transports sans éveiller l'attention des assiégeants. Les assiégés ne pouvant pas tout ramener en une seule fois, chaque opération nouvelle était très risquée. Si les gouvernementaux s'étaient rendus compte de ces déplacements nocturnes, ils auraient pris le magasin sous le feu de leur artillerie et l'auraient détruit[6].

1. Georges-Roux, *La Guerre civile d'Espagne*. Paris, 1964, p. 160.
2. Timmermans, *op. cit.*, p. 91.
3. Bullón, *op. cit.*, p. 19 ; Moreno, *El Angel del Alcázar*, Tolède, p. 136.
4. Bloch, *Espagne, Espagne* !, novembre 1936, p. 90.
5. Casas de la Vega, *op. cit.*, p. 306.
6. Morata, *op. cit.* (*rehen*), p. 113.

Il fallait moudre ce grain pour le rendre digestible : l'écraser avec les mortiers de la pharmacie ne pouvait suffire. On utilisa un petit moulin destiné à triturer le fourrage des chevaux ; à partir du 26 juillet, ce moulin de fortune mis au point par Francisco Castellano fut actionné par l'intermédiaire de la roue d'une motocyclette, dont la consommation était heureusement modeste, à peine 10 litres par jour, car les assiégés ne disposaient que de 680 litres de carburant.

Les difficultés de la vie quotidienne

Grâce à la viande de cheval et au blé de la Casa del Trigo, les 1 800 personnes enfermées dans l'Alcazar furent sauvées de la famine. Chaque jour, le grain grossièrement moulu était mélangé à de l'eau et, sans sel ni levure, il était cuit par le boulanger Halfez Belmonte dans un four de campagne, parfois entre deux tirs d'artillerie. Chaque pain de 50 centimètres environ, pesait environ 180 grammes et représentait la ration de deux personnes.

La distribution des repas était parfaitement organisée par les responsables du ravitaillement, le capitaine Cuartero et les lieutenants Guadalupe et Castro[1]. Les deux repas quotidiens avaient lieu à 10 heures 30 et à 17 heures 30, car les heures avaient été changées pour essayer d'éviter les tirs d'artillerie que faisait l'ennemi pour perturber la vie des assiégés au moment de la distribution de la nourriture. Les cuisiniers préparaient un « plat du jour », qui était toujours le même : un « potage », constitué de viande de cheval coupée en petits morceaux mêlée à du grain écrasé, sans sel mais assaisonnée avec un peu d'huile, du lard et de la graisse de cheval, mais cette dernière en faible quantité car elle était surtout réservée à l'éclairage. Parfois, quelques haricots ou une poignée de riz donnaient un peu de variété. La cuisson des aliments était assurée grâce au bois des bâtiments détruits, aux caisses de munitions vides et à la bouse séchée des chevaux. Il n'y avait ni sucre ni café et à partir de la mi-août, le lait pour les enfants et les malades commença à manquer. Les quelques boîtes de lait condensé reçues par avion le 6 septembre ont « peut-être sauvé la vie des nouveau-nés que leurs mères épuisées ne pouvaient pas nourrir »[2].

La ration quotidienne représentait environ 1 500 calories, ce qui était évidemment inférieur à ce qu'exige une alimentation normale (2 500 à 3 000 calories) mais elle était suffisante pour survivre[3]. La situation n'est devenue angoissante qu'après le 17 septembre, lorsqu'il fallut réduire de moitié la ration de viande mais personne n'est mort de faim dans l'Alcazar pendant le siège. Les fumeurs ont beaucoup souffert du manque de tabac.

Au début du siège, les femmes et les enfants pouvaient sortir de temps en temps dans la cour (*patio*) pour prendre l'air et se dégourdir les jambes

1. Martínez Leal, *op. cit.*, p. 54.
2. Massis et Brasillach, *Les cadets de l'Alcazar*, p. 53.
3. Casas de la Vega, *op. cit.*, p. 142.

mais les accalmies devinrent de plus en plus rares dès le mois d'août. Il fallut vivre dans la pénombre et le manque de lumière constitua un handicap psychologique parfois difficile à surmonter. L'électricité fut coupée dès le 21 juillet et pendant 70 jours, la vie dans les souterrains se déroula sans autre éclairage que « des lumignons de fortune avec des mèches trempant dans le suif des animaux abattus. Ces torches graisseuses brûlent en dégageant une fumée âcre ; elles ne répandent qu'une clarté clignotante... Hors ces lueurs fuligineuses et exceptionnelles, tout le monde vit dans l'obscurité. Ce fut, peut-être, m'a dit un survivant, la plus cruelle souffrance »[1]. Ces torches de graisse de cheval (*sebo*) étaient placées dans de vieilles boîtes de conserve.

Autre élément indispensable à la vie : l'eau. Les assiégés eurent la chance d'avoir dans l'Alcazar même des citernes qui leur permirent de ne pas mourir de soif. Avant le siège, l'Académie militaire utilisait l'eau de la ville mais, dès le 23 juillet, les pompes qui montaient l'eau jusqu'à la forteresse furent détruites par un bombardement aérien et, de toute façon, les Républicains auraient coupé les canalisations.

Dans un premier temps, les assiégés purent utiliser l'eau d'un puits situé près de Santiago, mais son accès fut très vite rendu impossible par les tirs de l'artillerie. L'eau de la piscine fut d'abord réservée à la boisson des chevaux et au lavage du linge ; elle devint ensuite inutilisable. On ne pouvait pas compter en cette saison estivale sur d'éventuelles pluies. Restait l'eau des 4 citernes (*algibes*), creusées à l'époque musulmane et qui, par chance, étaient pleines. Leur capacité fut évaluée à 190 000 litres et, dès le 27 juillet, on commença à les utiliser. Devant la prolongation du siège, il fut décidé le 10 août de ne distribuer qu'un litre d'eau par personne et par jour. Les puits des citernes étaient gardés par des sentinelles et la répartition se faisait sous le contrôle d'un officier pour éviter les abus et les disputes. Il y eut, semble-t-il, des incidents puisque, d'après Caporilli, il fallut organiser une escorte de sécurité dans les souterrains pour éviter qu'à chaque coin, quelqu'un ne prenne de l'eau avec un récipient quelconque et ne s'enfuie en courant[2].

Le litre d'eau quotidien servait surtout à la boisson afin d'éviter la déshydratation. Heureusement, la chaleur, torride à l'extérieur, était atténuée dans les souterrains restés plus frais, mais la poussière soulevée par l'explosion des obus et la fumée des torches rendaient l'atmosphère difficile à respirer. Vers la fin du siège, beaucoup cessèrent de se laver, de se raser, et quelques-uns utilisèrent leur propre urine pour se nettoyer.

Pour dormir, il fallait se coucher par terre, à même le sol ou sur de la paille, enveloppés dans des couvertures, car les lits furent regroupés dans l'infirmerie. Un grave problème fut celui des latrines. Celles de l'Alcazar étaient inaccessibles, car sous le feu des canons ennemis. Il fallut excaver deux fosses sur les côtés du *Paso Curvo*, passage étroit menant vers

1. Georges-Roux, *op. cit.*, p. 160.
2. Caporilli, *op. cit.*, p. 100.

l'esplanade, l'une pour les hommes, l'autre pour les femmes. Les seaux hygiéniques, des récipients de toutes origines, étaient versés par quelques fenêtres.

Il faut souligner que, malgré ces conditions de vie, la malnutrition, la promiscuité, le manque d'hygiène..., il n'y eut pas d'épidémie mais seulement quelques problèmes gastriques, qui furent enrayés avec des sachets de bismuth. Les défenseurs ont considéré que cette absence d'épidémie a été un véritable miracle.

Si les assiégés furent épargnés par les épidémies, ils furent confrontés au problème dramatique des blessés. L'hôpital fut installé d'abord dans le vestibule de la Puerta de los Capuchinos puis transféré dans le souterrain du Nord-Ouest plus abrité. Quatre médecins se trouvaient parmi les assiégés, le commandant Manuel Pelayo, les capitaines Pelayo Lozano et Ortega Lechuga et le civil Angel Moreno. Aucun n'était chirurgien et ce fut le capitaine Pelayo Lozano, médecin spécialiste des maladies de la peau, qui se chargea des opérations chirurgicales et procéda à plusieurs amputations, sans anesthésie, car le capitaine Benito Casado García, qui était pharmacien, manqua très vite de médicaments. Les médecins étaient assistés de quatre infirmières et de cinq sœurs de la Charité, dont le dévouement fut exemplaire. Il y aurait eu pendant le siège 180 interventions chirurgicales dont 14 amputations[1].

Les mourants étaient assistés par le professeur Andrés Marín Martín, car il n'y avait pas de prêtre dans l'Alcazar. Il était secondé par le jeune Antonio Rivera, de l'Action Catholique ; son dévouement envers les blessés fut tel qu'on le surnomma « *el ángel* (l'ange) *del Alcázar* » ; blessé gravement à un bras, il fallut l'amputer sans anesthésie et, après une longue agonie, il mourut le 20 novembre 1936.

Le capitaine de cavalerie José Sanz de Diego se chargeait de faire enterrer les morts d'abord dans le manège (*Picadero)*, où 35 fosses ont été creusées et, après la destruction du *Picadero* par l'artillerie ennemie, une quarantaine de morts furent placés autour de la piscine, certains debout dans les cabines de bain des cadets, qui étaient ensuite murées. « La nuit, nous allions gratter le terre-plein pour recueillir un peu de terre avec laquelle nous crépissions les cadavres[2]. » Malgré les risques sanitaires, les assiégés avaient décidé de ne pas incinérer les corps parce que, ont-ils dit, « nous sommes chrétiens ». Aucun corps ne fut jeté dans le Tage, malgré les dires de Zugazagoitia.

La ferveur religieuse fut un élément important dans la vie des assiégés. Le professeur Martín, le capitaine Sanz de Diego et le commandant Victor Martínez Simancas organisaient chaque jour des réunions pieuses, avec la récitation du chapelet (*rosario*) et, en l'absence de livres sacrés, avec des prières et des homélies préparées par le professeur Martín. La chapelle de l'Alcazar ayant été détruite par les premiers bombardements, une cha-

1. Georges-Roux, *op. cit.*, p. 161.
2. Témoignage publié dans *Gringoire* le 9 octobre 1936.

pelle fut aménagée dans un souterrain, où était vénérée une image de la Vierge, qui fut appelée *Nuestra Señora del Alcázar*. La chapelle ayant été endommagée et un fidèle blessé par l'explosion de la mine, il fallut la transférer une nouvelle fois dans une autre partie du souterrain.

Certains ouvrages pro-nationalistes ont insisté sur cette piété, aussi bien des combattants que des civils, particulièrement des femmes. C'est ce que Bachoud appelle « la réactualisation de valeurs et de croyances propres à l'imaginaire traditionnel » ; elle se moque du livre de Arraras, écrit en 1937, en pleine Guerre civile : « Les deux cents pages de cette épopée sont émaillées de références constantes à la Vierge Immaculée et au Christ-Roi[1]. » Il est incontestable que la religion a permis à de nombreux assiégés de supporter avec résignation les dures conditions du siège et que leur foi en a accompagné plus d'un dans la mort.

La présence des femmes a été probablement un facteur essentiel dans la résistance des combattants. La majorité étaient les épouses ou les filles des militaires, officiers ou gardes civils et elles refusèrent l'évacuation qui leur fut proposée à diverses reprises. Certaines envisageaient le martyr avec sérénité. Là encore l'exaltation religieuse aida plusieurs d'entre elles à supporter les privations. Il faut souligner que, bien abrités dans les souterrains, aucune femme ni aucun enfant ne furent tués ni même gravement blessés pendant les deux mois du siège, ce que certaines ont considéré comme miraculeux.

1. Bachoud, *Franco ou la réussite d'un homme ordinaire*, Paris, 1997, p. 135.

CHAPITRE 5

La guerre psychologique : comment obliger les assiégés à capituler ?

Les gouvernementaux, qui n'avaient pas réussi à empêcher l'insurrection et avaient encerclé l'Alcazar, s'efforcèrent de faire capituler les assiégés en utilisant les moyens les plus divers, le chantage, en mettant en cause la vie du fils du colonel Moscardó, la médiation de personnalités indiscutables, un officier ami de plusieurs officiers insurgés, le commandant Rojo, un prêtre de la cathédrale de Madrid, le Père Camarasa, un ambassadeur, celui du Chili. En même temps, les efforts pour démoraliser les assiégés furent constants, spécialement par radio et par haut-parleurs.

1. Le calvaire de la famille Moscardó

Avant le début de l'insurrection, le colonel Moscardó vivait dans la ville de Tolède, calle de Santa Clara, avec sa femme María de Guzmán et ses quatre enfants. Le fils aîné, officier, devait assister aux Jeux olympiques de Berlin avec son père, qui l'envoya à Barcelone le 18 juillet faire les derniers préparatifs pour le voyage. Arrêté quelques jours plus tard à Barcelone, il fut immédiatement fusillé. La jeune fille était alors au Portugal ; restaient donc à Tolède les autres fils, Luis, 24 ans, et Carmelo, 17 ans[1].

Luis, qui n'était pas militaire mais *Ayudante de Obras Públicas* à Madrid, rejoignit Tolède le 21 juillet et participa à l'enfermement dans l'Alcazar ; son père lui demanda de redescendre en ville pour rejoindre sa mère et son frère et ensuite essayer d'aller à Madrid. Il aurait été plus logi-

1. L'âge donné aux deux frères par divers auteurs est souvent fantaisiste. On a attribué à Luis, 19 ans (Matthews), 18 ans (Massis et Brasillach), 17 ans (Arraras), en le confondant avec son jeune frère, et même 14 ans (Caporilli), probablement pour accentuer le caractère dramatique des événements. Sa carte d'identité donne son âge réel : 24 ans.

que, semble-t-il, que María de Guzmán rejoigne son mari dans l'Alcazar. Pourquoi le colonel Moscardó ne l'a-t-il pas voulu au moment où les femmes et enfants d'autres officiers et de gardes civils se réfugiaient dans la forteresse ? Peut-être a-t-il désiré limiter cet afflux de civils, qui allait rendre difficile la défense, peut-être voulait-il éviter à sa femme et à ses fils d'être les témoins et les victimes d'un drame qu'il considérait comme inévitable, comme le suggère une note trouvée dans ses archives personnelles[1].

Restée à Tolède, la famille du colonel Moscardó se rend chez des amis, d'abord le colonel Tuero, ensuite le colonel Pedro Guadalupe mais, dès le 23 juillet, Luis est arrêté et transféré dans les caves de la Diputación Provincial. Le commandant des Milices Républicaines, l'avocat Cándido Cabello, téléphona alors au colonel Moscardó, exigeant la réddition de l'Alcazar dans les dix minutes, sinon son fils serait fusillé. Ce fut alors le célèbre dialogue entre le fils et le père, dont les termes ont été maintes fois reproduits, avec quelques variantes selon les témoignages[2].

En fait, Luis ne fut pas exécuté sur le champ comme l'ont écrit plusieurs auteurs favorables aux insurgés (Brasillach, Massis, Tharaud) ; il retourna en prison et fut finalement fusillé le 23 août, en même temps que 63 autres prisonniers, dont plusieurs pères Maristes. L'exécution eut lieu près de la Fuente Salobre, à la sortie de la Puerta del Cambrón ; elle aurait été décidée à la suite d'un bombardement aérien qui avait fait plusieurs morts parmi les miliciens. Les controverses sur la date et le lieu de l'exécution sont aujourd'hui dépassées.

Le journaliste américain Matthews prétendit, dans un ouvrage écrit en 1958, que l'histoire du coup de téléphone avait été inventée par les insurgés car Luis Moscardó avait été tué à Madrid dans la révolte de la caserne de la Montaña, et que, de toute façon, le téléphone ne fonctionnait plus le 23 juillet. Les affirmations de Matthews furent totalement démenties par les témoins directs, par plusieurs officiers qui se trouvaient aux côtés de Moscardó au moment de la conversation, par le *capitán de Ingenieros* Barber, qui était le chef des Transmissions mais aussi par le témoignage de trois miliciens, qui ont participé avec Cándido Cabello à l'appel téléphonique et qui, après la conversation, obtinrent que Luis ne soit pas immédiatement exécuté mais gardé en prison en vue d'un éventuel échange[3]. Le colonel Moscardó n'aurait appris la mort de son fils qu'au moment de la libération de l'Alcazar, le 28 septembre, en sortant de la forteresse, lorsqu'un inconnu lui présenta ses condoléances[4] ! En effet,

1. Bullón, *op. cit.*, p. 71.

2. D'après les récits les plus fiables, le dialogue aurait été le suivant : Luis : *Papa*, Moscardó : *Qu'y a-t-il mon fils ?* ; Luis : *Rien, ils disent qu'ils vont me fusiller si l'Alcazar ne se rend pas* ; Moscardó : *Alors, recommande ton âme à Dieu, donne un Viva au Christ-Roi et meurt comme un patriote* ; Luis : *Un baiser très fort, Papa.* Moscardó : *Adieu, mon fils. Un baiser très fort.*

3. Aznar, *El Alcázar no se rinde*, Madrid, 1957, p. 36.

4. Morata, *op. cit.* (*rehen*), p. 101.

lors de l'entrevue avec le commandant Rojo, le 8 septembre, ce dernier lui affirma qu'il ne savait rien sur le sort de son fils[1].

Ces témoignages indiscutables amenèrent Matthews à écrire le 20 septembre 1960 une lettre à la veuve du général Moscardó, dans laquelle il lui demande d'accepter ses plus sincères excuses pour s'être complètement trompé mais qu'il a écrit son texte de bonne foi et il promet de rectifier ses premières affirmations, dans la prochaine édition de son livre (ce qu'il fera dans l'édition de 1961).

De son côté, l'historien Hugh Thomas, qui avait cru d'abord aux affirmations de Matthews, a fait une nouvelle enquête auprès de témoins des deux bords et il précise : « *Je ne doute pas que le récit nationaliste soit exact.* » Dans une longue note de l'édition suivante, il conclut qu'indiscutablement la conversation a eu lieu. Il aurait présenté des excuses à Madame Moscardó[2].

Il en est de même de Philippe Nourry qui, dans son ouvrage sur Franco, mettait en doute l'existence de la conversation (p. 346) ; il écrit à Madame Moscardó le 14 juin 1983 : « *Je suis désolé, en effet, d'avoir commis cette erreur concernant la matérialité de la conversation téléphonique entre le colonel Moscardó et son fils Luis. Je conçois qu'il doit être très pénible pour la famille du colonel de constater qu'un doute continue de planer sur cet épisode glorieux et dramatique de la Guerre civile alors que l'extrait des carnets de Moscardó que vous venez de m'envoyer apporte évidemment la preuve irréfutable de la véracité du fait.* » Bartolomé Bennassar, qui, dans son ouvrage sur Franco (1995), avait suivi l'argumentation de Matthews, précise dans son récent livre sur la Guerre civile : « *J'avais moi-même mis en doute le fait* (l'entretien de Moscardo avec son fils), *en me fondant sur l'enquête de Southworth mais au terme de nouvelles recherches, il semble bien que l'entretien ait eu lieu.* »

En effet, tous les témoignages récents recueillis auprès de survivants ont confirmé la réalité de l'appel, par exemple celui du téléphoniste de l'Alcazar, José Fernández Cela[3], celui du concierge de la *Diputación Provincial* qu'occupait le Gouverneur Civil José Vega López, celui d'un des miliciens présent auprès de Cándido Cabello, Luis García-Rojo, qui, cependant, présente un dialogue entre Moscardó et son fils très différent de celui précédemment admis et peu plausible[4].

Dans un ouvrage publié en 1996, Bullón et Togores espèrent mettre fin à la polémique en utilisant les documents personnels du général Moscardó restés inédits et conservés par sa fille. Il s'agit du journal personnel de Moscardó et de lettres à sa femme, documents irréfutables où il parle de sa conversation avec son fils[5]. De même, le commandant Méndez de

1. Bullón, *op. cit.*, p. 79.
2. Bullón, *op. cit.*, p. 45.
3. De La Cierva, 1936, Alcazar, Madrid, 1997, p. 90.
4. Témoignage dans Herreros, *op. cit.*, p. 33. Morata et Pío Moa le considèrent comme invraisemblable.
5. Bullón, *op. cit.*, p. 69 et appendice p. 125.

Parada, qui était dans le patio de l'Alcazar au moment de la conversation, raconte : « *Silvano Cirujano était dans le bureau de Moscardó quand il y eut le coup de téléphone. Il sortit dans la cour en criant : "ils ont menacé de fusiller le fils de notre colonel si l'Alcazar ne se rendait pas et il a rejeté cette proposition. Vive notre colonel !"*. » Méndez fut un de ceux qui cherchèrent à réconforter Moscardó, en lui disant que s'ils avaient fusillé son fils, ils s'en seraient immédiatement vanté[1].

La femme du colonel Moscardó fut arrêtée à Tolède le 13 août avec son fils Carmelo ; celui-ci devait être fusillé malgré son jeune âge, mais il fut sauvé grâce à l'intervention d'un milicien anarchiste. Madame Moscardó est restée emprisonnée jusqu'à la prise de Tolède par les troupes nationalistes, d'abord dans la prison provinciale, ensuite dans l'asile de fous (*manicomio*), où elle fut sous la protection d'un infirmier originaire de Grenade[2].

Il est étonnant que certains historiens, espagnols et surtout étrangers, se réfèrent encore à la première édition de l'ouvrage de Matthews et continuent à nier la réalité de la conversation. Paul Preston, considéré comme un des grands historiens anglo-saxons, ose encore écrire dans les éditions successives de ses ouvrages sur la Guerre civile que l'histoire est presque certainement apocryphe parce qu'elle ressemble trop à celle de Guzman el Bueno [3] ! Bryan Crozier admet l'existence de la conversation mais il ajoute : « *Le jeune Moscardó fut bel et bien tué, non après cette conversation, mais, <u>moins dramatiquement</u>* (c'est nous qui soulignons !) *un mois plus tard, en représailles d'un raid aérien des nationalistes*[4]. » Pour Reig Tapia, la mort de Luis Moscardó n'a aucun rapport avec la conversation téléphonique avec son père, « *donc le mythe sacrificiel se trouve totalement anéanti... Il fut simplement une des nombreuses victimes innocentes, comme cela arrive dans toute Guerre, à la suite de circonstances dramatiques, en représailles d'un bombardement aérien des franquistes* ». Cependant, il a été prouvé que les tués par ce raid aérien avaient été les victimes d'une erreur de l'aviation républicaine... (voir chapitre VI).

1. Méndez de Parada, Mémoire inédit. Ce récit est confirmé par ceux des lieutenants Baron et Benavides, eux-aussi présents dans le patio.

2. Morata, *op. cit.*, p. 312.

3. Preston, *Franco. Caudillo de España*, Barcelone, 1994, p. 223. « En agissant de la sorte, Moscardó aurait répété l'acte héroïque réalisé au XIIIe siècle par Guzman el Bueno, qui défendait alors la place de Tarifa contre les Maures... Cette histoire acquit dans l'historiographie franquiste de la Guerre civile une dimension symbolique. Elle devenait la démonstration tangible de la continuité historique de l'héroïsme espagnol et figurait à ce titre dans les manuels scolaires » (Barrachina, *Recherches sur les ressorts de la propagande franquiste*, p. 448).

4. Crozier, *Franco. A biographical history*, Londres, 1967, p. 210.

2. Les tentatives pour obtenir la capitulation

Le siège se prolongeant, les gouvernementaux essayèrent au début du mois de septembre d'obtenir la reddition des insurgés en envoyant des émissaires : leurs démarches échouèrent.

Ce fut d'abord l'entrevue avec le commandant Vicente Rojo Lluch, un officier d'état-major, qui connaissait bien l'Alcazar, avait été professeur à l'Académie et était l'ami de certains officiers insurgés, en particulier le capitaine Luis Alamán Velasco et le commandant Blas Piñar Arnedo, un camarade de promotion. Le commandant Rojo pensait que les assiégés n'avaient aucune chance de s'en sortir et il voulait limiter les pertes humaines.

Le 8 septembre, par haut-parleur, les gouvernementaux proposent à Moscardó une entrevue avec le commandant Vicente Rojo ; le colonel Moscardó accepte. Le lendemain 9, une trêve est décidée pour permettre au commandant Rojo de remettre au colonel Moscardó les conditions de la reddition : les femmes, les enfants de moins de 16 ans et les simples soldats seront immédiatement libérés ; les militaires gradés seront déférés à la justice.

Pendant la trêve, le commandant Rojo s'approche de l'Alcazar par la plaza de Capuchinos ; les assiégés lui demandent de passer par la puerta de Carros, où il est accueilli par le capitaine Alamán Velasco et le commandant Blas Piñar ; ils le conduisent, les yeux bandés, jusqu'au bureau de Moscardó. Naturellement, les conditions de la reddition sont rejetées mais Moscardó demande à Rojo d'intercéder pour qu'on leur envoie un prêtre prêt à mourir avec eux. Le capitaine Alamán demande à Rojo de rester avec eux, ce que celui-ci, officier républicain qui a donné sa parole, ne peut accepter mais, d'après le capitaine Alamán, il aurait adressé aux défenseurs « un gran abrazo »[1], avant de crier « Viva España »[2]. Le commandant Rojo, dont les qualités militaires étaient reconnues de tous, deviendra l'un des principaux chefs de l'armée républicaine.

Le commandant Rojo transmit au gouvernement la demande de Moscardó ; Largo Caballero ne voulut pas laisser échapper cette nouvelle chance de convaincre les assiégés de se rendre. Bien entendu, il ne fut pas question d'envoyer un prêtre qui ferait cause commune avec les insurgés mais un des rares ecclésiastiques bien vu du pouvoir : le père Enrique Vázquez Camarasa, célèbre à Madrid pour ses sermons émouvants et « à qui son libéralisme bien connu avait épargné d'être tué par les miliciens »[3].

Une trêve de trois heures est acceptée par les deux camps. Les tirs cessent le 11 septembre à 9 heures. Le père Camarasa vient de Madrid, il est accompagné par le peintre révolutionnaire Quintanilla ; d'après Delaprée[4],

1. Caporilli, *op. cit.*, p. 117.
2. Casas de la Vega, *op. cit.*, p. 223. Rojo, J.A. *Vicente Rojo,* p. 63.
3. Thomas, *Histoire de la Guerre d'Espagne*, 1961, p. 397.
4. Delaprée, article de *Paris-Soir* du 14 septembre, cité par Morata, *Las mil y una mentiras*, p. 428.

témoin oculaire, le groupe qui l'accueille lève le poing, il serre le poing à son tour puis il est conduit au pied de l'Alcazar par le colonel Barceló et le capitaine Sediles ; un haut-parleur (*megáfono*) signale son arrivée par la barricade de la plaza de Capuchinos, il s'avance en civil, un petit drapeau blanc dans une main et un crucifix dans l'autre. Il est pris en charge par le capitaine Sanz de Diego et le professeur Martín qui l'identifie car il l'avait déjà rencontré. Le commandant Martínez Simancas lui bande les yeux et le conduit par les souterrains, jusqu'à l'endroit où il dit la messe et prononce une homélie très démoralisante : lugubre, il parle des souffrances que les assiégés subissent et auront encore à supporter, de la gloire que la garnison récoltera dans l'autre monde, puis il administre une absolution générale, ou plutôt une sorte d'extrême-onction : « *L'impression que nous avons eue, était qu'il venait nous absoudre tous ensemble parce que, le jour suivant, nous allions tous mourir, écrasés par l'explosion de la mine* [1]. » Certains pleurent, tel le père de Martina Ramos, un garde civil, ce qui impressionne beaucoup sa petite fille de 12 ans[2]. Le père Camarasa se rend ensuite, lors d'« une procession de ferveur et de patriotisme » jusqu'à l'infirmerie, donne l'absolution aux mourants et baptise l'enfant né pendant le siège.

Au cours de son entrevue avec le colonel Moscardó, le père Camarasa insiste sur la nécessité d'évacuer les femmes et les enfants. Les militaires décident alors de consulter un groupe de femmes ; on ne sait rien des discussions qui ont eu lieu entre elles mais leur porte-parole, qui était la fille du lieutenant-colonel des gardes civils Romero Basart, déclara qu'elles préféraient mourir avec les combattants. Moscardó précisa au père Camarasa que le gouvernement, malgré ses bonnes intentions, n'avait pas assez d'autorité pour garantir la sécurité des femmes et des enfants qui seraient évacués[3].

Les assiégés demandent au Père Camarasa de rester avec eux : il refuse et quitte l'Alcazar pour rejoindre le Comité de défense républicain. Le journaliste Delaprée raconte : « *ce n'est plus le même personnage qu'en entrant... Il a vieilli de plusieurs années, sa bouche tremble... Il titube presque en arrivant près du colonel Barceló. Celui-ci le prend par le bras pour le soutenir*[4]. » Le colonel Moscardó avait remis au père Camarasa quelques lettres destinées à sa femme ; elles furent transmises au Comité de Défense, qui en fit quelques copies ; elles ont été récemment publiées par Alfonso Bullón de Mendoza et Luis Togores[5]. D'autres défenseurs voulaient remettre des missives destinées à des membres de leur famille mais ils y renoncèrent de peur d'éventuelles représailles.

1. Risco, *La epopeya del Alcázar de Toledo*, Burgos, 1937, p. 135, Morata, Rehen, p. 316.
2. Témoignage publié dans *El Mundo*, le 5 septembre 2005.
3. Bullón, *op. cit.*, p. 100.
4. Delaprée. Article de *Paris-Soir* du 14 septembre 1936.
5. Bullón, *op. cit.*, p. 121-147.

Pendant la trêve, un phalangiste, Nicenor Hernández Rodríguez, s'était penché à une fenêtre de l'Alcazar pour voir ce qui se passait : il est abattu par un tireur inconnu « contrairement à tous les usages »[1]. Des défenseurs des lignes extérieures seraient entrés en conversation avec des assaillants, qui leur auraient donné des cigarettes et des lames de rasoir. André Malraux a raconté cette histoire dans *L'Espoir*[2].

La mission du Père Camarasa a donc échoué comme celle du colonel Rojo. Le Père Camarasa aurait décrit à Luis Quintanilla la situation dantesque de l'Alcazar et le spectacle déchirant des femmes et des enfants face au refus brutal de Moscardó de les laisser sortir de leur enfermement forcé. Le chef du gouvernement Largo Caballero écrit dans ses Mémoires : « *Un prêtre, le Père Camarasa, que j'avais envoyé, pénètre dans l'Alcazar pour essayer de convaincre Moscardó de cesser la résistance ou, pour le moins, d'accepter d'évacuer les femmes et les enfants, mais Moscardó, comprenant que s'il acceptait cette proposition, il affaiblissait sa situation, refusa* [3]. » Le colonel Barceló adressa un communiqué à l'Agence Havas indiquant que les négociations pour obtenir la libération des femmes, des enfants et des vieillards avaient échoué par la faute des rebelles [4].

Une ultime tentative fut faite par Aurelio Núñez Morgado, ambassadeur du Chili à Madrid et doyen par intérim du corps diplomatique. Le 13 septembre, l'ambassadeur, qui connaissait le projet de faire sauter l'Alcazar avec une mine et voulait sauver les femmes et les enfants, se rend à Tolède avec un sauf-conduit donné par le chef du gouvernement, Largo Caballero ; il rencontre le colonel Barceló, engage une discussion interminable avec les membres du comité de défense (le « soviet de Toledo » écrit Morgado), qui l'autorise à s'adresser aux insurgés par haut-parleur, mais les tirs d'artillerie rendent l'appel inaudible[5].

L'ambassadeur rentre à Madrid et, le lendemain matin, le colonel Barceló lit le message aux insurgés par haut-parleur. Les assiégés auraient répondu que l'ambassadeur devait s'adresser au gouvernement national de Burgos. Effectivement, le gouvernement de Burgos reçut le 18 septembre un télégramme de la Croix-Rouge internationale ; de toute façon, cette intervention venait trop tard : la mine avait déjà explosé[6].

3. Les efforts pour démoraliser les assiégés

Une fois enfermés dans l'Alcazar, les assiégés se sont trouvés complètement isolés, sans communication avec l'extérieur, ignorant même si les insurgés du reste de l'Espagne connaissaient leur résistance.

1. Caporilli, *op. cit.*, p. 119.
2. Malraux, *L'espoir,* 1937, p. 227.
3. Largo Caballero. *Mis Recuerdos*, Mexico, 1954, p. 185.
4. Caporilli, *op. cit.*, p. 123.
5. Nuñez Morgado, *Los sucesos de España vistos por un diplomático*, Buenos Aires, 1941, p. 214.
6. Casas de la Vega, *op. cit.*, p. 245.

Dès le 23 juillet au soir, les défenseurs n'avaient plus d'électricité et ils ne pouvaient plus communiquer par radio. Ils bricolèrent un appareil alimenté par la batterie d'une voiture, ce qui leur permit de capter la radio de Madrid et ils apprirent ainsi une série de nouvelles catastrophiques pour eux, en particulier la prise de la caserne de la Montaña à Madrid. Les Républicains lancèrent en outre des fausses nouvelles dans un double but : décourager les défenseurs de l'Alcazar, en leur montrant l'inutilité de leur résistance et l'impossibilité d'une délivrance et faire croire aux Nationalistes que l'Alcazar avait déjà capitulé. Ainsi, le 23 juillet, des communiqués annoncent la prise de l'Alcazar par les gouvernementaux.

Le 25 juillet, le colonel Moscardó décide de désigner un officier qui aurait pour mission de traverser les lignes ennemies et de rejoindre les troupes nationales du général Mola qui ont atteint la Sierra de Guadarrama, au Nord de Madrid. La mission est périlleuse mais plusieurs volontaires se présentent. Le colonel Moscardó choisit le capitaine d'infanterie Luis Alba Navas, professeur à l'école de gymnastique depuis six ans et parfait connaisseur de la région. Il revêt un vêtement bleu analogue à ceux des miliciens, cache un pistolet et prend les papiers d'un prisonnier communiste, Antonio Gómez. Dans la nuit du 25 au 26 juillet, le capitaine Alba traverse le Tage à la nage, fait une quarantaine de kilomètres à pied pour atteindre le village de Burujón, où les miliciens l'accueillent fort bien, jusqu'au moment où un jeune le reconnaît, s'approche de lui et lui dit « qu'est-ce que vous faites ici mon capitaine ? ». Il est arrêté, emmené vers Tolède ; en route, à la Venta del Hoyo, le véhicule tombe en panne, il cherche à s'enfuir, il est rattrapé, frappé et finalement exécuté par des miliciens de Burujón ou de Vargas.

Le capitaine Alba avait de remarquables qualités sportives et il aurait pu réussir avec un peu de chance. Mais le choix d'un officier aussi connu dans la région était bien imprudent. De plus, les Nationalistes surent très vite que la citadelle résistait toujours grâce aux communiqués républicains contradictoires qui annonçaient sa prise puis le lendemain insistaient sur l'imminence de la capitulation. Ainsi, le 27 juillet, le *Heraldo de Madrid* annonce que l'Alcazar est tombée et le lendemain 28, le journal *Ahora* de Madrid titre : « Cinq par cinq, désarmés et les bras levés, sortent de l'Alcazar de Tolède les rebelles qui la défendaient » ; la nouvelle provenait de la Direction générale de la Sécurité. Le lendemain, un communiqué admet qu'un groupe de séditieux subsistait mais que leur résistance était sans importance. En fait, le va-et-vient des journalistes depuis Madrid suffisait à prouver que la résistance des assiégés continuait.

Pour affaiblir la capacité de résistance des assiégés, les Républicains installèrent dans les maisons proches de l'Alcazar des haut-parleurs, qui permettaient de menacer et de provoquer les insurgés. Lorsque l'artillerie ne tirait pas, *Radio Cigarral de los Leones rojos* incitait les soldats à se révolter contre leurs officiers, à tuer Moscardó. Des femmes de gardes civils vinrent supplier leurs maris de déserter. « Des miliciens à grand chapeau de paille tressée sur la tête, cachés derrière ces barricades guettent les guetteurs d'en face à 50, à 40, parfois à 20 mètres de là. De temps à autre, las d'échanger des balles, ils se jettent des injures. On finit par ne plus savoir si on est assiégeant ou assiégé », écrit Delaprée le 24 août.

Les assiégés étaient traités de « fascistes », terme nouveau dont le sens leur échappait. Les insultes pleuvaient : « vous êtes enfermés ici, tandis que nous, nous couchons avec vos femmes et vos filles[1] », « Qu'avez-vous mangé aujourd'hui ? de la viande de cheval mais nous, des *filetes*, du jambon et du pain frais » ; des saucisses et des paquets de tabac étaient pendus à des fenêtres bien visibles de l'Alcazar. Le colonel Moscardó fit interdire de répondre aux injures ordurières déversées par les haut-parleurs.

Des provocations furent organisées ; le célèbre Christ de la Vega fut apporté sur la place de Zocodover et les miliciens défièrent les assiégés de venir le chercher : les défenseurs ne bougèrent pas et les miliciens firent alors un bûcher et y mirent le feu ; deux d'entre eux, qui dansaient autour du brasier, furent abattus par les tireurs d'élite de l'Alcazar[2].

Pour rendre difficiles les déplacements des défenseurs même de nuit, des projecteurs furent installés, le premier le 11 août pour illuminer la Cuesta del Alcázar depuis le Zocodover. Le second, mis en place le 14 août, éclairait el Arco de la Sangre et la Cuesta del Carmen.

4. Le maintien du moral des assiégés

Pour lutter contre ces incessants appels à la reddition, éviter le découragement des militaires mais aussi des civils, femmes et enfants, réfugiés dans les souterrains et obtenir cette « sérénité stupéfiante » que souligne Hugh Thomas[3], les défenseurs eurent l'idée de créer un journal, *El Alcázar*, dont le premier numéro sortit le dimanche 26 juillet et qui fut publié chaque jour jusqu'à la fin du siège grâce au matériel de l'Académie d'Infanterie. La rédaction et la publication furent assurées par le capitaine Victor Martínez Simancas, le professeur Andrés Marín Martín et le commandant Félix Gutiérrez Cano. La collection du journal est une précieuse source de documentation, avec des informations générales et des indications sur la vie dans la forteresse.

Les informations générales furent dans un premier temps extraites des nouvelles fournies par *Unión Radio*, la radio gouvernementale de Madrid, évidemment interprétées dans le sens désiré. Ensuite, les assiégés réussirent à capter plus ou moins bien *Radio Club Portugal* et ils reçurent les encouragements non seulement de la présentatrice María Isabel Torres de Corominas mais aussi de l'écrivain José María Peman et de la fille de Moscardó, Marichu. Ils parvinrent à entendre de temps en temps la radio italienne ; c'est par *Radio Milan* qu'ils reçurent la nouvelle de la prise de Talavera, qui leur redonna espoir.

1. Casas de la Vega, *op. cit.*, p. 237.
2. Bullón, *op. cit.*, p. 51.
3. Thomas, *op. cit.*, t. 1, p. 362.

Une partie du journal était consacrée aux nouvelles concernant la vie à l'intérieur de la forteresse, les ordres du commandement, des conseils d'hygiène et, pour soutenir le moral des assiégés, des histoires drôles (*chistes*), des prières… En plus des offices religieux, quelques spectacles furent même organisés : le 7 août, ce fut le « circo Alcázar », le 15 août, la célébration de l'Assomption.

L'apparition d'avions nationalistes dans le ciel de Tolède constitua un réconfort essentiel pour les assiégés ; le 30 juillet, ceux-ci mettent sur le sol du patio une grande banderole avec l'inscription « Viva España » pour avertir un éventuel avion national qu'ils continuent la lutte. En fait, il faut attendre le 22 août pour qu'un trimoteur national descende jusqu'à 30 mètres du sol pour larguer quatre paquets contenant deux messages de Franco, des journaux de Séville et quelques provisions puis il va lancer trois bombes sur les positions tenues par les miliciens ; les Républicains font alors venir une batterie de trois pièces antiaériennes automatiques Oerlikon. Les messages de Franco s'adressent « aux braves défenseurs de l'Alcazar » et sont enveloppés dans le drapeau bicolore rouge et or, que Franco a adopté et que les assiégés vont alors déployer sur la forteresse.

Le 26 août, trois avions nationalistes bombardent les assiégeants. Ces attaques n'ont guère d'efficacité et une bombe serait même tombée par erreur sur la tour Nord-Ouest de la citadelle mais n'aurait pas explosé. Le 6 septembre, un avion réussit à larguer des paquets : plusieurs sont perdus ; un seul est récupéré, il contient un message de Mola et une missive des jeunes filles (*muchachas*) de Burgos aux « cadets de l'Alcazar »[1]. Le 13 septembre, un trimoteur jette des sacs de vivres qui, d'après le journaliste Harry Grey, tombent pour la plupart en dehors de la forteresse.

Il est difficile de savoir s'il y eut des contacts entre les assiégés et la partie de la population restée dans la ville de Tolède et secrètement favorable aux nationalistes. Les habitants de Tolède étaient dans l'ensemble modérés et les adversaires du Front Populaire avaient gagné les élections de février 1936. Lorsque l'Anglais Borkenau arrive à Tolède le 2 septembre, il indique que « en ce moment, c'est certainement le pire des endroits tenus par le gouvernement de Madrid dans cette partie de l'Espagne. La ville a toujours été catholique et antisocialiste, les miliciens et l'administration vivent dans une atmosphère de résistance passive, voire de trahison, et la résistance acharnée de l'Alcazar a de quoi ébranler les nerfs les mieux trempés »[2]. L'hospice prétend même que « au moyen de frondes, de mystérieux émissaires leur ont lancé des messages qui les ont avertis que la colonne Yagüe avançait dans leur direction et avait pour objectif la délivrance de Tolède »[3].

1. Thomas, *op. cit.*, t. 1, p. 363. Texte du message dans le journal des assiégés *El Alcázar* du 6 septembre.
2. Borkenau, *Spanish Cockpit*, 1937, p. 141.
3. Lhospice, *33 mois de Guerre en Espagne (1936-1939),* p. 44.

CHAPITRE 6

L'action militaire : détruire l'Alcazar par tous les moyens

Certain que les assiégés ne se rendraient pas, le colonel Aurelio Alvarez Coque, qui a pris le commandement de la *columna Toledo* au début du mois d'août, met en place l'encerclement complet de l'Alcazar et de ses dépendances. Les effectifs dont il dispose ne changent guère : un état du 2 août donne un total de 1 652 hommes, dont 546 appartiennent au corps *Seguridad y Asalto*, 275 à divers régiments et 831 au groupe des Miliciens réguliers, reconnus et entretenus par le gouvernement, avec 4 unités : *Teniente Castillo*, *El Aguila*, *Colegio de Abogados*, *Batallón de la CNT*. Il faut y ajouter des miliciens et miliciennes originaires de Tolède ou en provenance de Madrid, entre 800 et 1 100 personnes selon Casas de la Vega[1]. Donc un total de 2 400 à 2 800 combattants[2]. Une autre statistique (*estadillo militar*) du 23 août donne le chiffre encore plus précis de 2 756 combattants dont 545 gardes d'assaut et 176 soldats de divers régiments d'infanterie[3].

Comme pour le général Riquelme avant lui, le grand problème auquel se heurte le colonel Alvarez Coque est celui de l'hétérogénéité des troupes qu'il doit commander. Il peut compter sur les gardes d'assaut, sur la plupart des soldats et des miliciens reconnus mais une partie des milices irrégulières sont constituées d'anarchistes qui répugnent à obéir aux officiers qu'ils détestent. Les communistes, en particulier la Pasionaria, Dolores Ibárruri, accuseront d'ailleurs les anarchistes de ne pas avoir engagé une seule opération sérieuse pour conquérir l'Alcazar ; Enrique Lister sera lui aussi très dur envers ces assiégeants en majorité anarchistes qui, accompagnés de quelques centaines de *señoras* amenées des bordels

1. Casas de la Vega, *op. cit.*, p. 143.
2. Martinez Bande, *El Asedio*, 1971, p. 29.
3. Casas de la Vega, *op. cit.*, p. 155.

de la capitale, menaient la grande vie à Tolède[1]. D'après le journaliste Clérisse, l'église de Santa Cruz avait été transformée en une sorte de bal musette, « où se déroulaient les orgies les plus crapuleuses »[2]. Des miliciens de la CNT auraient commis des exactions et trois d'entre eux auraient été fusillés le 12 août pour pillage[3].

L'autorité du colonel Alvarez Coque a été parfois contestée, en particulier par le gouverneur civil, José Vega López, qui avait son propre quartier général et donnait des ordres qui ne coïncidaient pas forcément avec ceux du chef de la Columna Toledo. Les militaires se sont plaints de ces distorsions auprès du ministère de la Guerre le 20 août[4].

Les opérations militaires dirigées contre l'Alcazar ont comporté plusieurs facettes : bombarder la citadelle par l'aviation, la pilonner par l'artillerie, asphyxier les assiégés, faire sauter l'édifice grâce à des mines. Tous ces moyens n'ont pas suffi pour briser la résistance des assiégés et les assauts des soldats gouvernementaux ont tous échoué.

1. Les attaques aériennes

Dès la proclamation de l'état de guerre par Moscardó le 21 juillet, l'aviation républicaine intervient : à 15 heures 30, un avion largue sur l'Alcazar 12 bombes, qui ne font aucune victime et peu de dégâts, puis à 18 heures, une escadrille de trois avions renouvelle le bombardement, faisant 2 morts et 3 blessés. Le lendemain 22, de nouveaux bombardements ont lieu, à l'aube puis à dix heures : la tour (*torreón*) du Sud-Ouest est incendiée. Un troisième bombardement, à 16 heures, vise l'hôpital de Tavera, encore aux mains des insurgés puis l'Alcazar. Le 23 juillet, une nouvelle attaque fait peu de dégâts mais le 24, le toit du torreón du Nord-Ouest est incendié. Les avions ne peuvent pas descendre très bas car ils craignent les rafales de mitrailleuses des assiégés.

Les bombardements aériens s'espacent ensuite : il n'y en aura que 6 pendant tout le mois d'août, au lieu de 8 dans les derniers jours de juillet. Celui du 8 août détruit l'édifice des Capucins ; ceux des 9, 15 et 22 août font peu de dégâts et le plus intense a lieu le 23 : un trimoteur escorté d'un chasseur lance 24 bombes et l'une d'elles tombe sur la barricade de Zocodover : elle tue 8 miliciens et en blesse 32 autres. Une note de l'État-Major républicain au Ministre, transcrite par Ramón Salas Larrazabal, signale cette erreur[5].

Les miliciens accusent les nationalistes du bombardement et, pour se venger, exécutent des prisonniers, dont Luis Moscardó et plusieurs prêtres[6]. Ehrenburg, journaliste communiste, rejette la responsabilité sur les

1. Lister, *Nuestra Guerra,* Paris, 1966, p. 58.
2. Clérisse, *Espagne 36-37*, p. 189.
3. Casas de la Vega, *op. cit.*, p. 147.
4. Martinez Bande, *op. cit.*, p. 31.
5. Salas Larrazabal, *op. cit.*, t. 1. p. 474.
6. Casas de la Vega, *op. cit.*, p. 167.

miliciens : un avion gouvernemental devait bombarder l'Alcazar. « Ils réunirent alors les miliciens pour leur dire de se retirer de quelque cent mètres. Ceux-ci refusèrent de peur que les assiégés ne puissent fuir. » Les miliciens pensaient que le feu et la fumée obligeraient les assiégés à sortir de leur tanière. « 14 miliciens perdirent la vie à cause de cela[1]. » Un nouveau bombardement eut lieu le 7 septembre et deux bombes s'égarèrent sur les assiégeants : 25 miliciens furent blessés, dont 5 ou 6 grièvement, de même que 3 membres des troupes d'assaut[2].

Ce fut le dernier raid de bombardement de l'aviation gouvernementale : le manque de précision de ces attaques aériennes explique l'abandon de ce moyen de destruction. À un officier qui s'étonnait de cette carence de l'aviation, Jean Gisclon, un des premiers aviateurs français qui avait appuyé les troupes gouvernementales sur le front de Madrid, répondit : « *Je pense qu'il y a deux raisons à cela, mon capitaine. La première est que les quelques avions de bombardement qui sont ici n'ont pas de lance-bombes et que les équipages lancent celles-ci par une trappe, après une visée très approximative. La seconde découle de la première en ce sens que si l'on peut opérer, à la rigueur, de cette manière sur les troupes en campagne, il est délicat de le faire sur une forteresse qui renferme des femmes et des enfants* [3]. » Au total, d'après les statistiques établies par Martínez Bande, les assiégés auraient subi 30 attaques aériennes et auraient reçu quelque 500 bombes.

2. Le pilonnage par l'artillerie

Les tirs d'artillerie commencèrent dès le 22 juillet : ils furent effectués par une batterie de 105 installée dans la dehesa de Pinedo, à 3 kilomètres au Nord de Tolède. Le 24 juillet et les jours suivants, 4 pièces de 155 tirent de façon épisodique sur la forteresse ; un obus tombe dans le patio, la statue de Charles Quint est arrachée de son socle mais reste debout sur le sol. Les canons de 155 sont ensuite envoyés sur le front du Nord, dans la Sierra, pour soutenir la résistance des troupes qui protègent Madrid, ce qui explique la relative accalmie de la fin de juillet. Le 1er août arrivent des batteries de 105 et de 75 : 132 tirs font de gros dégâts aux annexes, à la salle à manger des cadets, au manège (*picadero*) et une partie de la paille des chevaux brûle. Une batterie de 75 a été installée au Campamento de Los Alijares.

Un des canons de 75 a été confié à un jeune officier (*alférez*) venu de Madrid, Mercedes Durán Garlito : le canon tire 7 obus dont 6 tombent non pas sur l'Alcazar mais sur la poste et surtout sur la fabrique d'armes tenue par les miliciens ; trois d'entre eux sont tués. Furieux, les gardes de la fabrique (soldats du régiment de León, miliciens de Sediles et de la CNT), commandés par le Brigadier Dávila, vont « débusquer le traître Durán » et le fusillent sur le champ. Pour éviter que cette affaire n'aggrave les suspicions des miliciens envers les officiers, le commandement gouverne-

1. Ehrenburg, *op. cit.*, p. 14.
2. Salas Larrazabal, *op. cit.*, p. 554, note 19.
3. Gisclon, Jean. *La désillusion : Espagne 1936*, p. 130.

mental indiqua que Durán avait agi par incompétence et qu'il avait été assassiné par des éléments incontrôlés.

Avec les canons de 75 et de 105, les tirs se multiplient ; ainsi, le 15 août, 215 obus sont tirés mais la plupart explosent sur les murailles et causent relativement peu de dégâts. Le 17 août, la batterie de 105 est envoyée sur le front d'Extremadoure. Comme les canons de 75 se sont révélés inefficaces contre les murailles, ils visent surtout les annexes et leurs tirs cherchent à rendre impossible la vie des assiégés. Le 24 août, l'artillerie détruit les maisons proches de l'Alcazar pour mieux isoler les assiégés. Le journaliste Delaprée a assisté : « *Un obus passe en sifflant. Le premier... Il éclate à la hauteur des toits, à l'extrémité de l'avenida de l'Empereur Carlos V. Des tuiles pleuvent... le feu gagne très vite toutes les maisons et la rue tout entière se met à flamber comme une boîte d'allumettes. On arrose les murs situés de l'autre côté de la rue, – du côté gouvernemental, si j'ose dire – et l'incendie s'arrête après avoir dévoré ce qu'on voulait détruire au canon* [1]. » Le 28 août, une batterie de 75 est installée dans une maison proche du Castillo de San Servando, à 500 mètres de l'Alcazar, dans le but d'effectuer des tirs de précision mais, trop près de la forteresse, elle est neutralisée par les mitrailleuses des défenseurs[2].

Photo 6 – Installés sur les hauteurs de Pinedo puis sur celles de Los Alijares, les canons républicains pilonnent sans répit les assiégés

1. Delaprée, *Mort en Espagne*, Paris, 1937, p. 79. Cet auteur évoque (p. 82) l'installation d'un canon de 420, qui devait commencer « son œuvre terrifiante » le 30 août. Il n'en fut plus question ensuite...

2. Palomino, *op. cit.*, p. 192.

Comme le ministre de la Guerre, Hernández Saravia, veut briser la résistance des insurgés « dans les 48 heures »[1], deux pièces de 155 sont installées le 18 août dans la Dehesa de Pinedo. Ces canons de gros calibre sont appelés les *Felipes*. Sous les ordres du lieutenant Salvador Carrero, elles commencent la destruction systématique de la porte principale et de la façade Nord : après avoir reçu en six jours 214 obus, la muraille s'écroule le 27 août.

Les défenseurs craignent alors un assaut de ce côté. Le commandant Méndez Parada, auquel le colonel Moscardó a confié la défense de ce secteur, met en place son canon de 105, qui devait avoir simplement un rôle dissuasif face à une éventuelle attaque de chars d'assaut mais celle-ci n'eut pas lieu ; les éboulements provoqués par l'écroulement de la muraille et l'enchevêtrement des blocs et des ferrailles rendaient toute progression des blindés impossible. Ces tanks étaient des Renault FT/17 achetés en 1921 et 1925 pour la Guerre du Rif.

Au total, pendant tout le mois d'août, les opérations menées contre l'Alcazar se limitèrent essentiellement à ces tirs d'artillerie. Il y eut quelques escarmouches, des tirs de mortiers, le feu d'armes automatiques à partir des maisons proches de l'Alcazar ou depuis les clochers de San Juan, de San Nicolás, de la Tour de la Madeleine et de la terrasse des Maristes. Mais « les défenseurs, bien entraînés et bien protégés, étaient d'excellents tireurs et la milice n'osait pas livrer l'assaut final [2]. »

Lorsqu'il arrive à Tolède le 2 septembre, le journaliste anglais Borkenau constate : « les choses en sont exactement au point où elles en étaient quinze jours auparavant, rien n'est fait pour forcer la décision, le siège est réduit, semble-t-il, à un simple encerclement de l'Alcazar et les miliciens n'envisagent aucune action sérieuse [3]. » Le correspondant de la *Pravda*, Mikhail Koltsov (qui s'est fait un moment passer pour Mexicain sous le nom de Miguel Martínez), s'étonne du manque d'efficacité des tirs d'artillerie : « l'artillerie gouvernementale n'a à peu près rien détruit. C'est curieux : elle continue à tirer contre cet objectif depuis plus d'un mois sans arrêt. N'y a-t-il pas eu quelque tromperie ? L'artillerie a-t-elle tiré honnêtement ? [4] »

La situation change au début de septembre : le nouveau chef du gouvernement, nommé le 4 septembre, Francisco Largo Caballero, veut en finir avec l'Alcazar. Le colonel Alvarez Coque, blessé dans un accident de voiture, est remplacé d'abord par Antonio Rupert de la Iglesia, mais Asensio, devenu général, devient le chef de l'Armée du Centre et prend en main les opérations contre l'Alcazar ; il remplace Rupert par le lieutenant-colonel Luis Barceló. De nouvelles pièces d'artillerie arrivent ; sous les ordres du commandant José Luis Fuentes Barros, 9 canons de 155

1. Martínez Bande, *op. cit.*, p. 31.
2. Thomas, *op. cit.*, t. 1, p. 362.
3. Borkenau, *op. cit.*, p. 141.
4. Cité par Palomino, *op. cit.*, p. 247.

(7 sont installés au campement de Los Alijares, à 5 km de la façade orientale de l'Alcazar, et 2 à Pinedo), 4 de 105 et 7 de 75, vont soumettre l'Alcazar à un intense pilonnage. Les assiégés sont d'autant plus inquiets que les artilleurs constatent que les obus tirés en abondance ne sont plus de fabrication espagnole mais proviennent de l'étranger. Le 4 septembre, le torreón du Nord-Est s'écroule, après avoir reçu 138 obus de 155. Le 5, après avoir été pilonné par l'artillerie, le Gobierno Militar est attaqué ; les gouvernementaux sont repoussés par les phalangistes du capitaine Vela et les soldats de l'Académie du capitaine Torres Pardo. L'*ABC* de Madrid avait annoncé prématurément la pénétration des Républicains dans l'Alcazar, les factieux étant obligés de se réfugier dans les souterrains. Le 8 septembre, le torreón du Nord-Ouest, qui a subi 285 tirs de 155, s'effondre à son tour, en même temps qu'une partie de la façade Sud. Il faudra attendre le 21 septembre et 238 impacts de 155 pour que le torreón du Sud-Est soit détruit à son tour.

Au total, les assiégés auraient reçu 11 800 projectiles de différents calibres. On peut être étonné qu'ils aient pu résister à un tel déluge de feu. Les morts causés par les bombardements furent relativement peu nombreux. En effet, la plupart des obus explosaient sur les murailles, vers l'extérieur de la forteresse, ou bien tombaient dans la masse chaotique des blocs écroulés et ne faisaient que les bouleverser un peu plus. L'accumulation des débris protégeait même l'entrée des souterrains. Certains obus qui n'avaient pas explosé devaient être neutralisés par les officiers d'artillerie.

Photo 7 – Au début de septembre, l'artillerie républicaine a détruit la façade Nord de l'Alcazar et le *torreón* du Nord-Est s'est écroulé

Photo 8 – Au milieu de septembre, le *torreón* du Nord-Ouest s'écroule à son tour

En outre, comme le souligne une déclaration du général Moscardó dans un *Expediente* de 1939, le commandant Pedro Méndez Parada avait organisé, dès le 24 juillet avec ses artilleurs équipés de télémètres de campagne, un système d'alerte qui s'est révélé très efficace ; deux lieutenants d'artillerie étaient de façon permanente dans leurs postes d'observation. Les Républicains avaient l'habitude de camoufler leurs canons avec des branchages : dès que les guetteurs observaient l'enlèvement des branchages, ils donnaient l'alerte (signal : *peligro*) et signalaient immédiatement l'éclair provoqué par un tir (signal : *fuego*) : ceux qui étaient dehors avaient quelques secondes pour s'abriter[1]. Le lundi 24 août, les lieutenants d'artillerie sont distingués par le commandement « pour leur extraordinaire travail d'observation et d'alerte des tirs de l'artillerie lourde ».

3. Asphyxier ou brûler les défenseurs ?

Les bombardements se révélant incapables de briser la résistance des assiégés, d'autres moyens furent tentés. L'utilisation de gaz lacrymogènes aurait été préparée par une commission composée du capitaine Salinas García, du peintre Luis Quintanilla et de deux Français représentants d'une société de produits chimiques. Le 8 août, un avion jette sur l'Alcazar des grenades contenant ces gaz toxiques : trois d'entre elles tombèrent dans le patio central mais les défenseurs réussirent à les neutraliser rapidement en les couvrant de terre et en allumant des feux pour éliminer les

1. Méndez de Parada, Mémoire inédit publié en annexe.

gaz. Andrés Marín fit entasser du bois dans la cour, y mit le feu et le brasier provoqua un appel d'air qui emporta les gaz toxiques vers le haut : les défenseurs avaient beaucoup pleuré mais le résultat militaire était nul[1]. Des avions lancèrent également des bidons d'essence les 22 et 23 août mais sans résultat.

Les gouvernementaux essayèrent aussi de provoquer des incendies depuis le sol : ils lancèrent des bouteilles d'essence et en utilisant des tuyaux d'irrigation, ils cherchèrent à arroser d'essence les édifices annexes les plus accessibles, la Puerta de Hierro et les pavillons voisins où sont retranchés le capitaine Torres Pardo et une cinquantaine de gardes civils. Le 4 septembre, ils réussissent à incendier la pharmacie, les défenseurs doivent momentanément se replier, les miliciens l'occupent mais une contre-attaque les repousse et la ligne extérieure de défense tient bon.

Le 20 septembre, c'est l'attaque du Gobierno Militar. « De hardis miliciens s'emparèrent de l'extrémité du tuyau et sous la protection des fusils de leurs camarades, se dirigèrent au pas de course vers le gouvernement militaire. Au moment où ils arrivaient au but et où l'essence commençait à fuser par les tuyaux, un rebelle se précipita sur les miliciens et, après un bref corps à corps, réussit à leur enlever le tuyau, dirigeant les jets d'essence sur les positions gouvernementales. Criblé de balles, l'audacieux s'écroula mais la tentative des gouvernementaux était manquée [2]. » D'après Thomas, le tuyau fut à nouveau braqué contre les assiégés ; dans l'après-midi, l'incendie se déclara mais sans causer de grands dommages[3].

4. L'ultime solution : faire sauter l'Alcazar

Les défenseurs de l'Alcazar continuant à résister, il restait une possibilité : faire sauter l'édifice avec tous ses occupants.

Qui a eu l'idée et qui a pris cette terrible décision alors que tout le monde savait que, dans ce prestigieux monument historique, s'étaient réfugiés plus de 1 800 personnes, des militaires mais aussi des civils, des femmes et des enfants ? Cette décision était d'autant plus étonnante que les journaux et les communiqués gouvernementaux ne cessaient d'affirmer que la plupart des civils enfermés dans la forteresse étaient les otages du colonel Moscardó et de ses officiers. Était-il nécessaire de les sacrifier ?

Il ne semble pas que le projet provienne des militaires de la Columna Toledo. Certains ont prétendu que l'idée serait venue d'une femme, le député du PSOE, Margarita Nelken, qui aurait fait appel à une équipe de 25 mineurs asturiens pour faire sauter l'Alcazar ; elle s'est effectivement rendue à plusieurs reprises à Tolède pour soutenir le moral des combattants républicains[4]. Mais Margarita Nelken a formellement démenti son

1. Casas de la Vega, *op. cit.*, p. 164 ; Martínez Leal, *op. cit.*, p. 54.
2. Maurras, *Vers l'Espagne de Franco*, Paris, 1943, p. 128.
3. Thomas, *op. cit.*, p. 400.
4. Eby, *The Siege of the Alcazar*, New York, p. 99.

implication et, d'après Preston, qui a fait de Nelken une des « colombes » du camp républicain, la proposition serait venue du ministre des Travaux Publics, Julio Just[1]. Le gouvernement de José Giral aurait finalement donné le feu vert[2]. Le lieutenant-colonel Hernández Saravia, accompagné d'un ingénieur des Mines, Federico Lusinger, se serait rendu à Tolède où étaient déjà arrivés les mineurs asturiens. Un premier projet de galerie devait partir de l'hôtel Impérial, place de Zocodover, mais la galerie aurait été trop longue et une maison dans une rue plus proche fut choisie. Dès le 16 août, les défenseurs entendent des bruits suspects, que le lieutenant Luis Barber Grondona, qui était ingénieur, identifie immédiatement comme ceux du percement d'une galerie de mine. Les assiégés réussissent à repérer la maison d'où partait probablement la galerie et, le 19 août, en pleine nuit, ils lancent une attaque et réussissent à incendier la maison avec des bouteilles d'essence et des grenades à main.

Cependant, le but n'est pas atteint puisque dès le 21 août, les assiégés se rendent compte que le forage a repris : quatre équipes de mineurs asturiens, commandées par le commandant du corps des Ingénieurs José de los Mozos, se relaient toutes les six heures et, à partir de la rue Juan Labrada, la mine progresse à raison de 2,50 mètres par jour grâce à l'utilisation d'un compresseur et d'un marteau pneumatique. La galerie mesure 1,50 en carré. Elle s'enfonce sous l'Alcazar, vers le torreón du Sud-Ouest, où devait se trouver, pensait-on, le magasin des munitions (*polvorín*). Elle aura finalement une longueur de 70 mètres[3].

Parallèlement à cette galerie, des mineurs anarchistes creusaient secrètement une deuxième galerie, ce que le colonel Barceló n'avait guère apprécié, mais il fut placé devant le fait accompli. La galerie fut repérée le 5 septembre par le capitaine Vela Hidalgo lors d'un coup de main, mais il ne put la neutraliser, ce qui accrut l'angoisse des assiégés.

En effet, le bruit du creusement, en particulier celui des compresseurs devient de plus en plus proche. Les femmes, les enfants, les malades et les blessés sont transférés dans les souterrains du Nord et de l'Est, qui semblent les plus éloignés des mines, mais l'artillerie pilonne cette partie est, dans l'espoir que les combattants se réfugieront dans l'aile la plus occidentale, celle qui va sauter. L'inquiétude redouble le 17 septembre lorsque tout devient silencieux dans les entrailles de la citadelle. Ce que les assiégés ne savent pas, c'est que le fond de chacune des deux mines est bourré de 2 500 kg de dynamite (*trilite*). La décision est prise : l'Alcazar doit sauter à l'aube du 18 septembre.

Comme le constatent les observateurs de l'Alcazar, une animation suspecte règne autour de la forteresse pendant toute la journée du 17. Vers 23 heures, la vieille ville de Tolède est évacuée : des miliciens préviennent et menacent, car, disent-ils, Tolède va sauter ; des centaines de

1. Preston, *Palomas de guerra*.
2. Quintanilla, *op. cit.*, p. 130,
3. Martínez Bande, *op. cit.*, p. 30.

familles vont camper dans les environs, à plus de trois kilomètres du centre. Certains prient discrètement pour ceux qui vont mourir. D'autres font déjà la fête, face à l'Alcazar illuminé le soir. Un déserteur de l'Alcazar sert de cicerone et Caporilli prétend que « certaines femmes, entre deux verres de manzanilla, se mirent même à tirer comme si c'était un jeu »[1]. Le journaliste Brea s'est vanté d'avoir tiré sur la forteresse : « Pendant que j'étais là, je ne pus résister à l'envie de tirer un coup de canon. Cela semblait si amusant et si facile : juste une petite ficelle à tirer... je tirai sur la petite ficelle. À la suite de quoi, je restai sourd pendant deux jours[2]. » « La dernière mode estivale à Madrid est de descendre en train jusqu'à Tolède, de tirer sur l'Alcazar et de rentrer dans la soirée[3]. »

Photo 9 – Le président du Conseil des Ministres républicain, Francisco Largo Caballero, vient lui-même assister, en tenue de milicien, à l'explosion des mines qui doivent anéantir l'Alcazar et ses occupants

Toute la journée du 17, la route de Madrid est encombrée de voitures qui se dirigent vers Tolède : « les correspondants de Guerre furent invités à venir à Tolède pour assister à la chute de l'Alcazar, comme s'il s'agissait d'une représentation de gala[4]. » Un déserteur raconte la vie atroce de ceux qui sont enfermés dans la citadelle. À côté des journalistes, des photographes et cinéastes, affluent les personnalités politiques et, pour bien souligner l'importance de l'événement, le chef du gouvernement lui-

1. Caporilli, *op. cit.*, p. 155.
2. Low et Brea, *Carnets de la Guerre d'Espagne, 1937*, Paris, 1997, p. 166.
3. *El Mundo*, t. 3. : juillet 1936 (2 : du 20 au 30), p. 162.
4. Thomas, *op. cit.*, p. 397.

même, Francisco Largo Caballero, vêtu en milicien, un fusil à la main, arrive dans la soirée[1].

Le colonel Luis Barceló Jove, qui, depuis le 8 septembre, a pris le commandement des troupes gouvernementales qui assiègent l'Alcazar, et son adjoint Francisco Ruiz Galardo installent leur poste de commandement place de Zocodover et préparent l'assaut décisif qui doit succéder à l'explosion de la mine. Le plan de l'attaque (*Orden de Operaciones*) a été conservé et donne des précisions sur les effectifs que compte engager le colonel Barceló[2]. Les attaquants sont divisés en deux groupes :

– le groupe du Nord, sous les ordres du commandant German Madroñero, comprend 1 300 hommes, dont 800 miliciens et 340 gardes d'assaut ;

– le groupe du Sud est sous les ordres du commandant Torres Iglesias, avec 1 280 hommes, dont 830 miliciens et 220 gardes d'assaut. Le peintre révolutionnaire Quintanilla s'est joint à ce groupe ;

– les combattants du Nord seront appuyés par 3 blindés, 10 mitrailleuses et 4 mortiers. Ceux du Sud par un canon de 75, 7 mitrailleuses et 5 mortiers ;

– aux deux vagues d'assaut, s'ajoutent 2 bataillons de réserve prêts à intervenir dans la phase finale ; ils comprenaient, d'après Koltsov, quelques éléments du 5e Régiment et du bataillon *Pasionaria*[3] ;

– environ 800 hommes tiennent les barricades qui empêchent toute sortie des assiégés.

De leur côté, les assiégés, en prévision de l'explosion de la mine et de l'attaque qui suivra, réorganisent leurs forces. Ils ont subi des pertes importantes, 44 tués depuis le début du siège et 216 blessés, mais certains blessés légers pouvaient encore combattre. Il fallait soustraire également les 35 déserteurs. Il restait donc disponible pour la défense un maximum de 1 200 hommes[4].

Les forces qui tenaient les positions extérieures s'élevaient à environ 400 hommes, principalement des soldats de l'Académie, des gardes civils et quelques phalangistes ; elles étaient placées sous les ordres du lieutenant-colonel Manuel Tuero de Castro. La défense de l'édifice principal était assurée par 800 combattants, dont 500 gardes civils, 70 phalangistes, 40 hommes de l'École centrale de Gymnastique et 190 officiers et civils combattants. Le 10 septembre, le colonel Moscardó avait confié au commandant Pedro Méndez Parada le soin de réorganiser la défense. Il divisa les combattants en plusieurs groupes, chacun ayant une mission précise. Il constitua en particulier trois groupes d'intervention, commandés par le capitaine de cavalerie Emilio Vela Hidalgo, le commandant d'infanterie Ricardo Villalba Rubio et le commandant Méndez Parada lui-même. Ces

1. Eby, *op. cit.*, p. 168 ; Palomino, *op. cit.*, p. 223.
2. Casas de la Vega, *op. cit.*, p. 261. Valcarcel, *El Mundo*, vol. 5, p. 65.
3. Koltsov, *Diario de la guerra de España*, Paris, 1963, p. 98.
4. Casas de la Vega, *op. cit.*, p. 271.

unités, au total 428 hommes, devaient être prêtes à des contre-attaques immédiates dans les secteurs les plus menacés.

5. Les journées terribles : 18-21 septembre

À l'aube du 18 septembre, à 6 heures 05, les canons de 155 ouvrent le feu et à 6 heures 31, une formidable explosion retentit : les cinq tonnes de trilite ont sauté, une colonne de fumée noire, âcre et irrespirable, s'élève dans le ciel devant les spectateurs impressionnés. La fumée se dissipe lentement, les ruines fantomatiques de la vieille forteresse apparaissent : la tour du Nord-Ouest s'est complètement effondrée, presque toute la façade Ouest s'est écroulée, des maisons proches de la citadelle ne sont plus que des tas de ruines. Les souterrains sont terriblement secoués mais ils ne s'effondrent pas, et le nombre des tués par l'explosion est faible : six seulement, surtout des sentinelles laissées dans le secteur menacé pour éviter toute surprise. Les assiégés entonnent le *Salve Regina* et aux cris de *A las Armas* et de *Viva España*, les défenseurs rejoignent leurs postes. Il n'y eut aucune femme ni aucun enfant tué ou même blessé par l'explosion : les défenseurs savaient parfaitement où la mine allait exploser et ils avaient en conséquence déplacé tout le monde à l'autre extrémité des souterrains. Mais ils craignaient d'être asphyxiés par la fumée et la poussière. En fait la colonne de fumée provoquée par l'explosion s'est élevée en hauteur et a été assez vite dispersée par le vent. Le gouverneur civil José Vega a déclaré à la journaliste Viollis qu'il avait prévenu les rebelles quelques heures avant l'explosion pour éviter des pertes civiles, ce qui semble douteux car il aurait alors permis aux insurgés de mieux organiser leur défense[1].

La violence de l'explosion a été telle qu'elle est entendue jusqu'à 17 km de distance et beaucoup pensent que tous les assiégés ont péri. L'artillerie a cessé ses tirs. Dès que la fumée s'est à peu près dissipée, vers 7 heures du matin, les troupes gouvernementales passent à l'attaque en chantant l'*Internationale*. D'après le journaliste anglais Buckley, présent à Tolède, « les miliciens mirent au moins vingt minutes à revenir à leur poste après l'explosion et ceux qui lancèrent l'assaut étaient des jeunes gens de la brigade La Pasionaria ; il aurait mieux valu envoyer les gardes d'assaut plus expérimentés [2]. »

La colonne du Nord progresse dans les décombres, atteint le niveau du deuxième étage de l'édifice et commence à arroser de grenades les galeries situées en contrebas. Un milicien (ou une milicienne d'après certains récits) plante, au cœur de la citadelle, au-dessus du patio, un drapeau rouge qui porte l'inscription : *Radio comunista de Toledo*. Mais un groupe d'officiers, avec quelques gardes civils et phalangistes dirigés par le lieutenant Benito Gómez Oliveros, contre-attaque, réussit à monter par

1. Viollis, Héros de l'Alcazar, *L'Illustré du Petit Journal*, 1937, p. 24.
2. Buckley, *Vida y Muerte de la República española*, Madrid, 2009, p. 183.

Photo 10 – L'explosion simultanée des deux mines, le 18 septembre au lever du jour provoque un énorme nuage de fumée noire, mais les souterrains de l'Alcazar résistent et il n'y a que six morts

trois échelles jusqu'au niveau des assaillants, les « rouges » qui ne sont pas tués doivent se replier. Le lieutenant Enrique Castro Miranda arrache le drapeau rouge, que le lieutenant Gómez Oliveros jette dans le patio[1]. Les Républicains qui attaquent vers le zig-zag, ne peuvent progresser, malgré l'appui d'un vieux char Renault, car ils sont pris sous le feu des mitrailleuses installées dans le gouvernement militaire, qui n'avait pas été affecté par les mines.

De l'autre côté, vers le Corralillo, les attaquants se trouvent là aussi sous le feu des mitrailleuses, installées dans les ruines des Capuchinos et de Santiago : ceux qui s'efforcent de progresser dans les décombres du torreón du Sud-Ouest n'arrivent pas à avancer dans l'enchevêtrement des blocs instables et des ferrailles. Dans une note adressée à 20 heures à l'État-Major, les militaires républicains se plaignent du manque de coordination entre les différents groupes et du comportement individualiste des miliciens de la CNT[2].

Les forces gouvernementales ont échoué. Leur chef, le lieutenant-colonel Barceló, a été légèrement blessé par des éclats de grenade et le commandant Torres assura ensuite la direction des opérations. Les pertes

1. De La Cierva, *Historia esencial*, Madrid, 1996, p. 326.
2. Casas de la Vega, *op. cit.*, p. 297.

des assaillants n'ont jamais été communiquées : Casas de la Vega les a évaluées à 150 morts et blessés. Celles des assiégés ont été de 13 morts et de 48 blessés [1].

À 10 heures 20, constatant l'échec de l'assaut, les canons de 155 recommencent à pilonner les ruines de la forteresse : dans cette seule journée du 18, celle-ci reçoit 272 obus de 155. Le lendemain 19, les tirs reprennent de plus bel : l'Alcazar reçoit 400 obus. Ces tirs sont concentrés sur la façade Est qui se révèle plus fragile car la muraille, qui n'est pas en granite, commence à s'écrouler. Les déplacements en dehors des souterrains deviennent de plus en plus risqués. L'après-midi, une attaque a lieu vers le zig-zag et la Puerta de Hierro ; les assaillants progressent dangereusement vers l'intérieur de l'édifice, mais ils sont repoussés par le groupe d'intervention composé de gardes civils, de phalangistes et de militaires de l'École de Gymnastique et dirigé par le commandant Pedro Méndez Parada ; les miliciens et les troupes d'assaut se replient, laissant un drapeau rouge aux mains des défenseurs.

Le général Asensio Torrado, qui a pris en mains les opérations et veut en finir, s'est parfaitement rendu compte que l'Alcazar avait réussi à repousser les attaques grâce à la protection des défenses extérieures, en particulier celles du *Gobierno militar*. Le 20, le déluge de feu s'intensifie encore : 472 obus tombent sur l'Alcazar et surtout sur le Gobierno militar. La situation des hommes qui tiennent celui-ci devient intenable, les communications avec l'édifice principal sont pratiquement coupées, le commandant Llorente n'arrive plus à faire les relèves nécessaires ni à évacuer les blessés, les hommes sont épuisés. Le chef de la phalange de Tolède, Villaescusa, et plusieurs de ses hommes sont tués en essayant de les rejoindre. Le colonel Moscardó, qui a perdu, en 4 jours, 204 hommes, tués ou blessés, réunit dans son bureau, ses aides de camp, Moreno et Carvajal, le commandant Méndez Parada, bien que blessé, et son second, le lieutenant Barón ; après avoir fait le point d'une situation catastrophique mais sachant que l'armée d'Afrique est à Maqueda, le colonel Moscardó décide d'abandonner les défenses extérieures et de regrouper toutes les forces dont il dispose encore dans l'enceinte même de l'Alcazar. Le repli, effectué de nuit, au milieu des décombres, s'avère très difficile, en particulier celui des blessés. Une soixantaine de gardes civils réussissent aussi à ramener de la Casa del Trigo dans la forteresse les derniers sacs de blé, 2 700 kg, qui doivent permettre de tenir quelques jours de plus. L'abandon des défenses extérieures est achevé le 20 à 22 heures 30.

En réalité, la situation est désespérée ; les provisions s'épuisent : il ne reste que 19 mules et un cheval de race que l'on hésite à sacrifier. Confinés dans les souterrains, les assiégés n'arrivent plus à se déplacer, la distribution des repas devient aléatoire, les latrines sont inaccessibles et les

1. Moa (*Los Mitos de la Guerra Civil*, Madrid, 2003, p. 264) donne des chiffres de pertes (*bajas*) légèrement différents : au moins 170 *bajas* pour les attaquants, 72 pour les défenseurs.

matières fécales sont gardées dans des boîtes de conserve : lorsque les tirs s'espacent, elles sont versées dans le patio. L'odeur devient insoutenable, il est impossible de se laver. La situation des blessés est particulièrement dramatique : en 4 jours, du 18 au 22 septembre, 145 blessés arrivent à l'infirmerie, qui n'a plus de médicaments. Les plaies s'infectent, sont envahies par d'énormes vers gros comme des spaghettis, raconte la petite Martina Ramos Albaran et sa mère est désespérée : « mais pourquoi la mine ne nous a-t-elle pas tués ? » La menace d'une épidémie devient angoissante. Les morts, de plus en plus nombreux, sont murés dans les cabines de l'ancienne piscine.

Il est certain que les défenseurs de l'Alcazar auraient eu beaucoup de difficultés à résister encore plusieurs jours si les bombardements avaient continué au même rythme que les jours précédents. Mais le 22 septembre, au moment où le torreón du Sud-Ouest s'effondre définitivement, les tirs deviennent moins virulents, car devant l'avance menaçante des troupes nationalistes, le général Asensio est amené à retirer la plupart des canons de 155 installés à los Alijares.

De plus, les dissensions s'aggravent au sein du camp gouvernemental. Les communistes critiquent ouvertement le général Asensio et les milices : « *Les milices de Tolède sont toujours postées derrière leurs parapets des premiers jours ; l'interminable mousqueterie avec les assiégés de l'Alcazar continue. Ils n'avancent ni ne fuient. Ils restent tranquilles sur les ruines du Zocodover, ils gardent les ponts, ils s'exercent au tir à la cible et au péage des routes. Pourquoi ne les organise-t-il pas ? Pourquoi n'entame-t-il pas ici l'action décisive contre l'héroïsme fictif de Moscardó ? Asensio passe indifférent au milieu du désordre, de l'inertie et de la suspecte faiblesse du siège* [1]. »

Le lieutenant-colonel Burillo, qui est communiste, est alors chargé de liquider la résistance de l'Alcazar de Tolède. Mais n'est-ce pas trop tard ? La colonne nationaliste approche. Le communiste Falcón dénonce : « *Burillo organise fébrilement, sans repos, la défense de Tolède. Pourquoi l'a-t-on nommé à la dernière minute ? Dans quel but a-t-on maintenu pendant tant de semaines l'incompétence largement constatée du commandement précédent, en dépit des désastres continuels* [2] ? » Dans ses Mémoires, la Pasionaria insistera sur la responsabilité des miliciens de la Fédération anarchiste (FAI : *Federación Anarquista Ibérica*), qui, au lieu de s'efforcer de briser la résistance des factieux réfugiés dans l'Alcazar, s'étaient consacrés à faire de Tolède une commune libertaire, une espèce de Capoue, mélangée de Sodome et Gomorre[3]...

Dès son arrivée, le lieutenant-colonel Burillo fait appel à des éléments du 5e Régiment, constitué à Madrid de miliciens communistes dont Enrique Lister a pris le commandement le 20 septembre. Le Journal du

1. Falcon, *Madrid*, Paris, 1939, p. 199.
2. Falcon, *op. cit.*, p. 201.
3. Dolores Ibárruri (Pasionaria), *Memorias*, p. 316.

Photo 11 – La brèche ouverte par l'explosion des mines a détruit la façade Ouest et le *torreón* du Sud-Ouest a complètement disparu. Les ferrailles enchevêtrées ont rendu imposible l'assaut des Républicains par ce côté du bâtiment

Photo 12 – C'est par la brèche ouverte dans la façade Nord que les Républicains sont parvenus le 18 septembre à gravir les éboulis et à surplomber la cour centrale avant d'être repoussés par les défenseurs. Au premier plan, la statue du commandant Villamartin a échappé à la destruction

5e Régiment *Milicia popular*, en date du 23 septembre, met en valeur la participation du 5e Régiment dans l'attaque contre les « traîtres » de l'Alcazar et la prise du Gobierno Militar. Le journal conclut que « pratiquement l'Alcazar a cessé d'être un problème ». Mais dans cette action, le 5e Régiment a perdu un de ses officiers, le capitaine Enrique Estain Cabezudo, des Milices canariennes.

Photo 13 – Au cœur de l'Alcazar, la statue de Charles Quint, arrachée de son socle, est restée debout au milieu du *patio* en ruines

CHAPITRE 7

La libération des assiégés de l'Alcazar

L'échec du soulèvement à Madrid et le blocage des troupes nationalistes dans la Sierra au Nord de la capitale avaient complètement isolé l'Alcazar au cœur de la zone contrôlée par les gouvernementaux. La survie des défenseurs de l'Alcazar dépendait donc entièrement de l'arrivée de l'armée constituée en Andalousie avec les troupes venues du Maroc.

1. La progression de l'Armée d'Afrique

Comme nous l'avons vu dans le chapitre III, dès le début du soulèvement, Séville tombe aux mains des insurgés et les troupes qui ont franchi le détroit de Gibraltar, principalement des unités constituées de Légionnaires et de Regulares marocains sont regroupées dans une colonne armée qui doit le plus rapidement possible marcher sur Madrid.

Deux routes étaient possibles :

– la route la plus directe, par Cordoue et le défilé de Despeñaperros, mais les gouvernementaux tenaient solidement la Sierra Morena et la Manche ;

– la route d'Estremadure, plus longue mais plus facile, où l'on pouvait espérer une résistance plus limitée.

C'est cette seconde route qui est choisie. La colonne, qui est commandée par le général Juan Yagüe, progresse rapidement vers le Nord et prend Mérida le 10 août ; c'est à Mérida que Franco aurait appris que l'Alcazar de Tolède résistait toujours. La colonne est divisée en unités mobiles très efficaces dont les effectifs atteignent 4 500 hommes. Le 14 août, elle se détourne de la route directe pour attaquer Badajoz, défendue par les 800 soldats de la garnison et un millier de miliciens. La bataille est très dure ; ceux qui se rendent sont fusillés. La prise de la ville permet aux Nationalistes de communiquer facilement avec le Portugal voisin, dont le régime politique de Salazar est favorable aux insurgés.

Après la prise de Badajoz, la colonne Yagüe reprend sa marche vers Madrid, sans rencontrer d'abord de résistance bien organisée. De nouveaux renforts lui parviennent et, le 30 août, les troupes nationalistes arrivent devant Talavera.

De son côté, le général républicain Riquelme a reçu des renforts. La *Columna Fantasma*, formée d'éléments anarchistes dirigés par le commandant Uribarry, vient de Valence après avoir conquis l'île d'Ibiza ; elle occupe Guadalupe mais elle en est délogée par les Légionnaires et les Marocains ; elle se replie vers Talavera. Les Nationaux attaquent Talavera le 4 septembre ; la ville est prise après une bataille assez confuse. La défaite des gouvernementaux contribue à provoquer la chute du Premier ministre Giral, qui cède le pouvoir à Largo Caballero. Le général Riquelme est remplacé par le colonel (puis général) Asensio Torrado. Celui-ci réorganise ses troupes, fait venir des unités de la Sierra et aux anarchistes s'ajoutent les premiers volontaires étrangers, italiens, français, polonais, hongrois... précurseurs des Brigades Internationales : la première *centurie* est créée le 7 septembre. D'après les sources républicaines, Asensio Torrado a sous ses ordres 13 928 hommes le 9 septembre et ses effectifs sont portés à 24 264 le 19 septembre.

Asensio Torrado tente de reprendre Talavera : c'est un échec malgré l'appui d'un train blindé. Toutefois, les troupes de Yagüe, éprouvées par la longueur du chemin parcouru et par les pertes qu'elles ont subies, sont contraintes de faire une pause d'une dizaine de jours. Elles reçoivent le renfort des quelque 700 légionnaires du lieutenant-colonel Barrón et vont faire leur jonction, le 8 septembre à Arenas de San Pedro, avec les troupes du général Mola, qui combattent au Nord, en Vieille Castille.

La colonne de Yagüe, appelée Armée du Sud (*Ejército del Sur*), forte d'environ 8 000 hommes, reprend sa marche en avant mais sa progression est beaucoup plus lente qu'auparavant : elle n'occupe Santa Olalla que le 20 septembre : elle a mis 18 jours pour atteindre Maqueda, soit une avance d'à peine deux kilomètres par jour en moyenne. La route est barrée par les troupes gouvernementales et les unités nationales doivent les contourner à diverses reprises pour les obliger à se replier sous le feu de leurs mitrailleuses[1]. Le 21 septembre, l'Armée du Sud prend Maqueda, à 73 kilomètres de Madrid.

Le général Franco, qui avait promis aux défenseurs de l'Alcazar de les délivrer, remplace le 20 septembre le général Yagüe, épuisé, malade et qui aurait, semble-t-il, préféré une marche directe vers Madrid, par le général José Enrique Varela Iglesias, qui prend le commandement de la colonne, et lui donne l'ordre de foncer vers Tolède, située à 42 km. Le général Franco envoie un message à l'Alcazar : « Toutes les difficultés sont vaincues, nous venons à votre aide. Résistez coûte que coûte. » Il donne six jours à Varela pour délivrer l'Alcazar. Mais ne sera-t-il pas trop tard ?

1. Payne, *Los militares y la política en España contemporánea*, p. 395.

De Talavera à Madrid en passant par Tolède

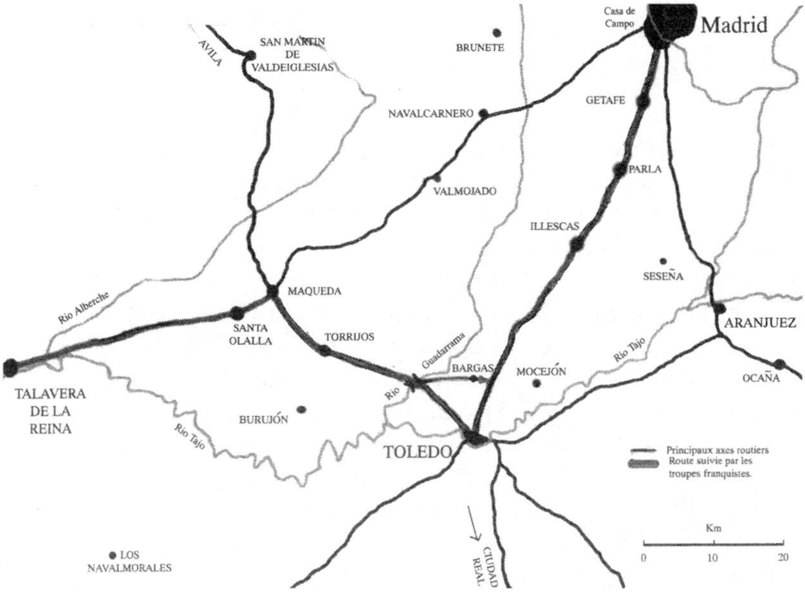

Au moment de l'arrivée des troupes nationales, le lieutenant-colonel Ricardo Burillo, que Largo Caballero a nommé en remplacement du lieutenant-colonel Torres, avait à sa disposition les troupes qui étaient chargées de continuer le siège, environ 2 000 hommes, peut-être 3 000 avec les miliciens de Tolède ; elles étaient renforcées par la colonne Bernal, constituée d'environ 1 300 hommes et étoffée, semble-t-il, d'un millier d'autres, la colonne Fantasma ou colonne Uribarry, avec près de 1 500 hommes mais qui se serait rapidement disloquée ; quant à la colonne Fernández Navarro, forte de 5 000 hommes, elle s'était regroupée au Sud-Ouest, vers Los Navalmorales et ne semble pas avoir participé directement aux combats. En fait, Burillo disposait de 6 à 7 000 hommes au maximum. Il les divise en deux : la *columna de plaza*, chargée de prendre l'Alcazar (plus de 2 000 hommes) et la *columna de campo* qui devait empêcher les troupes africaines de franchir la rivière Guadarrama et d'attaquer la ville de Tolède (au minimum 4 000 hommes).

Les forces nationales comportaient 4 groupes opérationnels (*Agrupaciones*, commandés par les lieutenant-colonels Asensio Cabanillas, Barrón, Castejón et Delgado Serrano) avec 8 bataillons de Regulares, 4 du Tercio, 1 de mitrailleurs, soit 7 800 hommes de grande expérience militaire, auxquels s'ajoutaient 7 batteries de 105 et de 155, ainsi que 4 bataillons de volontaires en période d'adaptation.

Dès le 22, les troupes d'Asensio Cabanillas prennent Torrijos ; le 25, elles franchissent le rio Guadarrama et, le 26, le général Varela lance la 6e Bandera du commandant Ben Mizzian au Nord de Tolède, vers Bargas, qu'il occupe après de violents combats : il coupe la route Madrid-Tolède et capture une brigade motocycliste qui venait de la capitale. Les autres groupes marchent directement vers Tolède.

2. L'attaque désespérée des gouvernementaux contre l'Alcazar

Bien que l'arrivée des troupes nationalistes semble imminente, Burillo et les communistes vont faire une ultime tentative pour prendre l'Alcazar : ils tireraient tout le bénéfice d'une victoire, même tardive. Le Secrétaire général du parti José Díaz et le nouveau commandant du Cinquième Régiment, Enrique Lister, avaient demandé à Largo Caballero que leur soit confiée la mission de prendre l'Alcazar ; Largo Caballero refuse d'abord puis accepte le 25 septembre, mais c'est bien tard.

Le journaliste et agent secret soviétique Mikhail Koltsov a raconté le regroupement dans le « monastère de Santa Cruz » de quelque 3 000 hommes, ouvriers de la fabrique de munitions, deux compagnies du Quinto Regimiento (5e Régiment), une colonne anarchiste : tous sont motivés, veulent prendre la forteresse ; Koltsov participe lui-même à l'attaque. Le bataillon Victoria, du Quinto Regimiento, sous le commandement de Bartolomé Cordón, monte à l'assaut des ruines à deux reprises : les défenseurs de l'Alcazar réussissent à les repousser, « ce qui ne fait qu'ajouter quelques morts supplémentaires dans les forces de la République », écrit Lister[1]. Cordón est sérieusement blessé.

La journaliste pro-républicaine Marguerite Jouve, qui a assisté aux derniers assauts contre la forteresse, décrit le découragement des attaquants : « Au sommet de Tolède, l'Alcazar ne dressait plus que des murs noircis par les flammes, démantelés, abondamment troués. Mais il demeurait aussi inviolable qu'un château enchanté. Il se présentait tel un spectre, que l'on peut poignarder et pourfendre sans l'abattre. Par la brèche, les assiégeants lancèrent maintes fois des attaques qui toutes échouèrent avec de lourdes pertes. Les défenseurs laissaient approcher, puis, par les soupiraux des caves, de sous les éboulis de pierres, d'entre le dallage de la cour semblait-il, s'élevait le tac-tac des mitrailleuses, pleuvaient les grenades, les balles [2]. »

Il reste un espoir aux gouvernementaux : une nouvelle mine a été hâtivement préparée en profitant d'un collecteur d'égout : cinq tonnes de dynamite sont placées au pied de la tour Nord-Est. Le 27 septembre, à 5 heures 30 du matin, c'est une spectaculaire explosion : un énorme trou de 30 mètres de diamètre et de 4 ou 5 de profondeur est creusé devant le mur de la forteresse car les mineurs n'avaient pas eu le temps de continuer leur travail sous la muraille. Les défenseurs n'ont pas été atteints et malgré la reprise des tirs de la seule batterie de 155 encore installée à Pinedo, ils peuvent remettre en position leurs mitrailleuses et repousser une nouvelle vague d'assaut.

1. Lister, *op. cit.*, p. 56. Voir aussi Jouve, *op. cit.*, p. 113.
2. Jouve, *op. cit.*, p. 117.

À 6 heures 30, les ruines sont arrosées d'essence, 6 000 litres, mais les assiégés y mettent immédiatement le feu, avant qu'elle ne s'écoule dans le patio ; l'incendie se propage vers les citernes des assaillants. Profitant de la fumée, les défenseurs peuvent faire monter des renforts depuis les souterrains et les attaquants sont une fois de plus repoussés.

3. La prise de Tolède par Varela et la délivrance des assiégés

À 10 heures 30, les Nationaux sont arrivés au cimetière, qu'il fallut prendre pierre tombale par pierre tombale, au corps à corps, d'après Jackson[1]. À midi, l'attaque de la ville est déclenchée. « De nouveau, la vaillance et l'entraînement de l'Armée d'Afrique l'emportèrent immédiatement bien que Tolède fût une place facile à défendre [2]. » En fait, une partie des troupes gouvernementales a quitté la ville dans la nuit du 26 au 27 par le pont de Alcántara ; les anarchistes n'obéissent plus au lieutenant-colonel Burillo. Dans ses Mémoires, la Pasionaria s'en prendra violemment à ces *« héroes faístas »*, c'est-à-dire des anarchistes de la FAI, qui, dans leur fuite devant l'avance ennemie, avaient emmené voitures et camions, rendant impossible l'évacuation des grands blessés, qui furent ensuite massacrés par les *moros*[3]. Cependant, d'après le journaliste anarchiste Guerra, qui arrive à Tolède à ce moment-là, tous les miliciens de la FAI ne se sont pas débandés, certains ont lutté jusqu'au bout ; ceux qui se rendent sont « fusillés ou poignardés sur le champ par les Maures »[4].

L'aviation nationaliste intervient, trois trimoteurs accompagnés de 5 chasseurs bombardent les troupes qui se replient ; l'un des Junkers 52 est abattu par un Dewoitine de fabrication française. Le journaliste Knikerbocker assiste à la chute du bombardier « blanc » abattu par les chasseurs « rouges » ; les trois membres de l'équipage sautent en parachute ; le premier est mitraillé et tué pendant sa descente, le deuxième tue deux miliciens avant d'être abattu, le troisième est fait prisonnier et lynché à mort[5]. Les assiégés de l'Alcazar n'attendent pas passivement l'arrivée de leurs libérateurs et cherchent à participer aux combats : le canon de 75, qui avait été jusqu'alors préservé en vue d'empêcher une attaque de tanks, est installé par les artilleurs du commandant Méndez Parada et tire sur la colonne qui se replie par la route de Mocejón ; le commandant Méndez Parada est alors grièvement blessé[6].

À 17 heures, l'Armée d'Afrique pénètre dans Tolède, les Regulares marocains du commandant Mohamed El Mizzian par la porte de Visagra, que le Capitaine Bernal avait abandonné et qui était défendue par 30 à 40 miliciens. De leur côté, les légionnaires de la 5e Bandera du commandant

1. Jackson, *Histoire de la Guerre civile d'Espagne*, Paris, 1974, p. 63.
2. Thomas, *op. cit.*, t. 1, p. 402.
3. Ibárruri, *op. cit.*, 316.
4. Guerra, *À travers la mitraille*, p. 25.
5. Knikerbocker, *The Siege of Alcazar*, p. 174.
6. Casas de la Vega, *op. cit.*, p. 344 et Déclaration du Commandant Méndez.

Castejón parviennent à la porte de Cambrón ; à 18 heures 30, ils atteignent la place de Zocodover. À 19 heures, le lieutenant Luis Lahuerta du 1er Tabor de Regulares de Tetuán arrive à l'Alcazar. Avec prudence, car les assiégés craignent un piège, il est identifié par le capitaine de la garde civile Rodríguez Valero, qui le conduit à Moscardó, qui vient d'accueillir le capitaine Tiede, de la 5e Bandera de la Légion, arrivé par l'autre côté, par le Tage. Quelques légionnaires pénètrent ensuite dans les souterrains, l'un d'eux a failli s'évanouir à cause de l'odeur ; ils distribuent un peu de pain et de tabac[1]. Mais il n'est pas question que les civils sortent tout de suite de la forteresse.

En effet, les combats ne sont pas terminés. Une cinquantaine d'hommes du bataillon Victoria, commandés par Enrique Lister, qui était arrivé le 22 septembre, luttent « maison par maison, dans chaque escalier, dans chaque appartement, utilisant plus souvent la grenade que le fusil »[2]. Lister avait essayé d'organiser une double défense, à la fois contre la colonne africaine et contre les assiégés mais il se rend compte qu'il ne peut pas compter sur les miliciens qui, durant plus de deux mois, s'étaient contentés, dit-il, de « *veranear* », de passer l'été autour de l'Alcazar sans rien faire.

Le 28 septembre, les combats sont encore violents en certains points de la ville. Lister se replie, de même que Bernal qui abandonne la fabrique d'armes mais sans détruire les installations[3]. Vers 9 heures, le général Varela monte lui-même à l'Alcazar avec un corps de troupe et, selon le rite militaire, le colonel Moscardó l'accueille par ces mots : « Rien à signaler dans l'Alcazar, mon Général. » La colonne de Barrón a pris d'assaut le pont de San Martín, bloquant la dernière sortie libre : les miliciens qui restaient encore dans la ville sont pris au piège ; certains traversent le Tage sur quelques barques surchargées, d'autres passent par la digue de l'usine hydroélectrique, quelques-uns tentent de franchir le fleuve à la nage. Ceux qui sont encerclés dans le collège des Maristes, de 50 à 75 selon les témoignages, essaient de s'enfuir par les toits mais sont acculés ensuite à se jeter dans le vide.

Le lendemain, les rares foyers de résistance sont encerclés. Les miliciens qui s'étaient regroupés dans le séminaire libèrent les femmes et les enfants enfermés avec eux puis 73 « marxistes » se rendent mais plusieurs continuent la lutte, le bâtiment est incendié, les légionnaires de la I^a^ Bandera del Tercio attaquent, les cinq derniers survivants se suicident ; l'un d'eux, Manuel Gómez Cota, milicien de Madrid, laisse, avant de mourir, un émouvant message qui se termine par : *Viva Azaña ! Viva la República* [4] *!*

---

1. Témoignage de Martina Ramos Albarrán.
2. Lister, *op. cit.*, p. 56.
3. Rapport du lieutenant-colonel Burillo conservé au Servicio Histórico Militar, publié par Martínez Bande, *op. cit.* (p. 34) et Casas de la Vega, *op. cit.* (p. 337).
4. Casas de la Vega, op. cit. p. 349

Photo 14 – Groupe de défenseurs photographiés après la libération de l'Alcazar

Photo 15 – Le 29 septembre, le colonel Moscardó fait visiter les ruines de l'Alcazar au général Franco (à droite) et au général Varela (au centre)

Les combats ne sont pas encore terminés, le 29, lorsque le Général Franco arrive à Tolède, se rend à l'Alcazar et adresse aux défenseurs un bref discours : « *Ce que vous avez fait, l'Espagne ne l'oubliera pas. Vous avez votre place parmi nos anciens héros. Vous avez donné un glorieux exemple à la nouvelle Espagne qui se lèvera d'entre les ruines et les cendres de l'Alcazar. Vive l'Espagne !* » Le général Franco remet la croix de San Fernando avec palmes au colonel Moscardó à titre individuel et à l'ensemble des défenseurs à titre collectif. En sortant des ruines de l'Alcazar, Franco aurait murmuré : « *La libération de l'Alcazar est la chose que j'ai le plus souhaitée dans mon existence. Désormais la Guerre est gagnée* [1]. » Millán Astray, le chef de la légion, aurait dit aussi quelques mots.

Un correspondant du *Daily Express* écrit : « *ce fut la scène la plus dramatique que j'ai vue de ma vie. Ces spectres humains, à moitié morts de faim, serraient entre leurs mains des fusils devenus inutiles. Ils devaient réapprendre à vivre et ne savaient plus sortir du lieu de leur martyre* [2]. » D'après Nunnes, la population de Tolède aurait acclamé les soldats et les défenseurs à leur sortie de l'Alcazar. Largo Caballero annonce aux Madrilènes que Tolède a été évacuée pour des raisons stratégiques : il fallait se replier pour protéger Madrid. Mais l'arrivée d'un train de blessés en gare d'Atocha accroît l'angoisse de la population : la bataille pour Madrid allait commencer[3].

1. Crozier, op. cit. p. 210
2. Georges-Roux, *op. cit.*, p. 169.
3. Nunnes, *Madrid Trágico*, Cádiz, 1938, 260 p.

CHAPITRE 8

Les horreurs de la guerre

La Guerre civile à Tolède a été très coûteuse en vies humaines mais il est difficile de dresser un bilan exact, car aux pertes des militaires, il faut ajouter tous ceux qui ont été assassinés, en particulier les civils des deux camps qui ont été entraînés dans la tourmente. Des recherches récentes permettent d'avoir une idée plus précise des pertes, en particulier du côté républicain.

1. De lourdes pertes pour les défenseurs de l'Alcazar

Les défenseurs de l'Alcazar ont eu 82 tués, 12 en juillet, 19 en août, 59 en septembre. Le nombre des blessés a été très élevé, 430, auxquels s'ajoutent 150 « contusionnés » ; les blessés les moins atteints ont continué à participer aux combats car, à la fin du siège, les effectifs disponibles pour la défense s'étaient dangereusement amenuisés. Plusieurs blessés gravement atteints sont morts dans les semaines qui ont suivi la délivrance, ce qui porte à 102 le nombre des morts à cause des combats[1].

23 % des officiers ont été tués au cours du siège. Les gardes civils ont eu 56 morts et 282 blessés, les volontaires militarisés 13 morts et 31 blessés. Trois hommes se sont suicidés. 5 hommes et 2 femmes sont décédés de mort naturelle, mais il y eut deux naissances le 9 septembre un garçon, qui fut prénommé Restituto Alcázar[2] et, le 18 septembre, une fille, Josefa del Milagro, tous deux enfants de gardes civils.

---

1. Risco, *op. cit.*, fournit la liste nominative des morts, des blessés, des déserteurs et de tous les civils enfermés dans l'Alcazar pendant le siège (Appendice II). La liste publiée par Morata (*En defensa de la verdad*, p. 679) est de 87 morts en action de Guerre durant le siège et de 16 après le siège, des suites de leurs blessures.
2. Restituto Valero Ramos fera une carrière militaire et deviendra colonel.

Le nombre des déserteurs semble avoir été de 35 [1] ; ils réussirent à quitter l'Alcazar seuls ou en petits groupes, par exemple le 10 août, lors d'une sortie à la recherche de vivres, le 8 et le 14 septembre, après le sermon démoralisant du Père Camarasa. Le *Diario* (Journal) del Quinto Regimiento de la Milicia Popular relate le 15 septembre l'évasion de 5 gardes civils, 4 de Tolède et un de Murcie. Ils avaient préparé leur fuite pendant dix jours en creusant un trou par où ils se sont glissés vers 21 heures 30-22 heures à 100 mètres de la Puerta de Doce Cantos ; ils sont arrêtés par les Miliciens à la Ermita de los Desamparados. Ils décrivent les conditions de vie des assiégés, qui n'avaient plus que 14 ou 15 jours de vivres et indiquent que beaucoup s'évaderaient s'ils n'avaient pas des enfants dans la forteresse et s'ils ne subissaient la terreur exercée par les officiers factieux. José Luis Cervero a raconté le destin tragique de ces cinq gardes civils ; deux d'entre eux parurent suspects aux Républicains qui les emprisonnèrent ; « délivrés » par les Nationaux, ils furent fusillés sur le champ comme déserteurs[2].

Parmi les déserteurs, il y eut un seul officier, le lieutenant Enrique Barrientos ; blessé à un bras, il craignait de mourir lors de l'explosion de la mine et voulait revoir sa jeune femme enceinte[3]. Mais il refusa de tirer contre les défenseurs de l'Alcazar et fut fusillé par les Républicains[4]. Plusieurs autres déserteurs auraient été incarcérés parce que suspects ; ceux qui, après la fin du siège, furent repris par les Nationalistes furent fusillés.

Dans un bilan établi à la fin du siège, il est question de 57 disparus. Vilanova pense qu'il s'agit de déserteurs qui n'ont pas été comptabilisés officiellement. Pour Morata, il s'agirait des gardes civils qui, au début de l'insurrection, avaient été dispersés dans le but de contrôler la ville et qui furent faits prisonniers par les troupes venues de Madrid, 9 à la station de radio, 8 au Banco de España, 12 à la Fabrique d'Armes, 18 lors du repliement de l'Hôpital de Tavera[5].

Les assiégés avaient fait des prisonniers, 16 d'après le carnet de Moscardó, qui furent regroupés sous surveillance dans un des souterrains et qui eurent les mêmes rations alimentaires que les autres assiégés. Les trois femmes furent installées avec les réfugiées. Contrairement aux dires du déserteur Jesús Lea Navas, qui accuse le colonel Basart d'avoir fait fusiller plusieurs militaires et civils, les listes nominatives semblent indiquer qu'il n'y eut aucune exécution pendant le siège. Toutefois, après la libération, il ne fut plus question de ces prisonniers : ils ont probablement été fusillés à ce moment-là (voir plus loin). Le gouverneur civil et sa famille furent libérés et ne furent pas inquiétés ; le colonel Moscardó leur

1. Martínez Leal, de même que Bullón (p. 53) donnent le chiffre de 35 ; Morata parle de 30 à 33 (p. 112) et de 32 (Morata, *En defensa de la verdad*, p. 320). Risco dresse une liste de 35 noms dans l'appendice de son ouvrage, p. 79.

2. Cervero, *Los Rojos de la Guardia Civil*, 2006, p. 160.

3. Eby, *op. cit.*, p. 177.

4. Morata, p. 234.

5. Morata, *En defensa*, p. 111.

donna une attestation qui leur permit de se rendre en Galice. Par contre, la secrétaire du gouverneur, Conchita, « communiste notoire », aurait été exécutée. On ne sait pas ce que sont devenus les camionneurs qui n'avaient pas été considérés comme des prisonniers pendant le siège.

Photo 16 – Une des rares photos prise pendant le siège (ou au moment de la délivrance) d'un garde civil blessé, soigné dans un des souterrains de l'Alcazar

Photo 17 – Les assiégés ont enterré leurs morts d'abord dans le vaste manège (*picadero*) puis dans les cabines de la piscine qu'ils ont murées

Aucun document ne donne les pertes subies par les troupes du général Varela lors de la prise de Tolède. Elles ont été évaluées à 220 morts et blessés mais ces chiffres concernent-ils toutes les unités ? Les données proposées par José Luis de Mesa pour les tabors marocains restent extrêmement fragmentaires. Dans le cimetière de Tolède, ont été enterrés au moment de la libération de l'Alcazar les corps de 81 insurgés (*sublevados*), dont 28 légionnaires et 11 *regulares*[1].

2. La « terreur rouge » à Tolède de juillet à septembre 1936

Tandis que les militaires de Tolède et les gardes civils s'enfermaient dans l'Alcazar, la ville était sous le contrôle des militaires républicains venus de Madrid et surtout des miliciens, qui, comme nous l'avons vu, appartenaient à plusieurs tendances, allant des socialistes modérés aux anarchistes. Ce sont malheureusement les groupes les plus extrémistes qui ont fait régner la terreur dans la ville de Tolède. Après le 23 juillet, des bandes de miliciens commencèrent à parcourir les rues à la recherche des ennemis du peuple, qui étaient soit assassinés sur place, soit envoyés en prison et souvent fusillés quelque temps après. Ainsi, en représailles du bombardement du 23 août, 64 personnes incarcérées dans la prison de Tolède sont fusillées, dont Luis Moscardó[2]. D'après Eby, quelque 800 assassinats auraient eu lieu dans la province de Tolède pendant le « règne » du gouverneur civil José Vega López[3]. À Tolède même, d'après le registre du cimetière, 397 personnes auraient été enterrées pendant les 70 jours du siège, sans indication de la cause de la mort (*sin diagnóstico médico*).

À plusieurs reprises, des militaires républicains dénoncent ces arrestations arbitraires et des exécutions sans jugement pratiquées par des groupes incontrôlables. Des troupes de miliciens, qui ont pris des noms significatifs de *Batallón Exterminio, Grupo Venganza, Batallón de Acero, Los Castizos*… n'acceptent pas les ordres du commandement militaire, ce dont se plaint l'officier de liaison, le lieutenant Ciutat[4]. Cid Leno et Moreno Nieto les qualifient de « bandes de sauvages » (*manadas de salvajes*) et ils ajoutent que seul le groupe des *Aguilas Libertarias*, que commandait Sediles, militaire professionnel qui connaissait bien l'Alcazar, semblait avoir une allure martiale[5].

Une des principales victimes de ce déchaînement de haine et de violence a été le clergé. Le reportage du journaliste Juan Breá, qui se rend à Tolède pendant le siège est significatif : « D'ailleurs son histoire mythique importe peu maintenant, comparée au rôle magnifique qu'a joué dans

1. Morata, *En defensa*, p. 687.
2. Morata, *En defensa de la verdad*, p. 687 ; Morata donne une liste de prisonniers exécutés le 23 août dans *Leyenda Negra*, p. 380.
3. Eby, *op. cit.*, p. 125.
4. Casas de la Vega, *op. cit.*, p. 151.
5. Cid Leno et Moreno Nieto, *Mártires de Toledo*, Toledo, 1942, p. 35.

la lutte antifasciste Tolède la prolétaire. Elle a échappé pour quelque temps à la propriété privée et est devenue l'un des chapitres de l'histoire de la société sans classes. Quand je vis Tolède, joyau légendaire du blason espagnol, elle s'était débarrassée de tous ses prêtres et soldats de profession… Certes, ce n'était pas la première fois dans son histoire qu'on avait tué les membres du clergé et brûlé les couvents mais jamais auparavant, les églises n'avaient été occupées par les syndicats et les milices et cela était symptomatique… Toutes les églises qui n'avaient pas été brûlées étaient devenues des hôpitaux, des cantines, des maisons du peuple[1]. » La profanation des sanctuaires religieux devint l'obsession de certains anarchistes.

Les membres du clergé furent systématiquement assassinés : le Père Risco donne le chiffre de 107 prêtres tués à Tolède, Juan Francisco Rivera celui de 102, 52 en juillet, 46 en août, et 4 en septembre. Seuls 4 prêtres de la ville de Tolède auraient échappé au massacre. Pour l'ensemble de l'archidiocèse de Tolède, on arrive au total impressionnant de 297 prêtres assassinés, auxquels s'ajoutent 116 religieux et 5 religieuses[2]. Ainsi, les Carmélites furent tous exécutés, « parce qu'ils avaient participé à la défense de leur couvent », comme l'écrit Quintanilla pour justifier ce massacre.

3. Les pertes des Républicains

Les pertes des troupes républicaines pendant le siège de l'Alcazar sont très difficiles à évaluer. Les attaques effectuées à plusieurs reprises, qui ont amené les soldats républicains jusqu'au cœur de la forteresse, ont toutes échoué mais le nombre de combattants tués a été à chaque fois limité, quelques dizaines d'hommes au maximum. Cependant, au total, les pertes des assaillants ont été certainement supérieures à celles des défenseurs qui ont atteint une centaine de morts.

Par contre, les tués au moment de la prise de Tolède par l'Armée d'Afrique ont été beaucoup plus nombreux, par suite de la violence des combats en certains points de la ville et parce que les troupes nationalistes n'ont pas fait de prisonniers : en général, ceux qui se rendaient étaient fusillés sur place. Un Irlandais engagé dans l'Armée d'Afrique, le lieutenant Fitzpatrik, a déclaré que la découverte près de Tolède des corps mutilés de deux aviateurs nationalistes avait provoqué ces implacables représailles. Il n'y eut pas de témoignages directs, car les journalistes ne furent pas autorisés à suivre les troupes nationales. Le premier arrivé aurait été le journaliste Bolin qui accompagnait le général Varela, serait passé à Tolède dans l'après-midi du 28, mais serait reparti le soir même pour Talavera. Le Portugais Nunnes puis plusieurs autres journalistes n'arrivèrent que le 29, lorsque Franco vint à l'Alcazar.

1. Low, Mary et Breá, Juan, *op. cit.*, p. 163.
2. Albertí, *La Iglesia en llamas*, Barcelona, 2008, p. 371.

C'est ce qui explique que les premiers témoins de la prise de la ville aient été de très jeunes gens ; ils voient non seulement des cadavres éparpillés mais également des tas de corps. Quand le jeune Morata (11 ans) parcourt la ville le 28 septembre à la recherche de sa mère, il passe devant deux tas (*montones*) de cadavres, l'un dans la *calle de la Trinidad*, avec une quinzaine de morts, l'autre au *pasadizo de Balaguer*, où il compte une trentaine de cadavres. Deux corps gisent encore sur la place de Zocodover ; une photo reproduite dans plusieurs ouvrages montre ces deux corps : ce serait ceux de deux des quatre gardes civils qui avaient déserté en septembre et qui ont voulu se rendre : ils ont été abattus sur place. Un nombre « assez élevé » de morts sont éparpillés *paseo del Miradero*, où des miliciens ont été pris entre deux feux. Le lendemain 29, Morata traverse encore la ville et de nombreux corps gisent toujours vers San Juan de los Reyes et la Puerta del Cambrón.

Un autre témoin, Juan de Mata López-Ayllon, qui, pendant le siège, avait été chargé de protéger les œuvres d'art dans la ville dévastée et pillée et qui avait un sauf-conduit, confirme la présence de dizaines de cadavres *calle de la Trinidad* : « *La sangre, aún fresca, corre por los desaguaderos* », ajoute Reverte[1]. Des religieuses racontent que, devant le palais épiscopal, au coin de la calle de la Trinidad, plus de 70 miliciens furent exécutés[2].

Vilanova indique lui-aussi que « le sang des Républicains coulait matériellement par la Bajada del Barco »[3]. L'ambassadeur des États-Unis Bowers, très choqué par les conditions dans lesquelles s'est déroulée la prise de Tolède, écrit : « Webb Miller, le grand journaliste américain, qui se trouvait alors à Tolède, me conta avoir vu dans les rues de nombreux cadavres décapités, témoignant de l'influence civilisatrice des Maures appelés au secours de la chrétienté [4] ! » Mais Morata a mis en doute ce témoignage de Miller car il fut un des seuls à parcourir la ville le 28 et il ne vit aucun corps décapité ; de plus, il n'y avait pas de journalistes à Tolède au moment de la prise de la ville[5].

Au pied même de l'Alcazar, des prisonniers ont été exécutés autour de l'énorme excavation créée par l'explosion de la mine le 27 septembre. En approchant des ruines de la forteresse, Juan de Mata remarque un groupe d'hommes alignés au pied de la muraille : il s'agirait des otages (*rehenes*) que le colonel Moscardó avait soigneusement gardés dans un souterrain de la forteresse pendant toute la durée du siège ; poursuivant son chemin vers la place de Zocodover, le jeune homme croisa une trentaine de pri-

1. Reverte, *La batalla de Madrid*, Barcelone, 2004, p. 17. « Le sang encore frais, coulait dans les caniveaux. »
2. Risco, *op. cit.*, p. 230 de l'édition de 1992.
3. Vilanova, *op. cit.*, p. 195.
4. Bowers, *Ma mission en Espagne. 1933-1939*, Paris, 1956, p. 300.
5. Morata, *op. cit.* (*En defensa)*, p. 320 et 605.

sonniers qui montaient jusqu'au rebord de l'excavation ; le crépitement des mitrailleuses qui a suivi ne lui laissa aucun doute sur leur sort[1].

Ces exécutions ont été confirmées par un des frères Tharaud arrivé peu de temps après : « Juste au-dessous de moi s'ouvrait le large et profond entonnoir produit par l'explosion de la fameuse mine où les Asturiens avaient entassé six mille kilos de dynamite… Une quarantaine de cadavres, le visage noir et le ventre ballonné, étaient disposés tout autour, comme les grains d'un sinistre collier. Au fond, d'autres encore, entassés les uns sur les autres. Des hommes de corvée, un tampon d'ouate sous le nez, relevaient sur des civières ceux qui se trouvaient sur le bord, tandis qu'au fond du trou, un infirmier coiffé d'un masque à gaz attachait l'un après l'autre chaque cadavre à une corde. Cette corde était elle-même fixée à l'autre bout au harnais d'une mule, qui attendait en haut, sur le bord de l'entonnoir. D'un coup de fouet, on la mettait en marche et elle tirait placidement le sinistre fardeau, comme on tire un seau d'un puits. Le spectacle par lui-même était d'une indicible horreur… [2]. »

Photo 18 – Après la prise de Tolède par les Nationaux, ces cadavres républicains sont accumulés dans le cratère ouvert par l'explosion de la mine le 27 septembre

Dans le commentaire d'une photo, Risco avait déjà évoqué la présence, au fond du cratère de la dernière mine, des corps des otages (*rehenes*) et d'un certain nombre de miliciens morts dans le dernier assaut[3]. Pendant le siège lui-même, aucun prisonnier n'aurait été exécuté par les

1. Reverte, *op. cit.*, p. 18 et note 11, p. 583.
2. Tharaud, *Cruelle Espagne*, Paris, 1937, p. 197.
3. Risco, *op. cit.*, p. 128.

assiégés, malgré les affirmations sans preuve de quelques historiens[1]. Le gouverneur et sa famille mis à part, ces prisonniers n'étaient que 16. Avant la libération, Moscardó leur aurait demandé d'écrire un message à ceux qui assiégeaient l'Alcazar pour dire que, eux, les prisonniers, avaient été bien traités et que les défenseurs de l'Alcazar demandaient que leurs familles soient respectées, comme ils le feraient lorsque l'Alcazar serait libéré. Les miliciens répondirent qu'ils le feraient si les troupes marocaines et la Légion ne commettaient pas les mêmes excès que dans les villes qu'ils avaient précédemment conquises[2]. L'échange des messages auraient eu lieu par les fenêtres, par haut-parleur. Après la libération, Moscardó aurait déploré l'exécution des otages.

Tous ne furent pas fusillés à la fin du siège. Certains purent quitter l'Alcazar, peut-être pour porter les messages puisque l'un d'eux, Francisco Sánchez, fut repris en ville sur dénonciation et fusillé[3]. La femme et la fille du conseiller républicain Domingo Alonso, tué dans l'opération du 24 juillet, avaient été libérées sur ordre de Moscardó et ont été protégées par des gardes civils après la libération de l'Alcazar : elles ont vécu après la Guerre à Madrid[4].

Les Marocains sont également accusés d'avoir pénétré dans l'hôpital et d'avoir exterminé tous les blessés et même les médecins. Le témoignage du journaliste John Whitaker[5] a été confirmé de plusieurs côtés ; Koltsov précise que ceux qui étaient dans les petites chambres furent tués à l'arme blanche, ceux des grandes salles à la grenade, mais il n'indique pas ses sources. Le nombre des victimes reste imprécis. La journaliste Jouve parle de 700 blessés assassinés[6], ce qui n'est guère vraisemblable, car les blessés étaient habituellement transportés à Madrid ; ainsi, 26 blessés, dont Bartolomé Cordón, furent transférés à Madrid deux jours avant que la route de Madrid ne soit coupée par les troupes nationalistes à Vargas. Whitaker évoque quelque 200 blessés assassinés. Andrée Viollis s'appuie sur le témoignage d'une des infirmières survivantes : « Les blessés, demeurés par je ne sais quelle aberration dans les ambulances de la ville, deux cent cinquante disaient les uns, six cents affirmaient les autres, avaient été sauvagement massacrés avec leurs directeurs et leurs infirmières [7]. » Selon Massis et Brasillach, 80 miliciens furent capturés dans l'Hôpital de Tavera et fusillés ; peut-être s'agit-il de ces blessés, au moins en partie.

Au total, le général Varela indique dans son journal (*diario*) que les « rouges » auraient eu 347 morts lors de la prise de Tolède. Dans un autre

1. Reig Tapia, *Memoria de la Guerra Civil. Los mitos de la tribu*, p. 186 : « fusilaron en el propio Alcázar, utilizando sus cadáveres para tapar huecos dejados por los bombardeos. »
2. Palomino, *op. cit.*, p. 290.
3. Bullón, *op. cit.*, p. 113.
4. Moa, *op. cit.*, p. 270.
5. Whitaker, *We cannot escape History*, 1943, p. 114 ; Payne, *op. cit.*, p. 361.
6. Jouve, *op. cit.*, note 120.
7. Viollis, *op. cit.*, p. 31.

document cité par Casas de la Vega, le général Varela aurait annoncé que l'ennemi avait perdu plus de 600 morts et parmi les morts, il citait 8 capitaines, dont le chef du régiment n° 1 de la base navale de Carthagène et les motocyclistes du Bataillon del Hierro[1]. De toute façon, les pertes ont été limitées du fait qu'une grande partie des Républicains avaient quitté la ville dès le 27 et dans la nuit du 27 au 28.

4. L'implacable répression franquiste

Il faut ajouter aux pertes des militaires celles des civils exécutés pendant et après la prise de Tolède par les troupes d'Afrique. Il a été jusqu'à présent très difficile de dresser un bilan car les franquistes évitaient d'aborder ce sujet et le manque de documents ne permettait pas de proposer des évaluations plausibles. Des chiffres fantaisistes avaient été évoqués (3 700 *vecinos* de Tolède exécutés...). L'étude sérieuse et précise de Ruiz permet d'avoir une idée de l'ampleur réelle de la répression. Ruiz a distingué la répression à chaud (*en caliente*) et la répression officielle qui a suivi[2].

La répression à chaud a eu lieu au moment même de la prise de Tolède par l'Armée d'Afrique. Elle a été exercée par les soldats, en particulier les Légionnaires et les Marocains mais aussi par des civils qui voulaient se venger et dénonçaient aux militaires ceux qu'ils suspectaient. Les civils capturés devaient montrer leur épaule droite : si elle portait quelque rougeur ou marque d'avoir supporté un fusil, c'était la condamnation à mort et l'exécution immédiate.

Le registre du cimetière municipal de Tolède a recensé, entre le 27 septembre et le 13 octobre inclus, 727 cadavres avec la mention « desconocidos » (inconnus). Ce total comprend à la fois des soldats et miliciens morts au combat, des prisonniers fusillés sur place et des civils assassinés. Ruiz évalue à la moitié, 363, ceux qui ont été victimes de la répression à chaud. Si l'on ajoute 109 victimes identifiées, on arrive à un total de 472 morts. En 2002, on a dégagé dans le Patio de la Caridad du cimetière municipal un énorme ossuaire qui contient plusieurs centaines de cadavres, probablement la plupart des 727 « inconnus ». Les chiffres donnés par Herreros sont plus élevés, 835 exécutions en octobre, 72 en novembre et 18 en décembre mais pour octobre, il ne distingue pas les morts au combat[3].

La répression officielle a pris le relais de la répression à chaud à partir du début de 1937. Des tribunaux militaires furent constitués et trois *juzgados* ont fonctionné à Tolède. Le nombre des exécutions, pendant le reste de la Guerre civile et après la fin de la Guerre, aurait été de 95 personnes, auxquelles s'ajoutent 11 morts en prison[4].

1. Casas de la Vega, *op. cit.*, p. 344.
2. Ruiz Alonso, *op. cit.*, p. 335 et suivantes.
3. Herreros, *op. cit.*, p. 95.
4. Ruiz Alonso, *op. cit.*, note p. 344. Les chiffres donnés par Morata (*En defensa de la verdad*, p. 684) sont comparables.

CONCLUSION

Les conséquences de la libération de l'Alcazar

La délivrance des assiégés de l'Alcazar à la fin du mois de septembre a eu des conséquences considérables ; elle a facilité l'accès de Franco au pouvoir, elle a eu un impact psychologique sur les combattants nationalistes, mais elle a ralenti la marche des troupes d'Afrique vers Madrid.

La question essentielle est de comprendre pourquoi le général Franco a détourné ses troupes de la route de Madrid pour aller délivrer les assiégés de Tolède. La première raison de sa décision est qu'il avait promis aux assiégés de venir les délivrer. Au début du mois d'août, Franco écrit à Mola qu'il consacre toutes ses forces à la prise de Madrid ; il ne parle pas de Tolède[1]. Mais devant l'héroïque résistance des assiégés, de plus en plus « médiatisée », il se rend compte qu'il doit les soutenir moralement. Dès le 22 août, un avion des Nationaux survole l'Alcazar et jette des colis de nourriture, que récupère le commandant Villalba ; ils contiennent deux messages de Franco qui s'engage à les secourir : « Salut de cette armée aux valeureux défenseurs de l'Alcazar. Nous approchons de vous. Nous allons venir à votre secours. Jusque-là résistez. Nous vous apporterons toute l'aide possible. Tous les obstacles ont été vaincus. Notre colonne avance en renversant toute résistance. Vive l'Espagne ! Vivent les valeureux défenseurs de l'Alcazar [2] ! »

Après la dure bataille de Talavera, l'armée d'Afrique doit faire une pause et ne prend Maqueda que le 21 septembre. Elle se trouve alors à 73 kilomètres de Madrid mais à 42 seulement de Tolède : sachant que les assiégés de l'Alcazar tenaient encore, était-il concevable que Franco les abandonne ? Le général Yagüe était partisan, semble-t-il, de foncer direc-

1. Reverte, *El Arte de matar*, Barcelone, 2009, p. 57.

2. Les deux messages ont été publiés dans le journal des assiégés *El Alcázar* dès le 23 août. Traduction dans Crozier, *op. cit.*, p. 211.

tement sur Madrid. Le général Kindelan, le plus intime conseiller militaire de Franco, lui aurait dit : « Savez-vous, mon Général, que Tolède peut nous coûter Madrid ? » Franco aurait répondu : « Oui, je le sais. J'ai longuement réfléchi aux conséquences de ma décision. À ma place, que feriez-vous ? » Kindelan affirma : « Moi, j'irais à Tolède même si cela devait signifier la perte de Madrid. » Franco aurait alors déclaré : « Eh bien, si je l'ai décidé, c'est parce que je sais que dans toute Guerre, et plus encore dans une Guerre civile, les facteurs moraux revêtent une importance extraordinaire. Nous devons impressionner l'ennemi par la force de notre conviction. De plus, j'espère qu'un retard de huit jours dans notre avance vers la capitale n'aura pas de si graves conséquences. Mais, même dans ce cas, je ne renoncerais pas à libérer les héroïques défenseurs de l'Alcazar. »

Si les troupes de Varela n'avaient pas pris Tolède le 27 septembre, la capitulation de l'Alcazar était inévitable dans un délai très court, au maximum une semaine, ce qui aurait eu un immense retentissement, étant donné la couverture médiatique du siège de l'Alcazar : sa chute aurait été présentée comme une magnifique victoire par les Gouvernementaux. N'oublions pas que ce sont eux qui donnèrent au siège de l'Alcazar toute son importance, conviant les journalistes à aller voir la prise de la forteresse. Le chef du gouvernement, Largo Caballero, se rendit lui-même à Tolède pour assister à l'explosion de la mine qui devait volatiliser l'Alcazar avec tous ses occupants. La presse internationale se mit à parler de plus en plus du courage des défenseurs. La libération des assiégés donna lieu à d'innombrables reportages et une étude objective de la presse du moment mériterait d'être faite. François Mauriac, qui, plus tard, pourfendra le régime franquiste, aurait même souscrit pour l'achat de l'épée d'honneur qui allait être offerte aux défenseurs de l'Alcazar[1]. Le grand poète espagnol Gerardo de Diego publie en 1943 une *Elegía Heróica del Alcázar*[2].

Il est certain que l'impact de la libération de l'Alcazar sur le moral des Nationaux a été considérable. « Les circonstances avaient conféré à Tolède une valeur morale qui dépassait de beaucoup sa valeur stratégique. C'est un des caractères de la Guerre civile, cette puissance démesurée d'un symbole, d'une création sentimentale de l'âme populaire. Bien plus que la Guerre nationale, la Guerre civile se poursuit dans les cœurs autant que sur les champs de bataille[3]. » « La libération de l'Alcazar représente

---

1. Palacio, *1936 : la Maldonne espagnole*, Toulouse, 1986, p. 209.
2. Ce poème a été publié le 28 septembre 1943 dans le journal *El Alcázar*. Nous citons seulement l'avant-dernière strophe :

Oh ruina del Alcázar de Toledo.
Yo cantarte no puedo,
convulsa flor, sin desnivel de rimas.
Vivero de esforzados capitanes.
Nido de gavilanes,
De un águila también, ébria de cimas.

3. Général Duval, *Les Leçons de la Guerre d'Espagne*, Paris, 1938, p. 110.

lc coup *médiatique* dc la Gucrrc civilc. Toutc Gucrrc a bcsoin du symbolc qui la transforme en geste : le siège de l'Alcazar fournit la légende et les héros qu'il fallait à Franco et à son camp[1]. » Comme le précise Reig Tapia, « le siège de l'Alcazar n'a pas été un mythe, une fable, une pure invention mais il a été idéalisé jusqu'à avoir été converti en mythe et sa véritable réalité a été manipulée et modifiée par l'idéologie des vainqueurs de la Guerre civile, qui se sont servis abondamment de l'événement à des fins essentiellement de propagande [2]. »

Il est évident que l'héroïque résistance de l'Alcazar a permis à la presse pro-nationaliste de faire une propagande intense sur les thèmes du courage et de la croisade anticommuniste, avec des exagérations journalistiques ou cinématographiques évidentes, comme celles décrites par divers auteurs, par exemple par Témime[3]. Cette victoire permettait aux Nationalistes d'affirmer leur supériorité militaire sur les troupes républicaines.

En fait, le principal bénéficiaire de la libération de l'Alcazar fut le général Franco. Il avait été nommé, le 21 septembre, chef des armées nationales, malgré les réticences de certains généraux comme Cabanellas. Grâce à la prise de Tolède, il devint le général victorieux, qui réussit tout ce qu'il entreprend et le 29 septembre, alors que les combats ne sont pas encore terminés, il est à l'Alcazar auprès des défenseurs. Le 30 septembre, dans l'euphorie de la victoire, il reçoit à Salamanque un accueil enthousiaste, il est proclamé généralissime et, le 1er octobre, il prend le titre de chef de l'État. Si l'Alcazar avait capitulé avant l'arrivée de ses troupes, il lui aurait été difficile de se présenter comme un général victorieux. Et de s'imposer en face de ses rivaux. Max Gallo a bien mis en lumière tout le bénéfice que le général Franco a su tirer de la délivrance de l'Alcazar[4].

Le choix de Tolède aux dépens de Madrid a-t-il empêché Franco de prendre la capitale ? De nombreux historiens, en particulier français, le pensent, par exemple Témime[5] ou Hermet, qui qualifie le choix de délivrer l'Alcazar « d'erreur tactique qui sauve Madrid mais qui fait de Franco le libérateur des assiégés »[6]. Bennassar estime que « la délivrance de l'Alcazar eut un énorme retentissement en Espagne et hors d'Espagne, qu'elle créa un véritable mythe assez éloigné de la vérité historique et qu'elle contribua à faire de Franco un personnage charismatique. C'est pour cela qu'Enrique González Duro considère que l'épisode de l'Alcazar de Tolède fut une erreur profitable »[7]. Crozier, tout en admettant que

1. Bachoud, *op. cit.*, p. 134.
2. Reig Tapia. « El mito político y el Alcázar », in Arostegui et Godicheau, 2006, p. 152.
3. Temime, *1936. La mémoire du siècle*, Bruxelles, 1986.
4. Gallo Max. *Histoire de l'Espagne franquiste*, Paris, 1969, p. 46.
5. Témime *et al.*, *Histoire de l'Espagne contemporaine*, Paris, 1979, p. 229.
6. Hermet, *La Guerre d'Espagne*, Paris, 1989, p. 109.
7. Bennassar, *op. cit.* (*Franco*), p. 107.

l'histoire du siège de l'Alcazar est « un des cas d'héroïsme authentique de la Guerre civile », écrit : « Si l'on examine cette décision de Franco du simple point de vue militaire, elle paraît inconcevable à un moment où la capitale de l'Espagne était sans défense et toute proche. Cependant les considérations militaires n'ont jamais dicté seules les décisions de Franco durant la Guerre civile ; d'autres motifs, surtout patriotiques au sens le plus large du terme, ont souvent prévalu... D'un point de vue strictement militaire, la délivrance de l'Alcazar prolongea la Guerre de plusieurs mois [1]. » En Espagne, plusieurs ouvrages récents comme celui de Cardona insistent également sur l'erreur de Franco, qui a préféré détourner les troupes de Varela vers Tolède au lieu de foncer sur Madrid[2].

En examinant de près la situation militaire en ce mois de septembre 1936, nous pensons que si Franco avait abandonné l'Alcazar, il n'aurait pas pris Madrid pour autant. C'est d'ailleurs l'avis de Lister, qui jouera un rôle essentiel dans la défense de Madrid : « Je suis convaincu que Franco aurait échoué à Madrid un mois avant, comme il échoua plus tard, et au contraire terminer avec la comédie de l'Alcazar, comédie pour les deux camps, représentait pour lui une grande victoire [3]. »

Les troupes gouvernementales étaient de mieux en mieux organisées et entre Talavera, où l'Armée d'Afrique de Yagüe avait subi des pertes et avait dû se réorganiser pendant une douzaine de jours et Maqueda, où elles arrivèrent le 21 septembre, la progression des Nationaux n'avait été que de deux kilomètres par jour, comme nous l'avons déjà souligné. Dans leur *Atlas de la Guerre civile*, Puell et Huerta ont souligné la violence des combats dans la zone de Santa-Olalla-Maqueda[4]. La Commission Iribarri insiste sur la résistance héroïque des milices populaires sur la rive gauche de l'Alberche, dans le Casal de Escalona, à Santa Olalla, et les communistes du Thaelmann avaient bien résisté aux troupes coloniales à Maqueda ; Juan Modesto, du Quinto Regimiento, estime que le motif réel du changement de direction était de pouvoir déployer leurs forces entre Maqueda et le Tage et de manœuvrer plus facilement leurs colonnes[5]. La résistance des gouvernementaux se renforçant continuellement, la marche directe vers Madrid aurait duré plus de trois semaines et probablement au moins un mois[6]. Par contre, l'Armée d'Afrique put foncer sur Tolède, le gros des forces gouvernementales étant regroupé pour protéger la capitale.

De plus, la chute de l'Alcazar aurait libéré les soldats et miliciens qui avaient participé au siège, plusieurs milliers d'hommes, dopés par leur victoire, qui auraient constitué un apport précieux pour les gouvernementaux. Ils auraient pu attaquer le flanc Sud de la colonne en marche vers

1. Crozier, *op. cit.*, p. 209.
2. Cardona, *Historia militar de la guerra civil*, Madrid, 2006.
3. Lister, cité dans Morata, *op. cit.* (*En defensa*), p. 175.
4. Puell Fernando et Huerta Justo A., *Atlas de la Guerra Civil Española*, Madrid, 2007, p. 78.
5. Modesto, *Quinto Regimiento*, p. 57.
6. Moa, *op. cit.*, p. 318.

Madrid. La commission du Parti communiste présidée par la Pasionaria écrit que, même si dans le choix de Franco le facteur politique a été sans doute le plus important, « du point de vue militaire, on peut argumenter que Franco n'a pas osé avancer vers Madrid parce que la présence de troupes républicaines à Tolède aurait représenté une menace très sérieuse pour le flanc et l'arrière-garde de son armée »[1]. Inversement, la prise de Tolède par les Nationaux constituait une menace sur le flanc Sud des Républicains, ce qui pouvait également justifier militairement le choix du général Franco[2].

Le plus gros problème pour les Nationaux était celui des effectifs. L'armée de Varela n'avait que 8 000 hommes ; avec les renforts qu'elle reçoit progressivement, les troupes de Franco ne dépassent pas 15 000 hommes au début d'octobre. Après la prise de Tolède, la progression vers Madrid a été lente : c'est seulement le 18 octobre que les nationaux prennent Illescas, à mi-chemin entre les deux villes (36 km de la capitale). Lorsqu'ils arrivent dans la banlieue de Madrid, ils se heurtent à une résistance acharnée. Comme le soulignait, en 1937, le Républicain Henri Rabasseire, dans la Guerre de mouvement, l'infériorité des miliciens était manifeste mais dans les faubourgs de Madrid, ils repoussèrent les Maures peu habitués aux combats de rue.

Des interviews de survivants des Regulares marocains permettent à Serrano d'écrire : « De Madrid, ils garderont le souvenir d'une ville imprenable, non en raison de la défense farouche de ses habitants, mais plutôt en raison de leur piètre préparation aux combats de rues. Pour beaucoup d'entre eux, ce n'est pas la résistance des Madrilènes qui les a stoppés, mais le manque d'effectifs, et surtout la lenteur des renforts qui ne suppléaient pas rapidement leurs pertes[3]. »

En fait, il est peu vraisemblable qu'une armée aux effectifs aussi limités ait pu prendre une ville de plus d'un million d'habitants. La supériorité numérique des défenseurs de la capitale était incontestable et, au cours du mois de septembre, les Républicains ont établi une discipline plus rigoureuse, les communistes ont organisé la défense et ont formé le Cinquième Régiment (*Quinto Regimiento*), dont Enrique Lister a pris le commandement le 20 septembre. Une *Junta de Defensa* est constituée le 28 septembre. À ce moment-là, les forces gouvernementales sont évaluées par Salas Larrazabal à 30 000 hommes, sans compter les milices locales[4].

Au cours du mois d'octobre, les Nationaux croient encore à la possibilité d'une attaque frontale qui permettrait de pénétrer dans la ville où ils seraient aidés par le soulèvement d'une partie de la population, par la « cinquième colonne » sur laquelle Mola avait fondé beaucoup d'espoir.

---

1. Ibárruri, *Guerra y revolución en España*, t. 2, p. 59.
2. Alpert, « Historia militar », in Payne et Tusell, *La Guerra Civil*, p. 128.
3. Serrano, *Madrid, 1936-1939*, p. 172.
4. Salas Larrazabal, *Historia del Ejército Popular de la República*, 1973, t. 1, p. 473.

Mais le 6 octobre, dans *Milicia Popular*, Enrique Lister insiste sur la nécessité de ne pas relâcher la vigilance à Madrid envers les embusqués et les traîtres : « À Tolède, nous avons vu les conséquences d'un abandon de la vigilance. Nous avons vu comment les fascistes qui restaient au bout de deux mois, tiraient depuis les fenêtres. Ceci ne doit pas se répéter à Madrid. » Des commissaires politiques sont chargés d'éliminer les éléments douteux. Malgré le départ d'Azaña pour Barcelone le 19 octobre et celui du gouvernement pour Valence le 6 novembre, les Républicains voulaient résister. Quant aux bombardements par l'aviation nationaliste, ils furent contre-productifs et renforcèrent la détermination des défenseurs de la capitale[1].

Les troupes du général Franco se heurtèrent donc à une résistance acharnée, elles ne purent dépasser la Casa de Campo et la Cité universitaire. Fin octobre, les Républicains avaient, sur le papier, une force de 43 000 hommes, alors que celles des attaquants n'atteignaient pas 15 000 hommes ; Témime parle d'environ 12 000 soldats, les Légionnaires et les Tabors marocains, soutenus par 24 batteries d'artillerie mais il réduit les effectifs des Républicains à 15 000 ou 20 000 soldats et miliciens prêts à se battre et une réserve importante quoique difficile à chiffrer[2]. L'offensive nationaliste des 7-8 novembre fut rapidement stoppée, celle du 15 novembre fut un cuisant échec. Le matériel de guerre italien commençait à débarquer mais les pièces de 65 italiennes ouvrirent le feu pour la première fois à Navalcarnero le 21 octobre et quelques jours plus tard, les chars italiens affrontèrent pour la première fois les chars russes à Seseña[3].

En effet, au même moment, le matériel russe débarquait à Carthagène à partir du 15 octobre et, à la fin du mois, les Républicains avaient reçu 100 chars, 100 canons, 400 camions, 50 avions[4]. Les Républicains recevaient sans cesse des renforts, en particulier avec la création des Brigades Internationales ; les premiers étrangers, surtout des Français, étaient arrivés dès le mois de septembre et le 18 septembre avaient constitué la *Columna Paris*. Mais ils étaient peu nombreux et les Brigades Internationales seront créées officiellement le 22 octobre et n'interviendront qu'à la fin du mois. Henri Rabasseire rappelle que « c'est le peuple de Madrid qui a repoussé les rebelles. Les armes russes sont arrivées dans la deuxième semaine de novembre et les Brigades internationales arrivent à la fin octobre mais ils n'étaient qu'un millier au début »[5]. Le siège de l'Alcazar s'est en fait déroulé avant que les interventions étrangères ne donnent à la Guerre civile une autre dimension. Le général Franco se rendit compte que l'offensive inefficace contre Madrid était en train d'épuiser ses forces, il porta ses efforts ailleurs, le front de Madrid se stabilisa.

1. Payne, *op. cit.*, p. 335.
2. Témime, *op. cit.*
3. Palacio, *La Maldonne espagnole*, Toulouse, 1986, p. 239.
4. Hermet, *op. cit.*, p. 110.
5. Rabasseire, *Espagne, creuset politique*, Paris, 1937, p. 83.

La prise de Tolède avait un autre intérêt pour les Nationalistes : priver les gouvernementaux de la fabrique d'armes. Hugh Thomas estime même que, pour Franco, « la fabrique d'armes de Tolède fut sans doute la cause déterminante de sa décision » ; ce qui nous paraît pour le moins exagéré [1]. Le commandant Martín-Blázquez, qui fut un des organisateurs de la défense de Madrid et alla chercher les munitions stockées à Mahón, aux Baléares, écrit : « À mon retour à Madrid, j'appris de graves nouvelles : les rebelles s'étaient emparés de Tolède et de la fabrique d'armes de cette ville, on avait pu que démonter et emporter un petit atelier pour la fabrication de cartouches de 7 mm. La perte de l'impériale Tolède constituait une défaite d'une portée morale universelle, mais, à moi, elle me parut d'importance, d'abord à cause précisément de la perte de la fabrique d'armes et, ensuite, parce que l'ennemi pourrait couper toutes les communications ferroviaires de Madrid [2]. »

Cette dernière phrase de Martín-Blázquez montre que les gouvernementaux craignaient que les troupes d'Afrique ne continuent leur offensive vers Aranjuez et le Sud de Madrid pour profiter de la désorganisation momentanée des forces gouvernementales. L'attaque frontale de Madrid avec des troupes habituées à la Guerre de mouvement fut probablement une erreur. La tentative d'enveloppement de Madrid par le Sud aura lieu plus tard, mais trop tard, et elle a abouti à un échec. Jusqu'à la fin de la Guerre civile en 1939, Tolède est resté le poste avancé des Nationaux face à une Nouvelle Castille fidèle au gouvernement de Madrid. Quelques historiens ont prétendu que Franco avait volontairement ralenti les opérations militaires pour réaliser la conquête systématique du pays et éliminer tous les foyers de résistance. Nous ne pensons pas qu'au moment du siège de l'Alcazar, Franco ait pu faire un tel calcul alors que son pouvoir était loin d'être assuré. Luis Suarez Fernández considère cette idée peu vraisemblable [3].

Les défenseurs de l'Alcazar ont pu résister pendant 70 jours grâce à leur courage mais aussi parce qu'ils ont su profiter de chances exceptionnelles, récupération des munitions de la fabrique d'armes, présence des chevaux de l'Académie de Cavalerie, découverte de stocks de blé... Les Républicains, qui savaient que les insurgés étaient très nombreux et qui ignoraient l'existence de leurs stocks de vivres, croyaient à une capitulation rapide et ont laissé pourrir la situation pendant tout le mois d'août ; en septembre, malgré le pilonnage par l'artillerie, les assauts successifs ont tous échoué et ont montré la difficulté de prendre une forteresse tenue par des assiégés résolus à se défendre jusqu'à la mort. Des journalistes allemands ont déclaré : « Les militaires compétents d'Espagne et de l'étranger sont unanimes à affirmer que l'Alcazar de Tolède, en dépit du désespoir de ses défenseurs et de l'épaisseur de ses murailles, n'eût pas

1. Thomas, *op. cit.*, p. 400.
2. Martín-Blázquez, *Guerre civile totale*, Paris, 1938, p. 101.
3. Fernández Suárez Luis, *Franco, Crónica de un tiempo*, Madrid, 1999, p. 413.

résisté à mille soldats exercés »... Plus prudent, un autre estime que « 5 000 soldats disciplinés auraient suffi »[1]. C'est probable mais avec quelles pertes ?

La libération de l'Alcazar après un siège de 70 jours est incontestablement un événement majeur de la Guerre civile espagnole et a été considérée comme tel par les pro-franquistes pendant et après les hostilités. Ricardo de la Cierva estime que la défense et la libération de l'Alcazar constituent « l'épisode central » de la Guerre civile espagnole[2]. La résistance des assiégés provoqua l'admiration de l'opinion publique mondiale, en partie d'ailleurs à cause de la propagande républicaine, qui annonça à plusieurs reprises la réddition des insurgés. Les reportages sur le siège de l'Alcazar ont été innombrables. Après la Seconde Guerre mondiale, les souterrains de l'Alcazar sont devenus à la fois un lieu de mémoire pour les Franquistes et une attraction touristique : au début des années 1980, l'Alcazar accueillait plus de 300 000 visiteurs par an. Lors de son voyage au monastère de Guadalupe, le pape Jean-Paul II aurait demandé à survoler l'Alcazar de Tolède, dont on lui avait tant parlé dans sa jeunesse en Pologne.

Au moment du cinquantenaire du siège, en 1986, on pensa faire de l'Alcazar un musée de la culture et des fêtes populaires, ce qui souleva de violentes protestations et il fut alors décidé de transférer à l'Alcazar le musée de l'Armée installé jusqu'alors à Madrid. De grands travaux de rénovation ont été entrepris. Malheureusement, tout ce qui perpétuait le souvenir du siège a été supprimé ou marginalisé ; il ne reste que la crypte privée, réservée aux familles des défenseurs, et le bureau de Moscardó ; les émouvants souterrains ont été complètement réaménagés. Un nouveau bâtiment a été accolé à la façade Nord, ce qui dénature le site.

Le siège de l'Alcazar a donné lieu à d'étonnantes polémiques ; pour certains, il n'est qu'un « mythe de la cause nationaliste » que, pour des raisons politiques ou idéologiques, ils voudraient aujourd'hui effacer de l'histoire de la Guerre civile. Des faits prouvés par des documents d'archives et des témoignages indiscutables, sont parfois encore remis en question ; pourtant, tous les spécialistes de bonne foi sont aujourd'hui d'accord sur le faible nombre de cadets ayant participé au siège, sur la réalité du coup de téléphone entre le colonel Moscardó et son fils Luis, sur l'âge de ce dernier, sur la date et les circonstances de sa mort, sur les exécutions sommaires, sur la brutalité de l'Armée d'Afrique... Les controverses ne doivent pas occulter l'histoire du siège lui-même, un affrontement dans lequel les assiégés, hommes, femmes et même enfants, ont fait preuve d'une grande abnégation. Il est décevant de voir que le fanatisme politique engendre parfois la négation des valeurs de courage et de sacrifice. Vouloir occulter et dénaturer cet épisode de la Guerre civile est faire injure aux combattants des deux camps, qui sont morts courageusement dans cette lutte fratricide.

1. Général Duval, p. 105.
2. De La Cierva Ricardo, *Historia esencial*, chap. 18, p. 303.

DOCUMENT ANNEXE

Le siège de l'Alcazar de Tolède

par le Commandant D. Pedro Méndez de Parada

Traduction du manuscrit inédit d'un des défenseurs [1]

Le Mémoire dont nous donnons ici la traduction a été rédigé par D. Pedro Méndez de Parada après la fin du siège de l'Alcazar ; il ne s'agit donc pas d'un texte écrit au jour le jour comme le Diario du Colonel Moscardó, mais d'un recueil de souvenirs resté jusqu'à présent inédit. Grièvement blessé à la fin du siège, le Commandant Méndez a subi sept opérations au cours de vingt mois dans divers hôpitaux espagnol et allemand, ce qui explique cette rédaction tardive. Le manuscrit aurait été achevé en octobre 1939, le commandant Méndez ayant été promu entre-temps lieutenant-colonel.

Ce texte nous paraît présenter un grand intérêt. Le Commandant Méndez a en effet joué un rôle de premier plan pendant toute la durée du siège. Dans son récit, cet officier d'Artillerie met en lumière la place tenue par le groupe des 18 artilleurs dans la récupération des munitions de la Fabrique d'armes et dans les opérations menées au cours du siège. L'expérience du Commandant Méndez de Parada acquise dans les campagnes du Rif marocain et ses compétences techniques d'ingénieur ont amené le Colonel Moscardó à s'appuyer sur lui pour l'organisation de la défense.

Après la libération de l'Alcazar, le rôle des artilleurs pendant le siège a été souvent minimisé, parfois même occulté par suite des rivalités désuètes entre les différentes armes, Infanterie, Cavalerie, Artillerie, Garde Civile... Tolède était le siège de l'Académie militaire d'Infanterie et le Colonel Moscardó appartenait à l'Infanterie, comme d'ailleurs le Général Franco lui-même.

Le commandant Méndez de Parada insiste non seulement sur l'action de ses lieutenants d'Artillerie, mais aussi sur le courage de nombreux officiers appartenant à d'autres armes et sur celui de civils qui furent militarisés et ont eu souvent un comportement héroïque, notamment les phalangistes. Il n'oublie pas d'évoquer aussi le rôle joué par les gardes civils, disciplinés et efficaces, qui étaient les plus nombreux et constituaient l'ossature de la défense.

---

1. Traduction de Nicole et Alain Huetz de Lemps.

Ce récit a également le mérite de montrer les hésitations de nombreux officiers lors des premiers jours du soulèvement. Si la plupart se sont regroupés dans l'Alcazar autour du Colonel Moscardó, d'autres, comme les officiers de la Fabrique d'armes, sont en majorité restés fidèles au gouvernement républicain. Très vite, la coupure entre les deux camps a été définitive, toute négociation devenait impossible, les officiers retranchés dans l'Alcazar sachant qu'une éventuelle reddition serait suivie de leur condamnation à mort et de leur exécution.

Le récit du Commandant Mendez de Parada rappelle enfin l'abnégation de ces centaines de femmes qui supportèrent en silence pendant 70 jours des conditions de vie très pénibles, sans oublier celles qui ont vu mourir dans l'Alcazar un mari, un père ou un fils.

Photo 19 – Le Commandant Méndez de Parada (Lieutenant-colonel en 1939)

Les Lieutenants d'Artillerie, qui avaient fait leurs études dans l'ancienne Académie Générale Militaire, effectuaient ensuite un cours de neuf mois dans l'Atelier d'instruments de précision de l'Artillerie pour le perfectionnement de leurs connaissances techniques. Ce cours comportait deux périodes d'exercices pratiques de 15 jours chacune qui se déroulaient du 15 juillet au 15 août, respectivement à Oviedo-Trubia et au Ferrol, en Galice. Comme au cours de cette année 1936, la situation était très tendue et la zone Trubia-Gijón très dangereuse, on jugea qu'envoyer dans cette zone un groupe de jeunes officiers pouvait être risqué et on avait décidé que les exercices pratiques, qui devaient avoir lieu dans les fabriques d'Oviedo et de Trubia, se dérouleraient à Tolède ; les lieutenants furent divisés en deux groupes, l'un des deux, qui devait être commandé par le capitaine Goicoechea, allant à Tolède. Un fils du capitaine tomba gravement malade vers le 12 ou 14 juillet et on lui conseilla de l'emmener à la montagne ; dans ces conditions, aller à Tolède avec le groupe de lieutenants lui posait un véritable problème. Comme il avait su que j'étais seul à Madrid, car, fin juin, j'avais envoyé ma famille passer l'été en France, il m'a demandé de le remplacer pour commander le groupe de lieutenants, ce que j'acceptais, non par plaisir, car l'idée de m'ennuyer pendant quinze jours à Tolède ne me satisfaisait guère, mais parce que les raisons de sa requête étaient plus que justifiées. Le matin du 17 juillet, je quittais donc Madrid à la tête de 17 lieutenants pour aller séjourner à Tolède jusqu'à la fin du mois. C'est ainsi que j'ai eu la chance et l'honneur de participer à la défense de l'Alcazar de Tolède.

À l'arrivée à Tolède, après être passé à la Fabrique d'armes, nous nous sommes présentés au Gouverneur Militaire, le Colonel Moscardó, à l'École de Gymnastique. En nous recevant, le colonel nous a fait part d'incidents qui avaient eu lieu peu de temps auparavant entre des élèves de l'Académie et des vendeurs de journaux de gauche, ce qui expliquait que les esprits étaient un peu échauffés ; étant donné que les officiers qui venaient avec moi étaient des jeunes gens, il leur recommandait la prudence, mais il ajoutait que cette prudence ne devait en aucune façon aller au-delà de ce qu'exigeait le respect de l'uniforme et, au cas où de tels faits se produiraient, il serait inconditionnellement à nos côtés. J'avoue que ce langage m'a beaucoup plu, à mes lieutenants également et je crois qu'à partir de ce moment-là s'est établie une identité de vue entre notre groupe et le Colonel Moscardó.

Nous avons passé le reste de la matinée dans l'École de Gymnastique, nous baignant dans la piscine, et nous avons été très bien accueillis par les officiers de l'École avec lesquels nous avons sympathisé rapidement. L'après-midi, nous sommes allés travailler à la Fabrique d'armes. Mes Lieutenants furent logés dans divers hôtels de Tolède. Le lendemain matin 18, au moment de nous réunir pour aller à la Fabrique, certains lieutenants ont dit avoir entendu à la radio des rumeurs d'un soulèvement en Afrique, ce que nous confirmèrent les officiers de la Fabrique, mais personne ne savait rien de précis. À la sortie de la fabrique, j'essayais de prendre contact avec le Colonel Moscardó mais je n'ai pas pu le joindre et on me dit qu'on pensait qu'il était allé à Madrid. Comme c'était un samedi, on ne travaillait pas l'après-midi et après le déjeuner, j'ai écouté la radio avec les lieutenants qui étaient dans mon hôtel, commentant les rumeurs qui n'étaient pas encore confirmées. À la tombée de la nuit, j'appris que le Colonel Moscardó était revenu de Madrid et que d'assez nombreux Chefs et Officiers (*Jefes y Oficiales*) de la garnison de Tolède étaient réunis dans l'Alcazar[1]. J'en parlais aux lieutenants que j'avais avec moi et nous sommes montés à l'Alcazar pour établir le contact et échanger nos impressions. Là, je crois me souvenir que nous avons eu des nouvelles un peu plus précises sur le *Movimiento*, le soulèvement, et sans aucun doute, le désir unanime était de nous joindre à lui.

Au cours de la réunion, j'avançais que mes Lieutenants ne connaissaient pas Tolède et étaient disséminés dans plusieurs logements, qu'on notait une effervescence parmi les éléments de gauche, et qu'étant donné les consignes des communistes, que nous connaissions tous, de se rendre aux domiciles des Chefs et des Officiers pour les assassiner, nous devions, nous comme tous ceux qui ne vivaient pas en caserne, nous regrouper volontairement dans l'Alcazar ; de plus nous pourrions ainsi constituer un groupe qui pourrait intervenir là où ce serait nécessaire. La demande fut acceptée et cette nuit-là, je dormis dans l'Alcazar avec la quasi-totalité de mes officiers (il y en eut peut-être quelques-uns qui n'ont pas eu connaissance de la consigne) et avec de nombreux autres officiers que je ne connaissais pas encore mais avec lesquels je fraternisai rapidement pour leur excellent état d'esprit.

Cette même nuit du 18 juillet, vers 10 heures, la place de Zocodover était envahie de gens qui écoutaient, grâce à un haut-parleur, un discours de la Pasionaria qui annonçait le déclenchement du soulèvement et se défoulait avec le vocabulaire qui lui est particulier ; il y eut une tentative d'agression contre un poste de la Garde Civile, qui était situé *Cuesta del Alcázar*. Suivant les consignes qui avaient déjà été données, l'agression fut repoussée, avec l'aide de quelques officiers et phalangistes, causant quelques morts et blessés parmi les civils de gauche.

À partir de ce moment-là, Tolède resta comme déserte ; il en fut de même le lendemain dimanche et la messe ne fut pas célébrée dans la plupart des églises ; j'y ai assisté dans l'Alcazar où nous continuions à être encasernés, bien que nous sortions de temps en temps faire un tour en ville. Des chefs et officiers, en activité ou à la retraite, et des civils de Tolède, beaucoup avec leur famille, affluaient pour se réfugier dans l'Alcazar. Les chefs se réunissaient fréquemment pour échanger leurs impressions et nous avons adopté la même ligne de conduite, qui était l'adhésion complète au *Movimiento*. Mais nous avons cru prudent, étant

1. Rappelons que les *Jefes* sont les officiers à partir du grade de Commandant et les *Oficiales* sont les Capitaines, Lieutenants et Sous-lieutenants (*Alférez*) (note des traducteurs).

donné que le Gouverneur Civil se mettait de notre côté, de profiter au maximum de cette conjoncture favorable pour connaître par son intermédiaire tous les projets du Gouvernement.

À certaines de ces réunions, assistèrent des représentants de la Fabrique d'armes, qui se montrèrent aussi enthousiastes que nous, ceux de l'Alcazar. Ici, je dois dire que les chefs et officiers de la Fabrique n'inspiraient pas grande confiance au reste de la garnison de Tolède car lors de l'incident entre élèves et vendeurs de journaux, tous les officiers s'étaient rangés du côté des élèves, sauf ceux de la Fabrique, où seuls le firent le capitaine D. Agustin Planell et le lieutenant Ordax, ce qui compromit leur carrière car ils ne trouvèrent aucun appui de la part de leurs compagnons de la Fabrique. C'est pourquoi nous n'étions guère unis avec eux, ni moi ni mes lieutenants ; l'état d'esprit de ceux de l'Alcazar nous paraissait plus proche du nôtre et c'est avec ces derniers que nous avions le plus de contacts.

Le lundi 20, il ne se passa rien, sinon que Tolède était comme morte. Des gardes civils continuaient à arriver avec leurs familles à l'Alcazar, où ils se sont installés. De Madrid, il y eut de nombreux appels téléphoniques depuis le ministère de la Guerre, qui voulait qu'on leur envoie le million de cartouches qui se trouvait dans les magasins de la Fabrique d'armes. Nous nous sommes opposés à cette demande, prétextant le manque de moyens de transport, l'insécurité des routes, la difficulté des déplacements etc. ; ainsi, nous étions en train de gagner du temps afin que les cartouches ne sortent pas de la Fabrique. Le Lundi au petit matin, alors que je dormais encore à l'Alcazar, le Colonel Moscardó m'informa qu'on lui avait signalé que des socialistes venaient de Madrid avec une colonne de camions et il me demanda de descendre à la Fabrique d'armes pour récupérer des munitions et les transporter à un poste de la Garde Civile installé sur la route. Je me suis rendu à la Fabrique avec quelques-uns de mes Lieutenants, je chargeais un camion et je rejoignis ceux qui attendaient sur la route mais aucune colonne n'arriva.

Nous sommes restés à l'Alcazar sans qu'il n'y ait d'événement particulier à signaler, mais nous échangions constamment nos impressions et nous tracions des plans pour le moment où serait déclaré l'état de guerre ; nous comprenions tous que ce moment approchait rapidement, car les discussions que nous avions par téléphone avec Madrid, surtout au sujet des cartouches, ne pouvaient durer. L'après-midi, j'ai reçu à l'Alcazar un appel téléphonique du Colonel Soto, qui me demandait de descendre à la Fabrique pour une affaire urgente. Je demandais l'autorisation au Colonel Moscardó et je suis descendu à la Fabrique. Là, le Colonel Soto me dit que les ouvriers savaient que nous étions en train d'armer dans l'Alcazar des phalangistes et de peur que ceux-ci ne prennent d'assaut la Fabrique, les ouvriers allaient rester pour la défendre. Comme il ne trouvait pas de solution et que ses officiers (*Jefes y Oficiales*) ne l'aidaient pas à la trouver, il me demandait de l'aider à sortir de cette situation.

Je compris tout de suite que si tous les ouvriers (ils étaient, je crois, environ 1 500) restaient dans la Fabrique, de plus avec une attitude méfiante et à la limite de l'hostilité, il serait à peu près impossible de sortir le million de cartouches sur lequel nous comptions dans l'Alcazar pour la défense quand le moment serait venu. Je décidais donc de faire échouer le projet d'occupation de la Fabrique ; après que le Colonel m'ait informé que les décisions des ouvriers étaient prises par leur *Junta* (Assemblée) et qu'il comptait un armement de quelque 40 mousquetons, nous nous sommes mis d'accord sur le plan suivant : l'Assemblée des ouvriers se réunirait et je lui ferais savoir que si la Fabrique était attaquée, les Chefs et Officiers d'Artillerie qui étaient à Tolède avaient autant d'intérêt qu'eux à défendre la Fabrique, étant donné qu'elle était un établissement qui était sous la tutelle de leur Arme (l'Artillerie). Étant donné qu'on ne disposait d'armes que pour environ quarante et comme j'avais avec moi dix-sept Lieutenants, qui, avec les Chefs et Officiers de la Fabrique, arrivaient à un total d'environ vingt-cinq, il n'était pas possible d'accepter que nous accompagnent dans cette défense plus de quinze ou vingt ouvriers, c'est-à-dire de compléter le total correspondant à l'armement dont nous disposions.

Le Colonel Soto me dit que l'idée ne lui paraissait pas mauvaise, en outre, il n'avait pas d'autre solution à proposer ; je lui dis donc de prévenir l'Assemblée des ouvriers, ce qu'il fit : 10 ou 12 ouvriers de la *Junta* se réunirent dans le bureau avec le Colonel Soto et moi-même. Le Colonel leur dit que j'étais un chef de grand prestige etc. etc. etc. Dans mon exposé, qu'il ne convient pas de détailler ici, j'ai eu assez de chance, car mélangeant l'énergie et la persuasion, j'obtins qu'ils acceptent ma proposition, leur disant alors « et bien maintenant on va voir si votre autorité est reconnue ou non ».

À la sortie de la réunion, je rencontrais les autres Chefs et Officiers de la Fabrique, je leur racontais tout ce qui s'était passé, ma solution paraissant bonne à certains, mauvaise à d'autres, mais comme c'était le moment d'agir et que ceux qui critiquaient n'apportaient aucune autre solution, la discussion s'arrêta là, d'autant plus que l'heure de sortie des ouvriers était très proche et que nous allions voir rapidement le résultat, qui confirmerait si l'idée était bonne ou non. Je dois avouer que je n'étais pas très sûr du succès, car il me paraissait difficile que les ouvriers se laissent convaincre ; aussi, le moment où la cloche sonna la fin du travail suscita chez moi une énorme angoisse mais quand je vis que les ouvriers abandonnaient la Fabrique et que seuls restaient avec nous environ 40 ou 50 ouvriers (au lieu des 15 ou 20 prévus) pour alterner les tours de garde, je fus soulagé ; je compris tout de suite qu'avec les chefs et officiers qui s'y trouvaient et avec mes dix-sept lieutenants, nous étions en nombre plus que suffisant pour empêcher toute résistance qui pourrait se présenter et en conséquence, le million de cartouches était déjà entre nos mains. L'heureux aboutissement de cet épisode fut fondamental pour la défense de l'Alcazar et j'en revendique la réussite. Après la libération, j'ai su qu'en rendant compte de sa conduite, le Comité ouvrier avait dit qu'évidemment son intention était d'occuper la Fabrique mais qu'un Commandant, qui était venu depuis peu de Madrid, avait fait échouer ses plans.

Cette affaire ayant été résolue, je dis au Colonel Soto que je montais à l'Alcazar pour faire part de tout ce qui s'était passé au Colonel Moscardó et que je descendrai avec mes Lieutenants passer la nuit à la Fabrique, comme il avait été convenu. C'est ce que j'ai fait. Le Colonel Moscardó approuva tout ce qui avait été décidé et en lui faisant le récit de ce qui était arrivé, je lui dis que cela me paraissait un miracle qu'il serait très difficile de renouveler et que nous devions donc transférer les cartouches à l'Alcazar le plus tôt possible. Il me dit que demain à l'aube, il proclamerait l'état de guerre car on lui avait ordonné de remettre les armes de l'Académie aux milices socialistes de Tolède, ce qu'il ne ferait en aucun cas. Je lui répondis que, lorsqu'il déclarera l'état de guerre, il faudra réquisitionner des camions et les envoyer à la Fabrique et que je me chargerai de transférer les munitions à l'Alcazar. Il me demanda la plus grande discrétion.

J'ai quitté l'Alcazar avec mes Lieutenants pour la Fabrique, où nous avons fait une distribution des postes avec les ouvriers et nous sommes restés pour commenter les événements et écouter les nouvelles diffusées par la radio qui rendaient compte avec de plus en plus de précisions des lignes générales du *Movimiento*, auquel notre adhésion était de plus en plus totale. Cette nuit, il y eut également plusieurs appels du Ministère à la Fabrique au sujet des cartouches, car voyant qu'ils n'obtenaient rien du Colonel Moscardó, ils voulaient voir si directement par la Fabrique, ils auraient de meilleurs résultats, naturellement ils ont échoué. Après avoir laissé les lieutenants répartis à leurs postes, j'étais certain que, cette nuit-là, il ne se passerait rien et je me couchais tranquillement.

Le jour suivant, très tôt, on m'a réveillé pour m'annoncer que le Colonel Moscardó avait déclaré l'état de guerre et que je devais me lever ; je répondis que je le savais déjà mais que je n'en avais parlé à personne parce qu'on me l'avait ordonné. En me levant, la première chose que j'ai constaté, c'est que les ouvriers qui étaient restés, en apprenant la déclaration de l'état de guerre, avaient quitté la fabrique sans faire la moindre résistance, comme je l'avais espéré. Nous sommes restés seuls, avec les Chefs et Officiers de la fabrique et avec un détachement d'Infanterie d'un des Régiments de garnison de Madrid sous les ordres d'un officier : celui qui commandait le détachement offrait très peu de garanties car ce lieutenant avait la réputation d'être nettement à gauche ; pour cette raison, on ne compta jamais sur lui et je crois même me rappeler que ces jours-là, le Colonel Moscardó envoya à la Fabrique un détachement de la Garde Civile qui s'était concentrée dans l'Alcazar pour qu'il puisse servir de « contrepoids » (si c'était nécessaire) et tous, mes lieutenants comme les Chefs et Officiers de la Fabrique, étaient très enthousiastes et l'entente entre eux était absolue. Je leur dis que j'attendais l'arrivée des camions que j'avais demandé au Colonel Moscardó pour monter à l'Alcazar le million de cartouches ; ils m'accordèrent leur aide sans aucune réticence.

Peu de temps après, un avion rouge commença à survoler Tolède et la Fabrique : il nous lança des tracts, nous recommandant d'être « *buenos* » (raisonnables) ; il fut reçu à coups de fusil par mes Lieutenants qui conservaient l'arme qu'ils avaient pendant leur service durant la nuit. Cette réaction parut déplacée à certains membres de la Fabrique et le Colonel donna l'ordre que l'on ne tire plus ; j'essayais de leur faire comprendre que cette attitude était logique étant donné les circonstances, car ils devaient se rendre compte de ce que signifiait la déclaration de l'état de guerre. L'avion s'éloigna, nos discussions continuèrent mais déjà l'enthousiasme de quelques Chefs et Officiers de la fabrique avait quelque peu faibli. Peu après, les camions commencèrent à arriver ; les Lieutenants et moi, avec quelques Chefs de la Fabrique, nous nous sommes mis à les charger et à les envoyer à l'Alcazar. J'allais et venais du magasin où se trouvaient les cartouches au groupe des Chefs et Officiers de la Fabrique qui étaient assis dans le jardin.

Au cours d'une de ces allées et venues, j'ai aperçu un sous-officier (*cabo*) d'infanterie casqué (ceux du détachement portaient un *gorro*, un callot) dans une attitude insolite ; il était en train de parler, entouré de soldats du détachement ; je me suis approché pour voir ce qui se passait et j'ai appris qu'il s'agissait d'un caporal du même régiment que les soldats du détachement (c'est pourquoi, il les connaissait presque tous) et qu'il venait comme parlementaire des colonnes que le gouvernement rouge envoyait contre Tolède. L'effet démoralisateur qu'il exerça sur le détachement fut énorme et je dis au Colonel Soto qu'il fallait arrêter cela immédiatement. Au lieu de m'écouter, il appela le groupe de Chefs et Officiers de la Fabrique qui était là et auquel s'était joint le personnel du détachement. Alors tout le monde commença à l'interroger et il dit en résumé que le chef de la colonne l'avait envoyé comme parlementaire pour que nous nous rendions, si nous ne voulions pas subir le sort de ceux de la caserne de *la Montaña*, qui avaient tous été assassinés par les milices ; que la colonne était très nombreuse (plus de 10 000, dit-il) ; qu'ils avaient de nombreux canons et avions ; que Madrid était complètement contrôlée, et toutes sortes de nouvelles qui pouvaient contribuer à nous démoraliser. Le caporal était intelligent et sans aucun doute, maintenant que nous connaissons la réalité et combien étaient modestes les éléments matériels avec lesquels commença le *Movimiento*, j'ai compris que non seulement il ne nous trompait pas, mais qu'il restait en dessous de la réalité. Tout ceci était extrêmement démoralisant, ce qui se voyait non seulement sur le visage de la troupe mais aussi sur celui de beaucoup de Chefs et Officiers de la Fabrique. J'insistais à plusieurs reprises auprès du Colonel pour qu'il arrête tout cela énergiquement mais, ces derniers jours il avait perdu beaucoup de son autorité et en vérité, il ne prenait plus aucune décision.

Je proposais d'abord une nouvelle réunion de la *Junta* uniquement des Chefs mais mes Lieutenants voulurent y assister, ce qui était logique. Nous nous sommes tous réunis dans le bureau du Colonel, de nombreuses opinions se sont exprimées mais nous n'en avons rien tiré de concret. Étant donné que le chargement et le transport des cartouches, nous incombaient, à moi et à mes Lieutenants, nous sommes revenus pour accomplir cette tâche ; les autres s'étaient réunis dans le jardin, où je les retrouvais lorsque le dernier camion a été chargé. Devant le groupe, j'ai dit que le moment de prendre une décision était venu. Ils m'ont répondu qu'il n'était pas possible de défendre la Fabrique si elle était attaquée par l'artillerie et l'aviation et que de toute façon, à cause de son grand périmètre, nous étions en nombre nettement insuffisant pour la défendre. Comme tout cela était vrai, je leur ai dit que dans ces conditions la seule solution qui restait était de réunir tout ce qui était utile et transportable, de rendre la Fabrique inutilisable et de monter tous pour rejoindre les unités qui étaient dans l'Alcazar.

Le Colonel Soto refusa catégoriquement d'accepter ma proposition et tous les Chefs et Officiers de la Fabrique se mirent de son côté. J'essayais de les convaincre de la contradiction qu'impliquait le fait de ne pas avoir voulu livrer aux rouges le million de cartouches et en échange de ne pas trouver d'inconvénient à leur livrer la Fabrique avec laquelle ils pourraient en fabriquer autant qu'ils voudraient. Mes raisonnements furent vains et comme le temps pressait, car il y avait déjà des avions rouges audessus de Tolède, peut-être avec des bombes, j'arrêtais là la discussion en disant : « moi, je monte à l'Alcazar avec celui qui voudra me suivre », je m'installais dans la voiture que le Colonel Moscardó nous avait envoyée dans ce but et tous mes Lieutenants (sauf deux, dont je parlerai plus loin) m'ont suivi. Restèrent à la Fabrique tous ses Chefs et Officiers.

À l'arrivée à l'Alcazar, le bombardement de l'aviation avait déjà commencé ; nous n'avons pas pu faire rentrer le dernier camion de munitions parce qu'il explosa sous l'effet d'une bombe à la Porte de l'Alcazar. En revenant à l'Alcazar, je notais qu'il y avait beaucoup plus de gens que la veille, quand j'étais descendu à la Fabrique et la foule présentait un aspect des plus hétéroclite avec les femmes, les enfants, les civils, les bagages, en un mot c'était une terrible pagaille. Le bombardement fit un mort et quelques blessés. Je cherchais le Colonel Moscardó, je lui fis part de l'arrivée des munitions et de ce qui s'était passé à la Fabrique, ce qui ne parut pas le surprendre. En faisant le recensement de mes Lieutenants, je notais l'absence de Gómez Zarranz et López Montenegro, bien que, dans la confusion qui régnait dans l'Alcazar et notre méconnaissance des lieux, nous ne savions pas de façon certaine s'ils n'étaient pas dans quelque autre partie de l'Alcazar, qui me paraissait immense et dont je n'arrivais pas à me faire une idée précise.

Les Chefs se sont réunis avec le Colonel Moscardó, qui nous communiqua qu'on lui avait intimé l'ordre de se rendre, à quoi nous avons tous répondu que la décision avait déjà été prise et qu'il était inutile de parler encore de cette affaire. Je passais la journée à découvrir l'Alcazar. Je me rappelle qu'il nous fut servi à manger mais nous avons laissé la majeure partie du repas, car nous étions encore « très difficiles » et dans la salle à manger une bonne partie des plats était restée intacte (ensuite, à mesure que le temps passait, nous allions les manger avec un grand appétit).

Quelques heures après notre retour à l'Alcazar, est arrivé un de mes Lieutenants, Gómez Zarranz. Il nous a dit que, par distraction, il était resté à la Fabrique et qu'il ne s'était pas aperçu de notre départ pour l'Alcazar ; il s'était rendu compte que dans la Fabrique, il n'y avait aucun esprit de solidarité ; il était parti et avait pu atteindre l'Alcazar après une véritable odyssée. Dans la soirée, arrivèrent également les Lieutenants Ros et Dorda, qui faisaient partie des officiers de la Fabrique ; ils me déclarèrent qu'il y régnait un grand désordre et, bien qu'en communion de pensée avec nous, aucun ne se risquait à agir. C'est pour cette raison qu'ils avaient décidé de venir avec nous. Un commandant et le capitaine trésorier étaient partis avec eux mais à mi-chemin, ils étaient retournés à la Fabrique. Ils m'ont dit aussi que personne n'était arrivé du côté des rouges et qu'ils croyaient que si l'un d'entre nous y descendait, il était presque certain qu'ils nous rejoindraient tous.

Je racontais tout cela au Colonel Moscardó et j'ajoutais que je m'engageais à recruter un certain nombre de volontaires pour descendre avec eux à la Fabrique, voir si les Lieutenants Ros et Dorda ne s'étaient pas trompés sur l'ambiance qui régnait là-bas et les amener tous à l'Alcazar. Le Colonel me dit alors qu'on verrait. En attendant, je cherchai des volontaires et j'ai pu réunir 20 ou 25 phalangistes et gardes civils, qui, de plus, connaissaient la ville de Tolède (ce qui n'était pas mon cas, parce que, comme je l'ai dit précédemment, je venais juste d'arriver et les circonstances ne se prêtaient pas à visiter la ville). Ils s'engageaient à nous conduire à la Fabrique avec le maximum de sécurité. J'insistai de nouveau auprès du Colonel Moscardó sur mon désir de descendre à la Fabrique et je lui dis que j'avais déjà à ma disposition les volontaires nécessaires et, de nouveau, il me répondit de façon évasive ; ainsi en peu de temps, je suis revenu plusieurs fois à la charge, quitte à ce qu'il se fâche avec moi. Il agissait ainsi parce qu'il était très contrarié de l'attitude tellement équivoque de mes compagnons de la Fabrique, pourtant j'étais certain qu'ils étaient tous dans le même état d'esprit que nous, comme le prouvait leur attitude lorsqu'ils m'avaient laissé monter à l'Alcazar le million de cartouches ; si, au moment critique, ils avaient manqué d'esprit de décision, il était très probable, étant donné les informations apportées par Ros et Dorda, que, si nous descendions, ils s'uniraient à nous et monteraient à l'Alcazar.

J'ai tellement insisté que le Colonel Moscardó finit par me répondre : « Je ne voulais pas vous le dire parce que ceux de la Fabrique sont vos compagnons d'Arme et que cela va vous attrister, mais je vous informe que le Général Riquelme (chef de la colonne rouge) m'a dit, en m'intimant l'ordre de me rendre (je dois préciser que Riquelme appela à plusieurs reprises le Colonel Moscardó pour le sommer d'abandonner notre attitude de rébellion), que la Fabrique s'est rendue à la seule condition que ce soit aux forces armées et non aux miliciens et comme on sait que ces individus (*estos tíos*) ne disposaient pas d'une seule compagnie mais étaient en train de la former ; c'est la raison pour laquelle personne n'était encore allé prendre en charge la Fabrique mais, étant donné la décision qu'ils ont prise, il est possible que si vous descendez, ce soit eux, les officiers de la fabrique, qui vous accueillent à coups de fusil. Ainsi vous comprendrez que je ne pouvais autoriser cette expédition ». Naturellement, ces raisons ne pouvaient être contestées et je dis aux volontaires que ce qui était projeté était abandonné ; cet épisode est resté pour moi un souvenir douloureux.

Ce jour-là, j'ai appris que nous tenions un poste dans *l'Hospital de Afuera* (*Tavera*), un autre aux Téléphones et quelque autre détachement dans la ville et, bien qu'il y ait des tirs à Tolède, les gens de l'Alcazar pouvaient encore entrer et sortir. Depuis l'Alcazar, on voyait la colonne rouge, qui était sur les hauteurs du cimetière et la partie de la route de Madrid visible de là ; elle avait l'aspect d'un groupe de déguenillés, bien que sans aucun doute, on pouvait estimer qu'ils étaient nombreux. Je crois que ce jour-là, il n'y eut que des bombardements aériens. Il me semble que c'est le jour suivant qu'ils commencèrent à canonner mais avec des 75 et 105, qui faisaient très peu de dégâts. Les tirs au fusil et au pistolet depuis les terrasses de Tolède vers l'Alcazar débutèrent également.

Dans la matinée, le lieutenant López Montenegro est arrivé à l'Alcazar. Il était resté lui aussi involontairement à la Fabrique et toute la journée précédente, il avait constaté le manque de conviction et l'indécision qui y régnaient et comme les rouges avaient commencé à y entrer, il était venu à l'Alcazar. Aucun de nous n'a compris comment il avait pu y arriver, surtout depuis la Fabrique, car l'accès à l'Alcazar était devenu très difficile et, logiquement, il aurait pu être tué à vingt reprises sur le chemin, mais Dieu le réservait pour une action et une mort glorieuse parmi nous. Le soir, le détachement du Commandant Villalba, qui défendait l'hôpital de Tavera, est arrivé à l'Alcazar ; il ne pouvait plus résister aux nombreuses forces rouges qui l'attaquaient. Les miliciens les poursuivaient et depuis l'Alcazar, nous leur avons causé pas mal de pertes ; l'un d'eux, un pistolet au poing, accompagné d'un petit chien, s'est approché jusqu'à la pente qui conduit à l'esplanade du Nord et là, en face de la fenêtre qui fut une chambre d'officiers, il fut tué ainsi que le chien ; nous les avons vu se décomposer et empester jusqu'à ce que l'effondrement du *torreón* provoqué par les tirs d'artillerie ne les recouvrent de gravas, alors qu'ils n'étaient plus que deux taches sombres.

De même, les détachements des Télégraphes et autres qui se trouvaient dans Tolède sont revenus à l'Alcazar, mais je crois me rappeler qu'il y en a eu quelques-uns qui ne sont pas rentrés, je ne sais pas si ce fut volontairement ou involontairement. Nous sommes alors restés confinés dans l'enceinte de l'Alcazar et son annexe du Gouvernement Militaire, d'où nous ne sortirons plus jusqu'au 27 septembre. À vrai dire, personne ne l'envisageait et les plus pessimistes pensaient que cette situation durerait quatre ou cinq jours ; on ne pouvait concevoir autre chose car, bien que nous ayons récupéré quelques provisions à Tolède, et étant donné qu'entre les femmes, les enfants, les hommes, nous étions plus de 1 500 personnes et que les magasins de l'Alcazar étaient presque vides (parce que c'était l'époque des vacances des élèves), les vivres dont nous disposions ne nous permettaient pas de tenir très longtemps, même en réduisant la ration au minimum. En outre, l'immense majorité n'avait même pas idée que les chevaux et mules étaient comestibles (pour avoir vécu de longues périodes à l'étranger, principalement en France, j'avais mangé fréquemment de cette viande, que je trouvais aussi savoureuse que celle de vache). Ainsi, nous pensions tous que le siège durerait peu de temps mais que, par contre, ce serait très difficile.

Pendant ces longues journées du siège, la vérité est que je ne me rappelle pas toujours avec exactitude la succession chronologique des événements et, pour cette raison, je relaterai seulement des épisodes et anecdotes, sans pouvoir préciser la date à laquelle ils se sont produits, sauf pour des faits de grande importance.

Je me souviens que, pendant les premiers jours, quand nous étions encore des princes dans l'Alcazar (j'avais un vrai lit dans une compagnie), je crois que les tirs de 155 n'avaient pas encore commencé ou étaient très espacés et avaient fait encore peu de dégâts, nous disposions de tous les bâtiments, de sorte qu'il n'y avait pas de grande concentration de gens. Le Commandant Médecin D. Manuel Pelayo vint trouver le Colonel Moscardó et lui exposa qu'étant donné les conditions de vie et le manque d'hygiène (pourtant, nous ne nous étions pas encore faits à l'idée de passer l'été à l'Alcazar et nous avions encore une certaine liberté pour nous laver un peu), le développement d'une épidémie était inévitable et aurait de très graves conséquences. Le Colonel Moscardó réunit la junte des Chefs et, bien que nous sachions que le Docteur avait raison, nous avons décidé que, tout en tenant compte du péril, nous n'avions pas d'autre solution que de l'affronter. En constatant les conditions de vie et d'hygiène que nous avons dû ensuite supporter, sans que l'épidémie redoutée ne se présente, je n'ai pas pensé que les craintes du Docteur pendant les premiers jours aient été injustifiées ou exagérées, mais comme pour tout ce qui s'est passé au cours du siège, que nous nous sommes trouvés en tout moment entre les mains de notre Sainte Vierge *Nuestra Señora del Alcázar*.

Pendant les premiers jours du siège, on organisa la répartition des services ; aussi bien pendant les bombardements aériens que sous les tirs d'artillerie ou de mortier commencèrent à émerger les personnes et les groupes qui allaient se distinguer parce que Dieu le voulait ainsi. En premier lieu, celui que nous pourrions appeler l'âme de la défense, sans que ce soit par vain orgueil sinon comme reflet fidèle de la réalité, ce fut moi, Commandant d'Artillerie Méndez de Parada, avec Ricardo Villalba, Villaescusa, Vela et Osorio. Je crois que nous pouvons présenter le tableau d'honneur suivant et cela avec fierté :

– Capitán de Guardia Civil Miguel Osorio Rivas, mort dans la défense de l'Alcazar.

– Jefe de la Falange Pedro Villaescusa, mort dans la défense de l'Alcazar.

– Capitán de Caballería Emilio Vela Hidalgo, deux fois blessé dans la défense de l'Alcazar, mort ensuite au sommet de Garabitas (front de Madrid).

– Comandante de Infantería Ricardo Villalba Rubio, quatre fois blessé dans la défense de l'Alcazar.

– Comandante de Artillería Pedro Méndez de Parada, cinq fois blessé dans la défense de l'Alcazar.

De même, se sont spécialement distingués Agulla, Alba, Puertas, Moreno Garrido, Emilio Alamán, à peu près tous les 17 Lieutenants qui formaient le groupe d'élite venu avec moi de Madrid, les jeunes gens de l'École de Gymnastique et de nombreux Gardes Civils. Parmi les civils, notre incomparable *Falange* avec son chef déjà cité. Je crois juste de dire qu'en plus de la phalange, ont contribué à la défense de l'Alcazar des groupes de *Acción Popular*, *Renovación Española*, *Tradicionalistas* et des indépendants. Dans l'Alcazar, ils se mélangeaient fréquemment aux Phalangistes pour partager les missions périlleuses et ils gagnèrent notre affection par leur comportement exemplaire, aussi bien Conde, Iraola et Zacarias (phalangistes), que Pita, Cirujano et Rivera (*Acción Popular*), Aguirre et Basarán (*Renovación Española*), Miedes (*Tradicionalista*), Ezequiel Serrano et Romana (*Indepedientes*). Ceux qui formaient ces groupes étaient tous vaillants ; tous durs à la fatigue, tous conservaient un grand sang-froid et un état d'esprit enjoué, même dans les pires moments ; tous étaient courageux, se disputant les places quand il s'agissait d'affronter le danger. Je crois que personne n'a encore reconnu suffisamment le comportement exceptionnel de la phalange dans l'Alcazar. Comme groupe de combattants, ils furent sans aucun doute les meilleurs.

Je me souviens que, les premiers jours, quand nous avions encore le téléphone, le Colonel Moscardó nous avait réunis, les Chefs, et nous avait dit qu'il avait parlé au Ministre Barnés, qui lui avait adressé des paroles très aimables (une fois, j'avais entendu Barnés et je me souviens qu'il avait un timbre de voix très persuasif et ses gestes suaves et sa barbe patriarcale incitaient à lui faire confiance). Il nous invitait à changer d'attitude, il dit que ce que nous faisions était un enfantillage, sympathique même (textuel), pour lequel le Gouvernement de la République aurait le maximum d'indulgence ». Le Colonel Moscardó nous avait réuni pour nous communiquer cet appel et après son exposé, il se produisit un silence impressionnant. Je vis que la situation était chancelante car beaucoup ne s'étaient pas encore rendu compte de ce qui se passait réellement. Je dis à Villalba « Allons chercher du monde » et nous avons intégré à la Junte Vela, Badenas (un officier qui, par malheur, fut tué peu de temps après mais qui me semblait magnifique), Osorio, Agulla, Rios et peut-être quelqu'un d'autre, mais je les tenais tous pour « *gente de bronce* », inflexibles. Il y eut quelques allusions voilées au fait qu'il s'agissait d'une « *Junta de Jefes* » et qu'il y avait des participants qui ne faisaient pas partie des chefs mais on n'en tint pas compte. Je dis que, puisque ce dont il s'agissait ici, c'était du sort de l'Alcazar, nous étions tous concernés et que personne n'était de trop ; en outre, notre attitude avait été décidée une fois pour toutes et que par conséquent, il n'y avait pas à revenir sur la question. Il y eut de nouveau le silence, nous nous sommes regardés ; on vit clairement qu'il y avait des gens décidés à n'accepter aucune négociation, quoi qu'il arrive, et le Colonel Moscardó leva la séance. On ne reparla plus de propositions de reddition, car vint ensuite la conversation téléphonique du Colonel Moscardó avec son fils et, de plus, les bombardements de l'aviation et de l'artillerie, qui étaient de plus en plus importants, nous coupèrent le téléphone, heureusement !

Voici ce qui s'est passé lors de la conversation du Colonel Moscardó avec son fils : le Colonel était dans son bureau avec Silvano Cirujano père quand elle eut lieu et celui-ci sortit du bureau en criant : « Ils ont menacé notre Colonel de fusiller son fils s'il ne rendait pas l'Alcazar et il a refusé la proposition ! Vive notre Colonel ! » Je l'entendis, car j'étais justement dans le patio et je vis aussi sortir rapidement dans la cour le Colonel Moscardó avec la mine défaite d'un homme qui vient de souffrir le martyre pour ce qui vient de se passer. Tous ceux qui étaient là se précipitèrent vers lui en l'applaudissant, espérant atténuer un peu par notre ferveur la terrible douleur qu'il devait ressentir ; ensuite, nous voulions tous parler, l'étourdir, chacun essayant le mieux qu'il pouvait de lui enlever un peu de cette tristesse qui nous étreignait tous. Les jours suivants, en plusieurs occasions, le voyant taciturne, j'imaginais les pensées qui le tourmentaient, je m'approchais et je lui dis : « Je ne crois pas qu'ils aient mis à exécution leur crime, car s'ils l'avaient fait, étant donné que ce sont des canailles de la pire espèce, ils n'auraient pas tardé à s'en vanter » et d'autres arguments de cette teneur. Je crois que, parfois, je réussissais à lui procurer un peu de calme dans sa douleur, ce qui était mon désir le plus ardent.

Je me rappelle qu'un des premiers jours, un tir d'artillerie détruisit la porte principale ; on vit ce jour-là des tanks et blindés, ce qui provoqua parmi nous une très grande anxiété. Alors le Colonel Moscardó m'appela et me dit qu'il me confiait la défense de la porte ; j'y plaçais une paire de canons de 75, qui était jusqu'alors dans le patio de l'Académie et dont nous n'avions pas un seul projectile, mais, de *Pinedo* et de *Santa Cruz*, les rouges les voyaient très bien et je supposais que leur présence suffirait pour ôter aux tanks l'envie de monter. De même, j'installais quelques-uns de mes lieutenants aux fenêtres du *Museo Romero Ortiz* avec des grenades et des paquets de *trilite* (dynamite) pour attaquer les tanks s'ils montaient par la *Cuesta del Alcázar*. J'installai également sur l'esplanade du *Picadero*, au cas où les tanks essayeraient de passer par *la puerta de Hierro*, le seul canon utilisable que nous avions, un canon de montagne de 70, mais pour lequel nous disposions de seulement 19 projectiles d'instruction.

J'inventai en outre une défense mobile qui consistait en un paquet de *trilite* de 10 à 12 kg avec ses câbles et son détonateur. L'engin était porté par un défenseur qui devait s'approcher du tank et placer la charge sur son chemin en déroulant le câble qui le reliait au détonateur qui était actionné par un second défenseur. L'équipe de deux défenseurs devait être toujours disponible pour accourir là où surviendrait le danger, en alternant chaque jour dans la prise en charge du paquet ou du détonateur. Pour exécuter cette opération extrêmement risquée, de nombreux volontaires se présentèrent et je choisis les Lieutenants d'artillerie D. Eduardo Rios Sasiain et D. Juan López Montenegro, qui avaient déjà fait preuve d'une exceptionnelle bravoure, d'une grande sérénité devant le danger et était d'une forte constitution physique. Je les jugeais les mieux adaptés à une telle mission. Ils ont accompli leur tâche de façon exemplaire et dans l'Alcazar, on les appelait les « fiancés de la mort » ; ils justifièrent bien ce titre puisque López Montenegro mourut héroïquement dans l'accomplissement de cette noble mission, comme je le raconterai plus loin, et Rios, après avoir été blessé quatre fois au cours du siège de l'Alcazar, trouva une mort glorieuse dans la défense de Teruel. Nous qui les avons fréquentés dans l'Alcazar, nous ne les oublierons jamais.

En plus de ces précautions, j'installai mon poste dans le patio, dans la galerie Nord entre le vestibule et la salle des drapeaux et comme il s'agissait d'un site exposé, j'ai choisi moi-même ceux qui resteraient avec moi. Les tanks et blindés ne s'engagèrent pas à fond contre l'Alcazar et se limitèrent à s'approcher à plusieurs reprises du côté de *la cuesta* et vers le Gouvernement Militaire et à tirer à la mitrailleuse, ce qui ne nous perturba guère, car tous leurs tirs étaient réglés trop haut.

Finalement apparut le 155 : cela devenait plus sérieux. Un des premiers obus pénétra par la fenêtre de la salle à manger des officiers, où je me trouvais ainsi que de nombreux gardes civils, il explosa et je ne peux encore m'expliquer comment il n'y eut pas une véritable hécatombe mais seulement quelque blessé léger. Le bombardement par le 155 était dangereux, le Colonel Moscardó me consulta et je lui dis qu'à mon avis, les obus de 155 étaient capables de détruire l'Alcazar mais, pour cela, il faudrait une telle quantité de projectiles que, moi qui connaissais l'état de nos Parcs, je ne croyais pas que les rouges puissent en disposer. C'est ce qui arriva : après quelques jours de canonnade, pendant lesquels furent tirés 300 ou 400 obus, les tirs de 155 cessèrent et le canon fut retiré, à la grande satisfaction de tous, car les effets commençaient à se faire sentir sérieusement.

Dans mes conversations avec le Colonel Moscardó, je lui disais que je ne croyais pas que ce type de bombardement recommencerait, étant donné que ces projectiles se fabriquaient à Trubia (que nous pensions contrôlée par le Général Aranda) et qu'implanter la fabrication en un autre lieu exigerait un temps plus que suffisant pour que nos colonnes arrivent et, par conséquent, on pouvait écarter ce péril. L'arrêt des tirs de 155 provoqua pour tous un énorme soupir de soulagement et comme nous ne donnions pas d'importance aux tirs de 75 et de 105, et qu'en outre le problème des repas était résolu, nous avons eu quelques jours de tranquillité et quand les avions ne venaient pas nous bombarder, les enfants montaient jouer dans le patio et les femmes s'y promenaient. Je tiens à préciser que, malgré la présence de très jolies femmes et d'hommes jeunes, il n'y eut à aucun moment, ni de près ni de loin, ce qui aurait pu être considéré comme une amourette, ni la moindre coquetterie ; par contre, dès le premier instant, il a existé un sentiment de fraternité, qui ne fut jamais démenti au cours du siège et dont, pour ma part, j'ai gardé un souvenir très vif. Une séance de cirque fut organisée et le Maître de musique écrivit un hymne que tous, ou presque tous nous avons appris et que nous chantions fréquemment ; de même, nous chantions souvent le *Cara al Sol*, que j'ai appris à l'Alcazar. Ce calme pesait à beaucoup d'entre nous et nous n'étions pas contents de nous, car nous nous reprochions dans notre for intérieur et dans les confidences que nous nous faisions, d'avoir une situation plutôt privilégiée, étant donné que le danger que nous courions était plutôt faible, pendant que nos compagnons qui venaient du Sud combattaient. Nous envisagions de faire des sorties à la rencontre des colonnes qui avançaient et, si je ne me trompe, nous avions constitué une organisation qui projetait de former deux bataillons constitués de combattants, plus une réserve qui serait restée dans l'Alcazar avec les femmes et les enfants.

Mais tout cela fut de courte durée, car dans l'hypothèse que j'avais faite que les bombardements de 155 s'arrêteraient par manque de munitions, je n'avais pas prévu « l'invitée à la fête », c'est-à-dire l'aide étrangère. En effet, après ces quelques jours de répit, deux canons de 155 sont apparus à environ 3 000 mètres de la Façade Nord et évidemment, sans aucun doute la terrible menace, comme je l'ai déjà dit, de destruction à terme de l'Alcazar, revenait à l'ordre du jour. Ce fut une douche froide pour ceux qui avaient été prématurément optimistes et nous avons tous été ramenés à la dure réalité, que nous avions un peu oubliée. Dès l'entrée en action des 155 et leurs premiers tirs, je vis que les munitions étaient étrangères, car elles étaient constituées de fonte d'acier qui se fragmentait beaucoup, en morceaux presque microscopiques (c'est ce qui m'a sauvé la vie, comme je le dirai par la suite), tandis que les munitions espagnoles de la première série se fragmentaient peu. Nous avions tous compris rapidement que la phrase pleine d'espoir « Ils ont épuisé leurs munitions » n'avait plus sa raison d'être et, bien que nous la prononcions souvent, c'était sur un ton de plaisanterie, les jours où nous recevions plus de 300 obus de 155, ce qui n'était pas rien.

Comme la chose devenait sérieuse, je pensais rapidement à un moyen de défense ; j'organisais, avec l'autorisation du Colonel Moscardó, un service de sécurité avec mes Lieutenants d'artillerie et l'élève Valencia, également artilleur, qui se trouvait avec nous. Son mécanisme était le suivant : les rouges, quand ils ne pensaient pas faire feu, couvraient leurs canons de feuillage, sans doute pour les dissimuler à notre aviation, bien que à ce moment-là, elle n'était pas encore au-dessus de Tolède. De plus, ils utilisaient pour tirer une charge d'explosif réduite, ce qui était exigé par la faible distance mais faisait que le projectile avait une vitesse réduite aussi et mettait quelques secondes à arriver. Ce que nous avons fait, c'était d'avoir toujours deux lieutenants d'artillerie en observation : quand les rouges enlevaient le feuillage, une corne lançait un appel qui signifiait *PELIGRO* (danger) et à partir de ce moment-là, tous ceux qui n'étaient pas de service, devaient se réfugier dans les souterrains ou dans les parties abritées du canonnage. Les lieutenants restaient à leur poste et à chaque tir, en voyant la flamme, ils criaient *FUEGO* ! (feu), ce qui permettait à ceux qui pour une raison quelconque ne s'étaient pas encore abrités de le faire avant l'arrivée du projectile. Ces observateurs prévenaient aussi contre les bombardements aériens, car en voyant arriver les avions, ils criaient *AVION* ! et le cri était répété par tous ceux qui l'entendaient et ainsi tous ceux qui étaient dans l'Alcazar pouvaient se protéger le mieux possible de ce danger. Ce service fonctionna merveilleusement bien, évitant un nombre considérable de pertes, les observateurs prirent toujours beaucoup de risques et plus d'une fois, il fallut les sortir de leurs postes enterrés sous les décombres, mais le risque qu'ils prenaient assurait la sécurité des autres et ils l'assumaient avec une grande fierté.

Pendant le siège, tous les défenseurs avaient une confiance aveugle en leurs Lieutenants d'Artillerie, confiance tout à fait justifiée car ils surent la gagner par leur magnifique comportement et c'étaient eux et les phalangistes qui récoltèrent les plus chaleureux éloges en ces jours de vérité. Ce sont eux qui méritent le surnom universellement connu de « Cadets de l'Alcazar » qui est synonyme dans le monde entier de jeunesse et d'héroïsme au service de la patrie ! Ceci est la vérité. Leur action fut récompensée à l'intérieur même de l'Alcazar et de manière très concrète et pittoresque, car en de nombreuses occasions, on m'accorda une ration supplémentaire de pain pour mes Lieutenants ; il est clair que pour apprécier cette récompense à sa juste valeur, il faut se situer dans les circonstances du moment, ce qui, bien sûr, semble assez difficile. J'inspectais très fréquemment le service des Lieutenants d'Artillerie et, surtout les jours où « ça chauffait », je passais beaucoup de temps avec les observateurs, car tous les défenseurs de l'Alcazar peuvent en témoigner, à tous moments, je prêchais par l'exemple, ce qui explique le grand ascendant que j'avais sur eux.

J'en donnerai pour preuve le fait qu'au début de mon arrivée à l'Alcazar, je me trouvais bien ébranlé au point de vue santé et je n'avais ni la force ni le courage de me trouver partout comme j'en avais l'habitude. Le Commandant d'Infanterie D. Victor Martínez Simancas, vint me trouver et, avec beaucoup d'égards, il me demanda ce qui m'arrivait. Je lui répondis évasivement, mais il insistait tellement que je finis par lui avouer que je souffrais de graves dérangements intestinaux, qui m'épuisaient et que c'était la cause de mon abattement. Alors il me dit : « Vous ne pouvez pas imaginer comme votre réponse me soulage, car en vous voyant aussi abattu, l'Alcazar est tout autre et tout le monde s'inquiète pensant que votre attitude est due à un grand découragement et le Colonel Moscardó m'a même dit : "la situation doit être bien mauvaise puisque même l'Artilleur fait preuve d'un tel abattement." Donc je vous supplie de vous montrer toujours enjoué, car tout l'Alcazar a les yeux posés sur vous. » Évidemment, aussitôt je pris sur moi et jamais plus, malgré les privations et les blessures que j'eus à supporter, personne ne me vit autrement qu'optimiste, essayant de remonter le moral de tous, et m'exposant le premier là où le danger était le plus palpable. Le Lieutenant Colonel de Cavalerie Valencia m'avait fait cette remarque : « Il m'arrive parfois de m'insurger en vous voyant satisfait, sans que rien n'altère votre bonne humeur et sans accorder de l'importance à quoi que ce soit. » Mais je me souvenais de ce que m'avait dit D. Victor et, bien que parfois il m'en coûtait un énorme effort, je me devais d'accomplir ce qu'il m'avait demandé. Je n'avais pas le droit d'avoir des états d'âme.

Le bombardement du 155, qui nous causait tant de dommages, était un sujet de grand divertissement pour les rouges, et bien souvent on voyait un grand nombre de « bonnes femmes », avec des enfants en bas âge, installées à l'emplacement des pièces d'artillerie pour admirer l'effet des détonations et, en bien des occasions, elles tiraient sur la corde pour déclencher le tir. Quelles idiotes ! Les dimanches et jours de fête, c'était le grand spectacle, on voyait arriver de nombreuses autos, sans doute en provenance de Madrid, avec des chefs rouges accompagnés de femmes de mauvaise vie et de la lie de la population qui venaient passer la journée ; à leur retour à Madrid, ils pouvaient se pavaner et dire qu'ils revenaient du « front » ; bien sûr, ils avaient assisté au pilonnage sans courir aucun danger.

Étant donné la distance à laquelle se trouvait le 155, tous les projectiles allaient droit au but ; cependant, il y en eut certains qui passèrent au-dessus de nous sans nous causer aucun dommage ; nous n'y avons pas accordé d'importance sur le moment, mais par la suite, nous avons appris que nous avions un frère d'arme qui actionnait les pièces des rouges, qu'il avait réussi à les tromper et n'hésitait pas, dès que cela lui était possible, à exprimer quel était son camp (cela allait lui coûter très cher et il le savait). Je ne pense pas pouvoir faire rien de mieux en l'honneur de ce héros méconnu, que de recopier intégralement ce que le journal *Informaciones*, rouge bien entendu, disait le 26 août 1936. C'est ce qui suit :

« DU FRONT DE TOLÈDE ». Un Alférez (sous-lieutenant) factieux. Au début, on a cru à une simple maladresse, une déviation involontaire, mais il y en eut, cinq, six, sept… Les obus tombaient sur la Fabrique d'Armes au lieu de traverser les murs de l'Alcazar. Il n'y avait plus de doute, c'était un acte de haute trahison. Depuis le campement de Los Alijares, l'artillerie que commandait le sous-lieutenant Durán visait le magasin à poudre de la Fabrique Nationale. Les milices, une fois averties, organisèrent rapidement une attaque contre ce foyer factieux inattendu. Des groupes de soldats et de miliciens, commandés par le Brigadier Dávila, partirent vers les Alijares. Il y avait aussi des soldats des Régiments de León, des miliciens de Sediles et de la C.N.T. En arrivant au campement, Dávila se dirigea sans hésitation vers l'Alférez Durán, le mis en joue avec son pistolet et lui dit : « traître, tu es en train de bombarder la Fabrique et plusieurs ouvriers sont blessés. » La culpabilité du sous-lieutenant étant établie, il fut arrêté sur le champ. Quelques instants plus tard, on lui appliqua la Loi inflexible de la Guerre. La trahison ne faisait aucun doute. (Il existe une photo d'un camion qui s'intitule « Un camion de soldats et de miliciens commandés par le Brigadier Dávila quittant la Fabrique d'Armes et se dirigeant vers le campement de Los Alijares pour réduire à néant l'action d'un sous-lieutenant qui tirait contre la Fabrique »). J'estime que c'est un acte de justice que le comportement du sous-lieutenant d'Artillerie Durán soit mis en valeur et récompensé comme il peut l'être humainement parlant.

Quelques jours après le début du siège, les vivres vinrent à manquer et comme nous commencions à prévoir que le siège serait plus long qu'on ne le pensait au début, on organisa deux compagnies de la Garde Civile commandées par le Commandant Díaz Gómez qui sortirent par la *Puerta de Hierro* ; deux lieutenants d'Artillerie intégrèrent chacune de ces deux compagnies, ce furent Catalán, Benavides, Mateo et Ríos. Ces jeunes gens avaient sur eux des grenades et leur mission était d'attaquer les tanks et les blindés s'ils les trouvaient sur leur chemin. Cette sortie fut un échec, car les rouges les attaquèrent à partir de Santa Cruz, Zocodover, *Posada de la Sangre* et d'autres édifices encore et leur causèrent de nombreuses pertes, ils durent se replier sans réussir à ramener le moindre approvisionnement. Ce fut pendant cette sortie que mourut le sous-lieutenant de la Garde Civile Manrique ; c'était un brave.

L'approvisionnement commençait à être un grave sujet de préoccupation quand, à l'occasion d'une conversation banale, un civil originaire de Tolède, qui s'était réfugié dans l'Alcazar en tant que défenseur, fit allusion à l'existence d'un local où la Banque de Tolède emmagasinait le blé que les agriculteurs déposaient comme garantie des crédits octroyés par la Banque. Ce local était contigu à l'esplanade du manège de chevaux (*picadero*), à l'endroit que nous appelions la quatrième *cuadra*. On en informa le Colonel Moscardó qui donna l'ordre de former une expédition avec le Capitaine Vela à sa tête : de nuit, avec d'infimes précautions, ils ramenèrent une grande quantité de blé. On ne peut imaginer la joie que nous procura cette découverte, et les nuits suivantes, on recommença ce manège. Cette découverte fut capitale pour nous permettre de continuer notre résistance, car, dans le cas contraire, plutôt que de mourir de faim, nous nous serions tous fait tuer en tentant une sortie désespérée ; il n'y aurait eu aucun survivant car les rouges avaient déjà investi tous les édifices alentour, ils s'y étaient bien installés avec de nombreuses armes automatiques.

Tous les défenseurs de l'Alcazar considèrent que cet approvisionnement en blé fut une preuve supplémentaire, parmi bien d'autres, de la protection que nous accordait Notre Dame de l'Alcazar et ceci durant tout le siège. Cette protection était tellement palpable, que la grande majorité d'entre nous, pour ne pas dire tous, avions la certitude que nous sortirions vainqueurs dans notre action de défense. Cela ne veut pas dire que parfois, il n'y ait pas eu des moments de déprime, mais nous réagissions promptement. C'est notre Foi, qui fit que bien des choses furent possibles, aujourd'hui, même nous, qui malheureusement ne sommes plus les mêmes, nous ne pouvons l'expliquer de façon rationnelle. Avec l'approvisionnement en blé, les chevaux et l'immense intelligence et ténacité des chargés du service des subsistances, le Capitaine Cuartero et le Lieutenant Guadalupe (deux braves, qui malgré le travail harassant qui était le leur, n'hésitaient pas à affronter le péril quand il y avait lieu). Nous avons pu enfin, grâce à eux, être soulagés de ce problème lancinant. Ils méritent de la part de tous les défenseurs de l'Alcazar, notre gratitude éternelle.

Nous subissions des tirs de grenades incendiaires ; étant donné que les toits étaient faits en ardoise, ils flambaient comme de l'amadou et provoquaient de spectaculaires incendies. J'avoue que le premier incendie me sembla être extrêmement dangereux ; il se produisit dans la tour Sud-Ouest et je le combattis avec des phalangistes : Vela, Carreño et quelques autres ; cette intervention me permit de constater que l'Alcazar était construit à base de pierre, fer et ciment, si bien que, quand avait brûlé le peu de matériaux combustibles qui s'y trouvait (ardoise, meubles etc), le feu s'éteignait de lui-même ; ainsi les incendies qui suivirent, et ils furent nombreux, ne me préoccupèrent pas outre mesure ; il y en eut un cependant qui se déclara dans ce que nous appelions la salle de dessins, et comme il se trouvait près des bureaux où il y avait beaucoup de papier et des meubles, et que de plus c'était le seul endroit qui, en dehors des souterrains, présentait une certaine sécurité, nous dûmes l'éteindre malgré la canonnade qui continuait et rendait cette intervention très dangereuse. De plus, nous avons dépensé une grande quantité d'eau pour l'éteindre et il s'en perdit également durant le transport et dans le ventre des nombreux volontaires qui la transportaient. Cette nuit-là, il y en eut plus d'un qui prit une véritable « cuite » d'eau, ce qui était une de nos plus grandes aspirations en ces jours.

Chaque jour, on désignait un tour de garde à l'endroit appelé la « *Puerta de Hierro* ». Je ne l'ai jamais pris, parce que, comme je l'ai déjà dit, dès les premiers jours, je fus affecté au poste de la porte principale, qui était constamment harcelé, surtout la nuit, car depuis Santa Cruz, ils lançaient des paquets de dynamite à l'aide d'une fronde ; il était impossible de dormir. Ces paquets étaient plus spectaculaires qu'efficaces. Cependant la Puerta de Hierro ne fut pilonnée que vers la fin du siège ; j'y descendais fréquemment et je ne sais pas comment les hommes du poste se débrouillaient : ils vivaient mieux qu'à l'Alcazar, car, chaque fois, ils m'offraient quelque chose. Je me souviens qu'un jour, ils me donnèrent deux flacons d'*hypophosphites* : parfois, j'en mangeais un peu et je m'en servais pour sucrer le café dont les cuisiniers me régalaient de temps en temps. Il faut bien comprendre que le dit café n'était autre que du blé grillé.

Dans la vie quotidienne, malgré la grande fraternité qui régnait entre nous, il ne manquait pas de se produire parfois quelques querelles ; elles étaient presque toujours suscitées par un sentiment d'amour pour les êtres qui vous sont chers, femme et enfants, et le désir de les installer dans les endroits les plus sûrs ou pour leur obtenir une ration plus importante, mais on arrivait toujours à les raisonner et il n'y avait aucune exception : le

Colonel Moscardó mangeait exactement la même chose que le dernier des réfugiés et il n'y avait aucun endroit préférentiel réservé à quiconque ; quand on pouvait partager quelque chose d'exceptionnel, c'était pour les femmes et les enfants, et pour tous, pas uniquement pour certains.

Naturellement, nous avions chaque jour des morts et des blessés. La Providence n'avait pas voulu qu'un prêtre se trouve parmi nous. Par contre, nous avions le Commandant Sanz de Diego, cet homme alliait à des qualités exceptionnelles de soldat (dont il fit preuve non seulement pendant le siège de l'Alcazar, mais ensuite durant toute la Guerre en prenant le commandement du *Tercio de Requetes Nuestra Sra. del Alcázar*), des qualités de piété et de ferveur sans limites. En plus de sa participation à la défense comme nous tous, il se porta volontaire pour enterrer les morts. Aux blessés, il apportait chaleur humaine et consolation en les préparant du mieux qu'il le pouvait à l'issue fatale. Il s'impliqua de tout son cœur dans cette pieuse mission et tous ceux qui ont perdu un être cher dans l'Alcazar peuvent avoir, en plus de l'apaisement que leur produit cette mort héroïque, la certitude que Sanz de Diego leur apporta tout l'amour dont eux-mêmes les auraient entourés.

Pour les blessés, nous avions une infirmerie et plusieurs médecins, mais nous avions surtout Pelayo Lozano : c'était un Capitaine médecin spécialiste des maladies de la peau, mais en l'occurrence il fut obligé d'assumer la tâche de chirurgien et il accomplit cette mission avec un énorme professionnalisme ; pour preuve, malgré les conditions déplorables dans lesquelles il opérait, il n'y eut aucun cas d'infection, mais de plus il faisait preuve d'une telle affabilité et affection pour ses malades, que tous ceux qui, comme moi, sommes passés entre ses mains, nous ne pourrons jamais l'oublier. Je ferai remarquer qu'après la libération de l'Alcazar, et bien que dans les colonnes libératrices se trouvaient de nombreux chirurgiens de grande renommée, tous les blessés (et moi en premier) voulions toujours être soignés par lui, tant était grande la confiance que nous lui accordions. Il fut aidé, en plus des autres médecins qui se trouvaient à l'Alcazar, par les cinq sœurs de la Charité de Saint Vincent de Paul. Avec quelle douceur elles accomplissaient leur tâche et avec quel courage elles supportaient les dangers du siège ! Tout ce que l'on peut dire à ce sujet est au-dessous de la réalité. Il y avait aussi un infirmier qui avait la particularité d'être très imposant (il devait peser au moins 120 kg) ; de plus les privations ne l'affectaient pas le moins du monde et il était aussi fringant que le premier jour. On lui disait que, quand nous n'aurions plus de chevaux, comme il était le seul défenseur dont on pouvait tirer quelque chose, on le mangerait. Je me demande, à voir sa tête en certaines occasions, s'il ne craignait pas qu'un jour nous ne menions cette menace à exécution !

Une nuit, il y eut un important échange de coups de feu du côté de l'esplanade du manège (*picadero*), je suis descendu pour voir ce qu'il en était et on me dit que plusieurs voitures avaient voulu passer et que l'on avait fait feu ; une des voitures brûlait ; dans la nuit, à la lueur même de l'incendie, on pouvait remarquer à l'intérieur une personne, sans doute morte à cause des coups de feu avant que la voiture ne s'embrase ; c'était vraiment impressionnant de voir cet homme immobile parmi les flammes. Je crois que c'est la vision la plus macabre que je garde du siège.

De temps en temps, on effectuait des sorties vers les maisons voisines pour essayer de trouver quelques provisions et, de ces expéditions, on ramenait les objets les plus variés : un sac de pois chiches grillés, des vêtements de femme, des pièces d'étoffe, des sucettes ; parfois des denrées plus précieuses comme du chocolat, et, je crois, quelques boîtes de lait que l'on donnait à l'infirmerie. J'étais peu partisan de ces sorties, le butin ne compensait pas le risque encouru, de plus c'étaient les meilleurs qui effectuaient ces sorties et les morts qu'elles causaient nous privaient d'excellents combattants et nous démoralisaient.

Il en fut ainsi un jour où le sergent Gómez, de l'École de Gymnastique, dit à un groupe d'hommes qu'il savait que, dans une maison proche, il y avait un cigare havane. Maximiliano Flink (originaire de Málaga, dont le père était allemand), un garçon doué d'un courage téméraire, décida d'aller chercher le cigare et ainsi de devancer Gómez ; il sortit par la façade Sud pour aller à la maison dont il s'agissait. Mais les rouges étaient en embuscade et ils le tuèrent. Son cadavre était là, à quelques mètres de l'Alcazar. Mais la Phalange n'abandonne pas ses morts : Godofredo Bravo va le chercher, il meurt également, puis José Conde est blessé, et toute notre Phalange y serait passée, si le Colonel Moscardó n'avait interdit avec la plus grande énergie ce véritable suicide. Mais nul ne toucha ni ne profana nos morts, nous avons maintenu une surveillance permanente et pendant la nuit, malgré le grand péril, on a pu ramener les précieux corps. Je crois qu'après ce triste, bien que viril, épisode, toutes les sorties qui n'avaient pas été ordonnées par le Commandement furent formellement interdites.

J'observais que certaines des grenades que nous recevions n'éclataient pas et en examinant celles que je pus trouver, je constatais, qu'en les secouant, on entendait un bruit comme si elles étaient remplies de liquide. Comme j'étais toujours inquiet à cause des gaz, je consultais le Capitaine pharmacien Benito Casado (qui se souciait plus de la défense, et avec quel courage, que de la pharmacie). Il avait fait un stage d'étude des gaz et il me dit que ce devait être des grenades chargées d'ypérite, ce qui m'alarma au plus haut point. Je lui dis alors que j'avais manipulé avec les mains et les pieds certaines de ces grenades qui s'étaient brisées en tombant au sol, il me fit un tableau des plus sombres sur ce qui pouvait m'arriver. Il m'affirma que si c'était de l'ypérite, mes pieds enfleraient et que l'enflure monterait jusqu'à produire la mort. Cette perspective ne me fit aucun plaisir, mais étant donné que je ne ressentais aucun symptôme, je ne m'alarmais pas excessivement. Je lui demandais s'il y avait quelque chose à faire et il me dit qu'il allait à la pharmacie voir s'il trouvait ce qu'il fallait. En effet, peu de temps après, il revint avec une sorte de pommade et il m'en tartina copieusement si bien que je me trouvais beaucoup plus sale qu'auparavant. Je me rappelais que, dans mes manipulations, le Capitaine d'Artillerie Joaquín Ros m'avait aidé et je le fis appeler, car s'il y avait un danger quelconque, il fallait que lui aussi soit tartiné avec cet onguent.

Il en fut ainsi et tous les trois (Casado, Ros et moi-même) avons décidé de garder le silence sur l'affaire pour ne pas introduire un nouveau motif de démoralisation. Fort heureusement, ni Ros ni moi n'avons eu la moindre séquelle mais, par contre, le pharmacien Casado, en sortant dans la cour après nous avoir soigné, eut la malchance de recevoir un tir de 155 qui le blessa à la jambe ; comme il était assez « coquet », il portait des chaussettes et un morceau de ces chaussettes (il fallait voir l'état des chaussettes !) infecta la plaie. Le pauvre a supporté pendant des mois des traitements extrêmement douloureux et il en a gardé une grande claudication. Parfois je lui disais que c'était le châtiment pour m'avoir tellement fait peur à cause de l'ypérite.

Des avions rouges, qui volaient au-dessus de l'Alcazar, nous jetèrent un jour des journaux, dont l'*ABC* et je me souviens que nous avons été désagréablement surpris. C'était une manœuvre très habile car bien que nous ne voulions pas nous l'avouer et que nous nous disions que ce n'était pas le vrai *ABC*, les commentaires qu'il faisait nous firent une impression de découragement (je ne sais comment mieux m'exprimer). Le fait est que cela se passait pendant des journées de relative tranquillité, ce qui contribuait à nous donner le temps de retourner tout cela dans nos têtes.

Notre radio connut des vicissitudes que je n'ai pas suivies dans le détail. Je me souviens qu'au début, nous avons eu une radio avec laquelle, nous ne captions que les rouges et, évidemment, tout ce qu'ils disaient leur était très favorable ; mais nous nous sommes ingéniés à trouver des raisonnements alambiqués afin de conclure que la situation nous était favorable. En vérité, on ne croit que ce que l'on veut bien croire. Très souvent, le soir, avant de me coucher, j'allais dans le réduit où se trouvaient les « virtuoses » de la radio (Marín, Gutiérrez Cano, Labandera, etc) pour essayer d'entendre quelque chose et parfois j'ai eu de la chance.

Une nuit, j'écoutais une causerie que faisait un journaliste rouge, Antonio de la Villa, au sujet d'une visite qu'il avait faite au front. Bien sûr, il n'avait pas son pareil pour encenser l'armée rouge. Il abreuva d'injures le Colonel Sánchez Gutiérrez – dont il était soi-disant parent – qui s'était insurgé à Ségovie, mais surtout il s'adressa à nous, en faisant l'éloge des victoires et de l'héroïsme des rouges : « voyez ces quatre fous de l'Alcazar de Tolède, ils résistent encore grâce à la mansuétude du Gouvernement, qui ne se décide pas à faire sauter l'Alcazar, ce qui serait facile, les dynamiteurs asturiens ayant déjà conçu la façon de le faire ». Je suis resté pétrifié en écoutant cela car dès le début, j'avais la ferme conviction qu'ils nous feraient sauter s'ils le pouvaient. D'autre part, ce monsieur Villa nous rendit un grand service car, en parlant de nous, il faisait savoir aux nôtres que nous existions encore et que nous résistions. Ainsi, même si Alba ne réussissait pas à entrer en contact avec le Général Mola (ce qui fut le cas malheureusement), tout le monde savait que nous ne nous étions pas rendus, comme ils l'avaient proclamé si souvent, de sorte que ce faux pas de Villa fut pour nous un grand motif de satisfaction.

Lorsque nous avons pu écouter Radio Club Portugal, notre joie fut immense car elle nous apportait des nouvelles de la poursuite de la Guerre dans le sens que nous espérions et comme nous y croyions aveuglément. J'eus aussi la chance d'entendre Marichu Moscardó, qui était au Portugal et qui adressait un salut à son père et à nous tous, et je ne puis exprimer l'intense émotion que je ressentis en l'écoutant. Radio Club Portugal parlait souvent de nous et toujours avec beaucoup d'affection et en nous remontant le moral. Il ne fait aucun doute que les émissions de Radio Club Portugal ont constitué pour nous un énorme appui et je crois que nous avons une grosse dette de gratitude envers eux, que nous n'avons pas pu solder convenablement. La speakerine de Radio Club Portugal, Doña María Isabel Torres de Corominas, possède une voix très agréable, mais pour nous tous qui l'écoutions depuis l'Alcazar, elle l'était encore plus, vu l'affection et les encouragements qu'elle nous prodiguait. Aucun d'entre nous ne la connaissait, mais nous l'imaginions bien sûr jeune et jolie (ce qu'elle est en réalité), de plus les célibataires pensaient aussi qu'elle l'était et tous se proposaient de l'épouser une fois libérés. Elle était, ainsi que je le lui ai dit en une occasion où je pus la rencontrer, « la fiancée de l'Alcazar ».

Nous étions au courant par Radio Club Portugal, de la progression des colonnes du Lieutenant-Colonel Yagüe, qui venaient nous libérer et il va sans dire que nous suivions cette avance avec anxiété. Certaines nuits, il ne nous était pas possible de nous connecter à Radio Club Portugal, malgré la patience de bénédictin des « virtuoses » que j'ai déjà cités ; le lendemain, les mines s'allongeaient à l'Alcazar, et je crois que bien souvent quand cela arrivait, les « virtuoses » faisaient preuve d'imagination, faisant ainsi une œuvre salutaire pour maintenir le moral. En plus de Radio Club Portugal, nous écoutions aussi Radio Milan, mais beaucoup moins souvent.

Nous avons appris un jour que les rouges avaient annoncé que nous nous étions rendus (après la libération, nous avons su qu'ils l'avaient annoncé souvent) et, bien sûr, cela nous accabla car nous pensions que les nôtres allaient les croire et ne plus se soucier de nous : nous savions bien, qu'étant donné notre situation, notre seule chance de nous sauver reposait sur l'arrivée de nos frères d'armes ; aussitôt, nous avons imaginé d'envoyer un émissaire au Général Mola, car nous savions qu'il se trouvait dans la Sierra. De nombreux volontaires, bons connaisseurs du terrain, se proposèrent : le Colonel Moscardó choisit le capitaine d'Infanterie Luis Alba et je crois qu'il était sans aucun doute le plus apte à mener à bien cette mission : en plus de son sang-froid exceptionnel, c'était un campagnard, un *campero*, c'est-à-dire un homme qui savait tirer partie des possibilités que lui offrait la nature, et à cela s'ajoutait sa grande connaissance du terrain qu'il devait traverser pour accomplir sa glorieuse mission. Il partit à la nuit tombée, vêtu d'un bleu de travail et muni de la documentation d'un milicien qui avait été tué, et tous nous avons prié la Vierge de l'Alcazar pour qu'il atteigne son but sain et sauf. La malchance ne voulut pas qu'il en soit ainsi. Après la libération de l'Alcazar, nous avons appris que par la maladresse involontaire d'un de ses anciens subordonnés, il avait été démasqué et fusillé par les rouges. Comme hommage posthume, on lui accorda la Croix Laureada de San Fernando. Peu de croix ont été gagnées de manière plus sereine et avec la pleine conscience du péril.

J'ai déjà fait allusion à notre nourriture faite à base de blé et de viande de cheval, Cuartero et Guadalupe faisaient des miracles, et ils étaient assistés par une équipe de gens compétents : les cuisiniers, Caniscajo et « el Perro » (le Chien), le cuisinier de l'Académie, on l'appelait ainsi car il avait un visage un peu rébarbatif, mais c'était un très brave homme, Ezequiel Serrano (Maître boulanger), Durán (auxiliaire pour les vivres), Teresa González et d'autres dont je regrette vraiment de ne pas me souvenir des noms. Cette équipe ne connaissait pas de repos, ni de jour ni de nuit, afin que notre ravitaillement souffrît le moins de perturbations possibles. Mais il ne faut pas croire que ce fut facile, car les cuisines et la boulangerie étaient les objectifs préférés des rouges, ils en connaissaient l'emplacement par les renseignements fournis par les déserteurs et surtout par la fumée, ce qui était inévitable étant donné la nature des activités qui s'y déroulaient, si bien que le travail de ces hommes se faisait le plus souvent sous le feu des tirs des canons au péril de leur vie. Bien sûr, la préférence des rouges pour s'attaquer à nos installations culinaires, nous obligea à changer souvent l'emplacement de ces cuisines et, en dernier lieu, elles se situèrent au second sous-sol, dans ce que nous appelions le magasin n° 2, qui fut toujours inaccessible aux bombardements, mais parfois la fumée des fours et la poussière des bombardements rendaient l'atmosphère irrespirable.

D. Victor Simancas eut une idée géniale, celle de fonder *El Alcázar*. Tout le monde connaît ce journal que nous nous sommes payé le luxe de rédiger. Les nouvelles que nous recueillions à la radio en formaient la base, mais il devait beaucoup à l'imagination de D. Victor, de Gutiérrez Cano et de Marín : ils formaient le noyau de la rédaction. Roig et Montemayor, si ma mémoire est bonne, les aidaient à la mise en page et à la distribution. Nous attendions tous avec un grand intérêt la sortie du journal et, pas un seul jour, il ne cessa de paraître. Seul le Ciel sait le travail et l'énergie qu'il fallait déployer pour sa rédaction, mais il contribuait grandement à maintenir le moral de nous tous. J'étais un des rares à posséder la collection complète, mais étant donné l'état dans lequel je suis sorti de l'Alcazar, il me fut bien sûr impossible de m'occuper de la récupérer.

J'ai déjà mentionné que depuis que j'avais écouté, à la radio, le journaliste rouge Antonio de la Villa, j'avais la certitude qu'ils feraient tout leur possible pour faire sauter l'Alcazar si nous continuions à résister (ce que nous étions bien décidé à faire), et il en fut ainsi. Les femmes qui étaient dans les sous-sols commencèrent à s'inquiéter à cause du bruit des pics et des barres de fer. Certes, nous devions éviter de dramatiser la chose pour ne pas accroître l'inquiétude, mais il arriva un moment où il fallut voir les choses en face, car le doute n'était plus possible. Grâce aux indications de ceux qui connaissaient les maisons alentour, nous sommes arrivés à la conclusion que la mine devait partir d'une maison de la *Plaza de Capuchinos*, que l'on appelle la maison de *Peñamaría* : elle a une cave qui avance suffisamment en direction de l'Alcazar. Nous avons donc pensé qu'en mettant le feu à cette maison, les décombres empêcheraient les travaux. Ce qui fut fait, nous avons jeté à partir de l'Alcazar des bouteilles pleines d'essence et des grenades qui provoquèrent un incendie.

Sans aucun doute, cela les gêna, car pendant quelques jours on n'entendit plus de bruit et nous fûmes soulagés momentanément, car peu après, à nouveau des bruits souterrains se firent entendre, mais cette fois ce n'était plus des pioches mais le bruit d'une foreuse actionnée par un compresseur ; de temps en temps, la foreuse s'arrêtait et nous entendions le bruit d'une explosion, puis de nouveau la foreuse, et encore après, une nouvelle explosion, et ainsi nuit et jour. Il s'agissait avec certitude d'une galerie de mine creusée dans toutes les règles de l'art, et, de plus, avec des moyens qui permettaient qu'elle avance rapidement. Nous ne manquions pas d'interpréter cet état des choses en disant : « Bien sûr, ils se pressent tellement parce qu'ils savent que les colonnes du Sud vont arriver sous peu ! », et vraiment notre seul espoir était que dans cette course de vitesse entre la mine et les colonnes, ces dernières gagneraient la partie, mais dans notre for intérieur, nous étions convaincus que nous aurions à affronter également ce péril, ce qui arriva effectivement.

Nous étions vraiment préoccupés à cause de la mine et nous nous réunissions souvent pour débattre sur ce sujet. Celui qui avait la parole était le seul officier ingénieur que nous avions, le courageux lieutenant Luis Barber, aidé par le sergent de la Garde Civile Cayetano Rodríguez, qui avait été mineur. Ils arrivèrent à la conclusion que la mine partait des caves de maisons situées dans une ruelle suffisamment éloignée de l'Alcazar pour que nous ne puissions, même en rêve, y avoir accès (bien sûr nous avons essayé de l'atteindre, mais sans aucun résultat) ; c'est pourquoi nous n'avions d'autre solution que de prendre toutes les précautions qui étaient possibles et d'attendre. Je renonce à décrire (car je ne saurais le faire correctement) la tension et l'usure nerveuses à laquelle nous étions soumis jour et nuit, en ayant la certitude que le danger contre lequel nous n'avions aucun moyen de lutter ni aucune possibilité d'échapper approchait à chaque instant.

Peu de temps après le début des travaux, nous connaissions avec précision l'endroit qu'allaient atteindre les mines, car l'Alcazar repose sur du rocher et la sonorité est très importante ; c'est pourquoi, nous savions que les galeries parviendraient sous l'imprimerie et le coin de la tour Sud-Ouest. Aussi avons-nous élaboré le plan suivant : nous supposions que, quand les rouges auraient terminé de percer la galerie, les compresseurs cesseraient de fonctionner pour leur permettre d'installer les charges et de les arrimer, et de plus ils cesseraient d'utiliser les explosifs ; ce travail leur prendrait un certain temps. Ainsi quand le bruit cesserait pendant plusieurs heures, nous avions décidé d'évacuer une zone que Barber avait signalée comme dangereuse (il l'a déterminée de façon magistrale, car, en dehors de cette zone, il n'y eut aucun mort). Il ne nous restait plus qu'à attendre la volonté de Dieu. J'avais parfois évoqué avec Barber la possibilité qu'étant donné la grande résistance des fondations de l'Alcazar, l'explosion pourrait produire l'effet contraire et aller vers eux et les faucher, selon le système de « l'arroseur arrosé », mais il pensait que c'était peu probable, car le b. a-ba du mineur est de savoir que, quand la résistance est très importante, on creuse la galerie en zig-zag pour compenser la force contraire.

Dans cette attente et dans l'état d'esprit dans lequel nous nous trouvions, un après-midi au début de septembre, je me trouvais allongé dans le Musée *Romero Ortiz* (c'était là où je logeais depuis que, par suite de l'accumulation des décombres devant la porte principale, ce poste n'était plus en danger). Le Colonel Moscardó m'appela et nous sommes sortis dans le patio, il me dit : « Je pense que le moment où la mine va exploser est proche. » Je lui dis que j'avais également cette conviction. Il ajouta : « Après l'explosion, ils se lanceront à l'attaque et je vous demande d'organiser et de prendre la tête de la défense. » Je ne m'attendais absolument pas à cette éventualité et je restais un moment silencieux et ensuite, instantanément, je réalisais ce que ces paroles supposaient et l'énorme responsabilité qui émanait de la mission qu'il me confiait ; je lui répondis : « Je vous suis infiniment reconnaissant de la distinction dont vous m'honorez, mais je crois de mon devoir de vous faire remarquer qu'il y a dans l'Alcazar des chefs ayant plus d'expérience et de probabilités de réussite, bien que aucun n'ait plus d'enthousiasme et de volonté que moi. » Le Colonel Moscardó me rétorqua qu'il y avait pensé et que, malgré tout, c'est à moi qu'il confiait cette mission. Je lui redis : « Merci, mon Colonel » et je commençais à organiser la défense, comme mes connaissances et ma loyauté me le dictaient.

Je dois ouvrir ici une parenthèse et dire que quand je suis entré dans l'Alcazar, il y avait dix ans que je travaillais à l'Atelier de Précision (*Taller de Precisión*) de l'Artillerie, à un poste purement technique, où je dus déployer un énorme effort de travail et d'études, ce qui m'avait empêché de me consacrer au volet purement militaire de ma profession, de telle sorte que je me sentais un peu dépassé et sans aucun doute l'organisation de la défense présentait pour moi des difficultés pratiquement insurmontables. Je ferme ici la parenthèse.

Quand je quittai le Colonel Moscardó, je dois avouer que jamais je ne m'étais senti aussi anxieux, mais je n'ai pas pour habitude de baisser les bras devant les difficultés et je demandais une relation de l'état des forces dont nous disposions. Ces forces étaient composées essentiellement des compagnies de la Garde Civile, les seules dont nous disposions. Avec ces informations et ma connaissance exacte du terrain, car il n'y avait aucun poste ni lieu que je n'aie parcouru un bon nombre de fois et en supposant quelle serait la situation une fois que la mine aurait explosée (je consultais souvent le lieutenant ingénieur Barber à ce sujet), je distribuai les forces en gardant un noyau d'élite, composé principalement par la phalange que je gardais sous mon commandement immédiat pour intervenir rapidement là où ce serait nécessaire. Je soumis mon plan au Colonel Moscardó, qui l'approuva et le diffusa le 10 septembre. Heureusement, je conserve un exemplaire de cet ordre que j'avais sur moi et où sont écrites de ma propre main les précisions que j'expose par la suite. Par un hasard étonnant, ce document ne présente qu'une petite tache de sang ; d'autres que j'avais aussi sur moi, furent gravement endommagés à cause des terribles hémorragies produites par les blessures que je subis les 21 et 27 septembre.

(Nous ne reproduisons pas ici ce plan de défense de la Comandancia militar, daté du 10 septembre, qui a plusieurs pages et comporte la mise en place de toutes les compagnies, la répartition des officiers dans les différentes unités, l'emplacement des mitrailleuses etc).

Entre-temps, le nombre des canons de 155 qu'utilisaient les rouges et qui étaient appelés les « *Felipes* », augmentait et, le 17 au soir, deux supplémentaires, les VI et VII, furent installés aux *Alijares*. J'en avertis le Colonel Moscardó qui fit la grimace, mais comme en ce qui me concernait rien ne pouvait plus me bouleverser, je lui dis : « Mon Colonel, plus il y aura de péril, plus la gloire sera grande », il réagit aussitôt et me rétorqua : « c'est bien vrai, plus il y a de maures (*moros*), plus la victoire sera grande [1]. » Quant à moi, ces deux nouveaux « Felipes » me firent soupçonner qu'ils étaient en train d'installer les charges au fond de la galerie, car il y avait déjà quelque temps que l'on n'entendait plus de bruit. Nous avions déjà évacué la zone que nous considérions dangereuse, et je pensais que le lendemain ils la feraient exploser et c'est ce qui arriva. Mon intuition ne me trompa pas, tant et si bien que déjà couché, je me mis en quête du Capitaine Cuartero pour lui dire de prévoir une ration de nourriture supplémentaire pour le lendemain au cas où ce qui était prévu serait inutilisable à cause de l'explosion ; il faut dire que dans l'Alcazar, je n'ai jamais perdu ni l'appétit ni le sommeil. Je trouvais Cuartero quand il quittait la chapelle et lui fit part de mes réflexions. En effet, comme je l'avais prévu, il fallut remplacer la soupe.

Et ce fut le 18 septembre : ce jour-là, très tôt, ils tirèrent simultanément avec toutes les pièces qui se trouvaient en face de nous, elles étaient au nombre de 18 ou 20 (pour un seul édifice, ce n'est pas mal !) ; les tirs visaient les façades Nord et Est, c'étaient les seules qu'ils pouvaient atteindre avec leur Artillerie ; pour la façade Ouest, les maisons de la ville de Tolède les en empêchaient, mais je n'ai jamais compris pourquoi ils n'installèrent pas des pièces d'Artillerie au Sud, sur les hauteurs de ce qu'on appelle « *el Valle* », d'où ils auraient attaqué la façade Sud qui était la plus vulnérable. L'effet des tirs fut abrutissant, on ne pouvait ni évaluer

1. Allusion à la Guerre du Rif (note des traducteurs).

la situation, ni se faire entendre, l'atmosphère était irrespirable à cause de la poussière et de la fumée, on ne peut pas décrire le tableau et, au milieu de ce vacarme, nous avons entendu une explosion assourdissante suivie d'une fumée noire, en même temps les tirs des canons ne faiblissaient pas. Au bout d'un moment un peu plus calme, quelqu'un, je ne sais plus qui, nous annonça que la tour du Sud-Ouest avait disparu, et nous avons compris alors qu'ils avaient fait exploser la mine. Personne ne s'en était aperçu au moment même, car si, comme je l'ai dit, nous avions constaté une explosion plus forte que les autres, personne ne fit le rapprochement avec la mine, mais plutôt chacun pensait qu'étant donné l'intensité des tirs, un obus de 155 avait éclaté tout près de lui.

Nous avions évacué la zone dangereuse que nous avait indiquée Barber, si bien que la mine ne causa aucune victime si ce n'est celles dues à l'imprudence téméraire de certains (c'est ce qui arriva au sergent de la Garde Civile Cayetano Rodríguez, ancien mineur, qui avait aidé Barber dans son travail) ou celles qui, par inadvertance (car avec le feu de l'Artillerie, il n'était pas facile de savoir où l'on se trouvait) pénétrèrent en zone interdite. La délimitation de cette zone fut un succès pour Barber, car en dehors de celle-ci on ne déplora aucune victime. Je peux affirmer que le lieutenant du corps d'Ingénieurs Barber Gorondona, fut pendant le siège, non seulement un magnifique combattant, mais également un technicien de grande valeur, ce qui me conforte dans mon opinion que les deux ne sont pas contradictoires, mais au contraire très souvent vont ensemble. Il n'est pas possible d'exprimer quelle fut notre joie en voyant s'évanouir le cauchemar que représentait pour nous la mine, et cette joie se traduisit par des cris, des larmes, des embrassades, que sais-je encore, et une immense gratitude à Notre Dame, mais surtout notre moral était remonté à bloc, à tel point qu'en ces instants nous nous sentions invincibles.

Nous n'avons pas eu beaucoup de répit pour analyser nos impressions, car les veilleurs des postes du *Simplón* nous annoncèrent que les rouges passaient à l'attaque, et c'est alors que moi, à qui, comme je l'ai déjà dit, le Colonel Moscardó avait confié la mission de diriger la défense, je me plantais dans le patio en criant « Aux armes » et « Viva España » et chacun occupa alors le poste que je lui avais assigné dans mon plan de défense. J'avais réfléchi longuement, pendant les jours antérieurs, à la situation qui suivrait l'explosion des mines, étant donné que c'était moi qui devais l'affronter. Très rapidement, j'essayais de me faire une idée de l'étendue des dégâts et je constatais qu'un énorme trou s'était formé, consécutif à l'effondrement de la tour du Sud-Ouest et une partie du laboratoire de chimie, mais il restait un pan de mur qui protégeait le patio, je grimpais dessus et je vis que de ce côté la montée était très difficile ; cependant, j'y installais un groupe commandé par le Capitaine Oliveda ; quelques brèches pouvaient donner accès aux caves, mais elles étaient peu accessibles à cause des décombres. Je vis aussitôt que l'on pouvait attaquer les assaillants de côté, par une brèche qui s'était ouverte dans le Simplon, et j'y installais un Garde Civil avec un fusil mitrailleur, qui causa un grand nombre de pertes à ceux qui, depuis le Zocodover (où je crois qu'ils se trouvaient concentrés), montaient en direction Nord-Sud pour essayer de pénétrer par la brèche de la tour du Sud-Ouest ; ils renoncèrent alors à poursuivre leur ascension.

Entre-temps, quelques rouges avaient réussi à monter par les ruines de l'angle Nord-Ouest, ils s'étaient installés entre les décombres de ce qui avait été la salle d'art militaire et la salle de récréation (dans mon plan de défense, j'avais pensé installer un poste de défense dans la salle de récréation, mais cette partie était isolée, car l'escalier était inutilisable depuis plusieurs jours avant le 18 et en pensant que la montée par cet endroit était impossible, j'avais supprimé ce poste) ; de là, par un trou au plafond, avec des grenades, ils nous causèrent de nombreuses pertes dans le patio et le Musée Romero Ortiz. Comme ils dominaient tout le patio, la situation était très délicate, car les rouges qui étaient montés jusque-là étaient en position dominante, donc très favorable et ils représentaient un grave danger pour la défense. Ainsi pour résoudre cette situation, je pensais aussitôt qu'il fallait leur barrer la route, pour que d'autres ne puissent arriver. Je montais donc jusqu'à la galerie et j'y installais le Capitaine d'Infanterie Emilio Alamán aux commandes d'une mitrailleuse, avec la consigne de faire feu sur les salles d'art militaire et de récréation, pour empêcher les rouges de bouger parmi les ruines. Ensuite avec une autre mitrailleuse et un groupe de phalangistes, j'avançais tout au long de la galerie jusqu'à l'installer à l'aplomb Nord-Est dominant les ruines de la tour Nord-Ouest, car c'était par là qu'ils pouvaient monter.

L'installation de cette mitrailleuse ne fut pas chose facile, car le trajet jusqu'au laboratoire (dans l'angle Nord-Est), où nous devions aller, était très exposé et, naturellement, ce n'était pas un plaisir d'aller jusque là-bas, si bien que certains hommes, bien que courageux, hésitaient ; ce n'était pas de la peur, cette indécision devant le danger, tous ceux qui ont eu un commandement l'ont connue. C'est au moment où tous se tournent vers le chef, qu'il soit sergent ou général que la situation se dénoue suivant la décision qu'il prendra. Ainsi, après un court discours aux phalangistes, je me mis à leur tête et ils me suivirent comme un seul homme. Je fus soulagé quand la mitrailleuse fut installée, car de cette façon j'avais coupé la route aux rouges. Je pensais que ceux qui restaient en haut, voyant qu'ils ne recevaient ni renfort ni munitions, s'en iraient ; de plus la mitrailleuse d'Alamán les avait contraint à se réfugier derrière le pan de mur, ce qui les obligeait à jeter les grenades en l'air, par dessus le mur : ainsi, nous pouvions voir les projectiles arriver et nous avions le temps de nous abriter, de ce fait, il n'y eut plus de pertes dans le patio. Quoi qu'il en soit, ces individus représentaient un grave danger et il fallait les déloger. Pour ce faire, je fis sortir un mortier, que l'on plaça à un angle du patio et manœuvré par le Capitaine Mira et le Lieutenant del Pino, il tirait par dessus le pan de mur où se trouvaient ceux qui lançaient les grenades.

Entre-temps, dans les caves, on mit des échelles bout à bout, on les plaça dans le patio et elles arrivaient à la hauteur de la galerie Ouest : dès qu'elles furent placées, le Lieutenant d'intendance Castro, le Lieutenant d'Artillerie Mateos, le Lieutenant d'Infanterie Gómez Oliveros et plusieurs autres, montèrent dans cet ordre et occupèrent les ruines où il n'y avait plus personne : sans aucun doute, on leur avait rendu la situation intenable (comme je l'avais imaginé) et ils étaient partis. On trouva un calot taché de sang, plusieurs autres taches de sang (ce qui prouve qu'ils avaient eu des pertes), et quelques munitions et des paquets d'explosifs avec la marque de la Fabrique de Tolède qui indiquait qu'ils avaient été chargés le 17 septembre 1936, c'est-à-dire la veille. Ceci nous fit penser qu'ils étaient un peu à court de munitions et, bien sûr, nous nous servîmes de cette remarque pour relever le moral des troupes. Une fois que l'angle Nord-Ouest fut occupé, un poste y fut installé et notre situation fut totalement rétablie.

Je me souviens que ce même jour, quand j'étais dans le patio (après avoir installé la mitrailleuse qui empêcha les rouges de continuer à monter), je rencontrais Ricardo Villalba, qui, bien que blessé, était monté dans la cour : il était toujours aussi jovial et courageux. Je lui fis part de la mission que m'avait confiée le Colonel Moscardó au sujet de la défense et je lui dis que cela m'avait étonné, car je ne me croyais pas le plus apte à la remplir, il me répondit : « Il a très bien fait, je le lui ai moi-même suggéré, car ce qu'il faut faire ici, c'est prendre des risques et c'est ce que tu fais. » Je me souviens aussi que, ce même jour, le Commandant de Cavalerie Lecanda, quand la situation était des plus difficiles, s'approcha de moi et me dit : « Comme ici c'est toi qui commandes, je viens te dire que je suis avec toi, tu peux m'affecter au poste que tu jugeras le plus dangereux, j'y vais sans hésiter. » Et c'est ce qu'il fit. Je suis heureux de relever ce fait, car précisément Lecanda, par son caractère un peu spécial, peu enclin à l'optimisme et peut-être un peu aigri, n'avait pas en temps normal très bonne presse, mais dans les circonstances difficiles, je le vis toujours très bien réagir. Le Capitaine d'Infanterie Guzmán Aguilar fut le premier officier gravement blessé à l'Alcazar. Il reçut une balle de fusil en plein visage (pour cela il est aujourd'hui *Caballero Mutilado Absoluto* et, depuis cette blessure, il vit un martyre permanent), eh bien, ce brave, surmontant ses souffrances, vint à moi pour me demander de lui attribuer un poste, je l'installais dans un creux que la mine avait fait du côté de l'imprimerie, il y resta le temps qu'il fallut, contribuant à la défense au prix d'un effort surhumain. La montée par l'échelle à la galerie Ouest fut quelque chose de très beau et émouvant, les trois qui montèrent en premier (Castro, Mateo y Gómez Olivares), qui avaient déjà fait preuve dans de nombreuses occasions de leur courage, méritèrent cette récompense. Durant toute la matinée du 18, qui fut sans conteste la plus dure de tout le siège, le Colonel Moscardó justifiant la confiance et l'honneur qu'il m'avait accordés, me laissa une totale liberté d'action, si bien que si le succès de l'entreprise revient à une poignée de braves, c'est moi qui ait exercé le commandement de façon absolue.

Quand la situation était la plus inquiétante dans le patio, on vint me dire que par la porte de Hierro, un tank s'avançait. J'envoyais López

Montenegro y Rios à sa rencontre, avec l'explosif que j'ai décrit antérieurement. C'était le tour de López Montenegro de porter le paquet de trilite, en avançant à la rencontre du tank (qui ne réussit pas à rentrer), il reçut une balle dans la tête, il tomba comme un brave et mourut des suites de ses blessures quelques jours plus tard. Le phalangiste Antonio Iraola était sous-lieutenant réserviste de Cavalerie, mais il ne voulut pas figurer comme Officier, pour accomplir son service en tant que phalangiste ; il tomba également ce jour-là, couronnant ainsi par sa mort héroïque une longue série d'actes de bravoure et de sacrifices. Le caporal Andrés Tabares, de la Garde Civile, fut blessé et on le ramena le visage en sang, mais il s'échappa et retourna à son poste, il n'y eut aucun moyen de l'évacuer tant que dura le danger. Un des projectiles que tirèrent les rouges sur le Musée Romero Ortiz, tua le Commandant de Cavalerie Pablo González Herrea, le Capitaine d'Infanterie Luciano Pastor, et le Sous-Lieutenant de la Garde Civile Felipe Díaz, les trois étaient de vrais braves ; le Garde Civil Fulgencio Ocampo fut tué également, dès les premiers jours, il s'était signalé parmi les meilleurs.

À partir du 18, la situation empira, car les rouges qui avaient perdu espoir de nous réduire par la mine, ne cessaient de nous tirer dessus, et on peut dire que nous n'avions plus un moment de répit ni un lieu où l'on pouvait être relativement tranquille. Mais comme la mine ne nous obsédait plus, nous supportions cet état de choses avec plus de sérénité. Le 19 ou le 20, ils attaquèrent par l'esplanade Nord et le Zig-Zag, et arrivèrent jusqu'à l'esplanade orientale ; comme je conservais encore le commandement, je m'y rendis avec quelques gardes civils qui étaient près de moi quand on donna l'alerte (je me souviens qu'ils étaient du village de Calera), des phalangistes et des soldats de l'École de Gymnastique. Avec moi vint également le Capitaine de Cavalerie Emilio Vela (je dois dire qu'il fut mon bras droit durant tout le siège), le Lieutenant de la Garde Civile Enríquez de Salamanca, Ríos et quelques autres. Les rouges se montraient très vantards en constatant qu'ils avaient pu pénétrer aussi en avant, et je pense qu'ils croyaient bien s'amuser, mais quand nous sommes sortis sur l'esplanade et nous leur avons fait front, ils déguerpirent en nous laissant derrière eux quelques cadavres que nous avons pu récupérer ; pour d'autres, cela ne nous fut pas possible, car ceux qui venaient en avant étaient protégés par des tirs à partir du clocher de Santa Cruz et d'autres maisons alentour. Dans cette sortie où tous rivalisèrent de bravoure, nous avons perdu malheureusement le Lieutenant de la Garde Civile Enríquez de Salamanca, qui, à la tête de ses hommes, tomba en criant « Viva España ».

Le même jour, ou le jour suivant, les rouges lancèrent une autre attaque, mais quand nous allions sortir sur l'esplanade pour les en empêcher, ils commencèrent à tirer avec le 155 sur la brèche qui était notre seul accès à l'esplanade (cette brèche se situe près de la porte de la piscine, elle existe encore). Certains étaient déjà sortis, mais je donnais l'ordre que plus personne ne sorte. Je compris très vite que tant qu'ils bombardaient, ils ne pouvaient donner l'assaut, ce n'était qu'un simulacre, un guet-apens pour nous faire sortir sur l'esplanade et nous prendre à découvert, sans aucune protection et nous tirer dessus à plaisir. Je n'étais pas encore sorti, et je donnais l'ordre depuis l'Alcazar à Carreño et à Abejón, qui étaient déjà sur l'esplanade, de se protéger comme ils le pourraient et d'attendre la fin des tirs ; ainsi ils supportèrent le tir fourni et, grâce à Dieu, ils en sortirent indemnes. Cependant cette sortie nous occasionna plusieurs pertes, entre autres celle de Pedro Villaescusa, le superbe chef de la Phalange, qui mourut d'un tir de canon, précisément dans la brèche dont j'ai parlé. Je ne connaissais pas ce jeune homme avant d'entrer dans l'Alcazar mais je me pris pour lui d'une affection fraternelle, due à ses extraordinaires qualités humaines, il était courageux, mais pondéré, un courage raisonné et conscient, il affrontait le danger mais en connaissance de cause ; il était modeste, affable et possédait de grandes qualités morales et un très grand esprit de sacrifice. Pour moi, Pedro Villaescusa représente le prototype du vrai phalangiste.

Alors prend fin mon activité en tant que défenseur, car ce même jour, ou le jour suivant, alors que nous étions réunis le soir dans le bureau du Colonel Moscardó, les rouges nous envoyèrent un obus de 155 qui nous atteignit tous, mais il semblerait que c'est surtout moi qu'il cherchait, car il me fit 17 blessures et me laissa comme une passoire. De plus l'onde de choc me produisit une grande commotion, si bien qu'entre l'hémorragie et la faiblesse dont je souffrais depuis longtemps déjà, j'étais totalement annihilé et je n'ai plus pu me lever de mon grabat.

Le fait que ce projectile ne produisit pas une hécatombe est proprement miraculeux. La seule raison valable est que, comme je l'ai dit au début de mon récit, les munitions des 155 venaient de l'étranger et étaient faites en acier : elles se fragmentaient en petits morceaux comme les 17 qui m'infligèrent mes blessures (j'en conserve encore un certain nombre dans mon corps). Leur taille allait de la tête d'épingle à celle d'une noisette. Logiquement, s'il n'en avait pas été ainsi, il ne serait rien resté de ceux qui se trouvaient là (Moscardó, Vela, Simancas etc).

Je restais là, dans la partie du sous-sol, qui devint ma chambre, (car je n'aimais pas être à l'infirmerie), sans pouvoir bouger, mais, bien sûr, étant donné que j'avais organisé toute la défense et que je connaissais toutes les situations sur le bout des doigts, tout le monde venait sans cesse me demander des instructions ; de plus j'imaginais tous les incidents qui pouvaient se produire et j'essayais ainsi de contribuer dans la mesure du possible à la défense, comme je l'avais fait quand j'étais encore valide. Au bout de trois ou quatre jours et grâce à la providence représentée par Pelayo Lozano, qui me soignait avec l'affection et la sollicitude qu'il savait prodiguer, je me sentais mieux, et comme je savais (car tous me le disaient) que les gens étaient impressionnés et inquiets de ne pas me voir, comme d'habitude, faire face au danger, je dis à deux de mes Lieutenants d'Artillerie de me prendre dans leurs bras, car j'étais incapable de me tenir debout, et de me monter jusqu'au patio profitant d'un moment de répit, et je constatais combien de voir de nouveau le « Commandant » remontait le moral. Il y avait d'autres Commandants, mais quand on disait « *El Commandante* », tous savaient qu'il s'agissait de moi. Et il en fut ainsi, chaque jour, on me montait pendant un moment au patio ou bien, on me couchait sur un matelas dans le bureau de Moscardó. On ne me descendait au sous-sol que pour y passer la nuit.

Et ce fut le 27 septembre. Le matin de ce jour, le Commandant d'Artillerie Fernando Puertas descendit où je me trouvais, et il me dit : « Je pense qu'aujourd'hui ça va être très dur, et je voudrais que l'on te monte au patio, car tu donnes du cœur au ventre », et l'on me monta comme les jours précédents en me prenant dans les bras, on me plaça sur un fauteuil dans un lieu un peu protégé, et là, j'assistais au vacarme qui fut très conséquent, car ils essayèrent de faire exploser une mine, mais fort heureusement, elle ne causa aucun dégât, car elle resta au milieu de l'esplanade et ce fut plus spectaculaire que dangereux ; ils se lancèrent à l'attaque, devant l'échec de leur tentative, ils nous arrosèrent d'essence, et enfin comme ils virent que les nôtres étaient déjà en vue, ils cédèrent et tout se résuma en un tir sporadique. Ce matin-là, je ne fis ni ne pus rien faire d'autre que d'être dans le patio, encourageant les gens par ma présence et mes paroles. Car bien que le moral était au plus haut, tout le monde sait combien il est exaltant pour ceux qui combattent de voir les blessés participer avec eux au danger. Quand l'attaque commença à faiblir, je demandais que l'on me conduise au bureau du Colonel Moscardó où, comme je l'ai déjà dit, j'avais mon matelas installé. Là on m'apportait les nouvelles de nos forces qui arrivaient et combattaient déjà aux alentours de Tolède. Alors on vint me dire que les rouges avaient retiré les derniers canons et que l'on voyait des groupes qui partaient par la route de Mocejón. Je pensais que le canon de 7 et les 19 projectiles que j'avais réservés comme seule arme possible contre les tanks, ne seraient probablement plus utiles, le mieux serait que nous lancions ces projectiles sur ceux qui se retiraient. Durant toute la durée du siège, nous n'avions fait aucun tir de canon depuis l'Alcazar ; si à présent on tirait, ils croiraient que l'artillerie arrivait dans les colonnes et cela ajouterait à leur désarroi. Ainsi, j'ordonnais que l'on monte le canon à la bibliothèque de Cavalerie, d'où l'on domine la route par où ils partaient. Quand on m'avertit que le canon était en place, je demandais que l'on m'y conduise car je voulais avoir la satisfaction de leur envoyer quelques tirs, en réponse à tous ceux que nous avions subis. Deux Lieutenants me prirent dans leurs bras, je crois que ce furent Catalán et Ros et ils me portèrent près du petit canon, mais il semble que les rouges, même en ces moments extrêmes, ne voulaient pas me lâcher, car en arrivant près du canon, un des Lieutenants me dit : « Attention, mon Commandant ils tirent » et sitôt dit sitôt fait, au même instant je reçus une balle en pleine poitrine, ma cinquième blessure durant le siège, très grave blessure : pour m'en tirer, je dus passer 20 mois à l'hôpital. Quand on me descendit à l'infirmerie et comme j'étais encore sur la table d'opérations, le premier groupe de Maures du groupe de *Regu-*

lares de Tétouan, qui avaient été les premiers à rompre l'encerclement, pénétrèrent dans l'Alcazar ainsi que quelques légionnaires.

On peut aisément imaginer la liesse qui régna ce soir-là dans l'Alcazar, je ne pus y participer, car j'étais au plus mal. Les troupes arrivèrent à l'Alcazar à la tombée de la nuit du 27 septembre, mais étant donné que j'avais prévu qu'éventuellement les rouges pouvaient se déguiser avec des uniformes des nôtres afin de nous surprendre, j'avais donné l'ordre, qu'après le coucher du soleil, on interdise l'entrée à quiconque prétendrait entrer, il devrait attendre que le jour se lève et cette consigne fut tenue scrupuleusement, bien qu'étant donné la tournure que prenaient les combats, on pensait bien que les forces qui arrivaient étaient des nôtres et jusqu'à ce qu'on ait reconnu formellement le Lieutenant de Regulares de Tétouan La Huerta, qui fut le premier à pénétrer dans l'Alcazar, on ne laissa entrer personne. Là, je dois mentionner une anecdote pittoresque : pendant que l'on soignait mes blessures, je vis entrer dans l'infirmerie les premiers *Regulares* de Tétouan, et je me souviens parfaitement que l'un d'entre eux, tout content, sortit de dessous sa gandoura une cage vide et à moitié disloquée, qu'il avait sans doute récupéré dans Tolède. Pour imaginer ce que cela représente, il faut savoir que pour monter jusqu'à l'Alcazar il avait dû se traîner parmi les décombres, essuyer les tirs des rouges et sans doute aussi ceux des nôtres. Dans ces conditions il n'avait pas dû être très aisé de transporter une cage entre sa poitrine et la gandoura.

Le lendemain, tous les blessés furent transportés dans les hôpitaux de Tolède et commença alors ma longue pérégrination d'hôpital en hôpital : Tolède, Séville, Salamanque et, bien qu'ayant été opéré 5 fois, ma blessure ne cicatrisait pas. Ce fut alors que l'Association Allemande d'Anciens Combattants « *Deutschen Reichskriegerbundes (Kyffhaüserbund)* » me proposa d'aller me faire soigner en Allemagne à ses frais. On m'autorisa à accepter cette proposition et là on me remit entre les mains du Dr. Ferdinand Sauerbruch et, après 10 mois d'hospitalisation et 3 nouvelles interventions, il réussit à faire cicatriser ma blessure. Je crois de mon devoir d'exprimer l'énorme gratitude que je dois au Dr. Sauerbruch et au Général Reinhard, chef de l'Association allemande des anciens combattants.

Tout au long de ce récit un peu décousu, j'ai omis de parler de certains événements qui furent d'une importance capitale. Ainsi l'un se produisit le 22 août ; j'étais certain que quelque chose se produirait ce jour-là et c'était une intuition purement personnelle, fondée sur le fait que ce 22 août était la date anniversaire de mon épouse et celle de mon fils. J'avais la conviction qu'un tel jour serait différent des autres et je crois même en avoir parlé à quelqu'un dont j'ai oublié le nom. Je voyais la journée s'écouler sans que l'événement que j'attendais se produise mais, vers six heures, on entendit un grand vacarme et un énorme paquet tomba dans le patio ; en même temps, on entendit le bruit d'un moteur d'avion qui s'éloignait. Je me trouvais dans le patio à l'angle Nord-Est, avec mon aide de camp, le Lieutenant Barón, et le Lieutenant de la Garde Civile Consuegra et quelqu'un encore dont je ne me souviens pas. Il y avait aussi dans la galerie Est, devant la porte de la Bibliothèque de Cavalerie une compagnie de la Garde Civile qui, je crois, attendait la soupe, elle se dispersa en entendant ce bruit. Tous ceux qui étaient dans le patio furent étourdis et je me souviens que le Lieutenant Consuegra, en voyant que des boîtes métalliques sortaient de ce paquet, s'exclama « des gaz », je lui dis de façon péremptoire « tais toi, même si tu as raison. » Je m'avançais vers le centre du patio suivi de Barón et en voyant des boîtes de lait condensé, des caisses de sardines, etc., je criais « des vivres, des vivres » et alors tout le monde se précipita vers le centre du patio avec l'allégresse que l'on peut imaginer. Certains commencèrent à manger des morceaux de chocolat et certaines autres choses qui étaient par terre. Je ne peux dire si ce fut par peur que cette manne soit dilapidée et mal administrée ou parce que j'eus soudain l'idée que ces denrées puissent avoir été envoyées par les rouges, je dis : « Que personne ne mange ni ne garde rien au cas où ce seraient des aliments empoisonnés. » On récupéra presque tout et on le porta au responsable de la nourriture. Pas mal de ces boîtes avaient été défoncées à cause du choc et, avec ce que l'on a pu récupérer, on fit une distribution extraordinaire composée d'un mélange de sardines à l'huile, perdrix en escabeche, poudre de chocolat, lait concentré, des morceaux de mortadelle et je ne sais quoi encore ; en temps normal, on aurait considéré ce mélange comme immangeable, mais dans les conditions qui étaient les nôtres, les deux cuillerées dont chacun bénéficia furent un vrai régal. Il y avait aussi des bandages, des paquets d'indigo dont personne ne comprit l'utilité, des journaux de Séville, un code pour signaler « nous pouvons résister », « nous sommes à court de munitions », « nous avons besoin de médicaments ». Le lendemain Villalba trouva sur l'esplanade un tube qui contenait des papiers écrits par le Généralissime, dont je donne la copie :

« Aux braves défenseurs de l'Alcazar de Tolède. Nous sommes au courant de votre héroïque résistance et nous vous envoyons un aperçu des secours que nous allons vous prêter. Bientôt nous arriverons, entre-temps résistez à tout prix, nous continuerons à vous aider autant que possible ! Vive l'Espagne ! Le Général Francisco Franco. »

« Une chaleureuse accolade de cette armée aux braves défenseurs de l'Alcazar ! Nous approchons, nous allons vers vous, entre-temps résistez, nous vous enverrons des secours. Tous les obstacles ont été surmontés, nos colonnes avancent, la résistance est enfoncée ! Vive l'Espagne ! Vivent les braves défenseurs de l'Alcazar ! Le général F. Franco. » 22 août 1936.

Je ne peux décrire l'immense joie que le survol de cet avion a produit en nous, car nous avions la preuve que nos frères d'armes ne nous oubliaient pas. Aussitôt, on organisa une manifestation de gratitude envers notre Vierge et, comme quelqu'un a dit par la suite, je crois que ce fut Marín, de façon très juste, ce soir-là le chant du *Salve Regina* fut plutôt « pleuré » que récité. Après la libération, j'appris que cet avion avait été piloté par Rudolph von Moreau, un aviateur de la Légion Condor, mort par la suite dans un malheureux accident. Les défenseurs de l'Alcazar lui doivent ce qui fut sans doute la joie la plus intense que nous ayons connu pendant la durée du siège ; pour l'en remercier, je ne peux que prier pour lui de temps en temps. Il accomplit sa mission avec une habileté et une audace extraordinaires. Il volait au-dessus de l'Alcazar, il coupa les gaz étant encore très haut, descendit en vol plané et il rentra matériellement dans le patio. Immédiatement après avoir largué son chargement, il remit le moteur en marche pour repartir comme un cheval qui se cabre. Pour apprécier l'énorme danger que comportait cette mission, il faut imaginer que si dans sa descente nous l'avions aperçu, nous-mêmes ou les rouges, nous lui aurions tiré dessus et, étant donné qu'il volait très bas, nous l'aurions sans aucun doute atteint.

En réponse à cette prouesse héroïque, les rouges accomplirent un acte de barbarie : le lendemain, en représailles, ils fusillèrent, en même temps que d'autres, Luis Moscardó (qu'il repose en paix), le fils de notre Colonel. Ainsi, j'avais eu raison quand j'avais dit au Colonel Moscardó, après la conversation téléphonique au début du siège (22 ou 23 juillet), qu'ils n'avaient pas assassiné le pauvre Luis à ce moment-là. Après la visite de l'avion et les nouvelles des journaux, le moral, qui était déjà bon, atteignit son plus haut niveau. Bien sûr, nous avons installé dans le patio le signal « nous pouvons résister », et nous l'avons maintenu, jusqu'à la fin, bien que certains insinuèrent qu'il pouvait donner une idée fausse de notre situation, mais comme nous savions que nos frères d'armes faisaient tout ce qui était humainement possible pour venir à notre secours, je pensais que notre devoir était de ne pas leur créer trop de problèmes. Je ne sais comment m'expliquer, mais il existait entre eux et nous un sentiment si profond de confraternité, que pendant les journées de bombardement et de canonnage intense, nous arrivions à nous dire : « Tant mieux, c'est cela en moins qu'ils tireront sur nos colonnes. »

Un autre avion nous visita le 6 septembre de bonne heure, il nous apportait également des vivres, mais en moindre quantité, car une partie tomba en dehors de l'Alcazar. Nous avons recueilli également les messages du Général Mola, que je transcris à la suite et celui des jeunes filles de Burgos. Cette nouvelle visite de l'aviation nous causa une immense joie et nous remonta le moral.

« Valladolid, 30 août 1936. – Le Général en Chef aux braves défenseurs de l'Alcazar de Tolède. Nous sommes vainqueurs sur tous les fronts et nous avançons d'un pas ferme vers la victoire. J'espère que vous serez libérés d'ici peu. La colonne de Yagüe se dirige vers Talavera ; la mienne, plus avancée, est proche de l'Escorial ! Vive l'Espagne ! ! Vivent les courageux défenseurs de l'Alcazar de Tolède ! Bien à vous tous. Votre Général Emilio Mola »

« Valladolid 30 août 1936. – Le Général en Chef aux braves défenseurs de l'Alcazar de Tolède. Mon respect, mon affection, mon enthousiasme et mon cœur de vieil officier d'Infanterie vont aux glorieux défenseurs du berceau de l'Infanterie Espagnole. Votre Général Emilio Mola. »

Ces deux messages étaient écrits sur du papier portant l'en-tête : « Armée du Nord ».

Le message des femmes de Burgos auquel j'ai fait allusion est le suivant :

« Chevaliers Cadets – Alcazar de Tolède. La geste de votre héroïsme, que votre bravoure a inscrit pour Dieu et pour l'Espagne entre les murs de ce glorieux Alcazar, sera la geste immortelle des chevaliers de la race hispanique qui a hissé malgré les périls, sa Croix et son Drapeau, ce Drapeau que vous avez maintenu au plus haut de votre forteresse au péril de vos vies. Notre admiration vous accompagne et notre jeunesse, à l'égal de la vôtre, s'identifie à votre épopée et nous prions, nous prions sous les voûtes en dentelle de notre merveilleuse Cathédrale de Burgos et notre prière angoissée monte vers le bois sacré de la Croix et nous disons au Divin Maître : “Sauvez-les, sauvez-les, mon Dieu, ils donnent leur vie pour l'Espagne et pour Toi”.

Chevaliers Cadets, nous sommes des jeunes filles joyeuses, pleines d'enthousiasme et comme vous, nous sommes l'Espagne nouvelle et en cette aube radieuse, nous ressentons le poids des responsabilités de ces moments historiques. Aujourd'hui, nous offrons nos vies, demain nous donnerons tout ce que nous pourrons, en renonçant aux frivolités, pour offrir à notre Espagne, avec nos sacrifices, sa grandeur, son rayonnement pour qu'elle devienne ce qu'elle fut toujours Mère de Peuples et de Races. – Voyez au bas de ce message toutes les jeunes filles de Burgos, Enfants de Marie de Castille, qui mettent sur ce Drapeau que vous avez fait flotter au plus haut de l'Alcazar de Tolède, leur cœur de femmes de Burgos en hommage d'admiration envers les Chevaliers Cadets et leurs héroïques compagnons. Pour Dieu et pour l'Espagne ! Vive l'Espagne ! Vive l'Espagne ! Vive l'Espagne ! Burgos, août de 1936. »

Les miliciens avaient installé plusieurs haut-parleurs, qu'ils utilisaient pour nous inviter à nous rendre, nous inciter à déserter, et très souvent, ils nous invectivaient avec des propos qu'il est difficile de reproduire. Nous, systématiquement, nous répondions par le silence, ce qui les exaspérait plus que si nous les avions insultés. Bien souvent, après nous avoir tiré dessus et avoir proféré les pires invectives, voyant que nous n'avions pas fait feu une seule fois, ni dit le moindre mot, dans le paroxysme de leur colère, ils criaient rageusement : « *so... tales* », au moins répondez.

Un soir, ils nous annoncèrent que le Commandant d'Infanterie Vicente Rojo avait une mission du gouvernement et qu'il désirait rencontrer le Colonel Moscardó ou le Capitaine Alamán. Nous avons répondu qu'il pouvait se présenter le lendemain matin à huit heures, seul, sans armes devant la porte de la façade Ouest appelée *Puerta de Carros*. Le Commandant Rojo avait été longtemps professeur à l'Académie d'Infanterie, il avait été l'ami intime de tous les professeurs qui se trouvaient dans l'Alcazar (il était particulièrement intime avec le Capitaine Emilio Alamán, avec qui il avait publié une *Bibliographie Militaire*). Il jouissait parmi tous les professeurs d'un grand prestige, car il était, paraît-il, un homme d'une grande capacité de travail et d'une intelligence peu commune. Tous ceux qui le connaissaient le tenaient pour un parfait gentilhomme, d'idées absolument identiques à celles que nous défendions. Pour ses amis, il était impensable qu'il puisse collaborer avec les rouges et c'est seulement devant l'évidence et avec toutes sortes de réticences qu'ils durent l'admettre. En un mot, c'était un homme qui avait la confiance absolue de tous ceux qui, dans l'Alcazar, le connaissaient. J'insiste sur ce fait pour expliquer ce qui va suivre.

Comme je l'ai déjà dit auparavant, le rendez-vous fut fixé à huit heures du matin et les haut-parleurs fonctionnèrent à nouveau pour nous annoncer sa visite et qu'en conséquence nous ne devions pas tirer. Il en a été ainsi, et Rojo est apparu, vêtu d'un bleu de travail avec un mouchoir blanc à la main. Il avait sur la poitrine son étoile de commandant et un ruban avec les couleurs du drapeau républicain. (Il faut dire que nous avions appris par les journaux que l'avion du 22 août nous avait jetés et par les rubans qui entouraient les messages que notre Caudillo avait adopté l'unique drapeau qui, pour nous, était le drapeau espagnol, rouge et or. Je ne sais comment mais, très rapidement, nous avions tous trouvé des rubans à ces couleurs et nous les arborions sur la poitrine).

Je me suis rendu à la *Puerta de Carros* où il y avait beaucoup de monde, avec le Capitaine Alamán, qu'il salua avec émotion, et juste devant la porte, je l'informais qu'il était nécessaire de lui bander les yeux, il accepta et, avec les yeux bandés, je le pris par le bras pour le conduire au bureau du Colonel Moscardó. Pendant le trajet, je lui fis faire plusieurs tours sur lui-même, franchir des obstacles pour la plupart imaginaires et suivre un trajet fantaisiste, cela non seulement pour qu'il ne devine pas notre organisation, mais également pour qu'il s'en fasse une idée fausse. En arrivant dans le bureau de Moscardó, je lui ôtais le bandeau. Il entra en compagnie du Commandant Piñar et c'est uniquement devant eux deux que l'entrevue s'est déroulée.

Entre-temps, comme il avait été convenu que les hostilités cesseraient durant l'entrevue, quelques-uns sortirent et parlèrent avec les miliciens et même le grand Emilio Vela Hidalgo voulut faire de la politique et les attirer en essayant de les convaincre qu'ils étaient complètement perdus.

Je ne me rappelle plus combien de temps a duré l'entrevue ; en sortant du bureau, je le pris par le bras et lui bandais les yeux à nouveau et, avec les mêmes précautions qu'à l'aller pour le désorienter, je le laissais à la *Puerta de Carros*. Là, il prit congé de quelques-uns qu'il connaissait et, avant de partir, il cria « ! Viva España ! » À l'aller, je crois bien qu'il ne prononça pas un seul mot mais, au retour, je sentais qu'il était ému et prononçait des phrases dont je ne me souviens pas, tout occupé que j'étais à le désorienter, mais j'eus la sensation qu'il voulait nous faire comprendre qu'il était près de nous par la pensée. Quand Rojo est parti, je suis revenu dans le bureau de Moscardó, pour savoir qu'elle avait été la mission de Rojo, et Moscardó m'a dit que Rojo lui avait exposé, qu'occupant un poste à l'État-Major, il connaissait le projet de faire sauter l'Alcazar et qu'étant donné l'affection qu'il avait pour nous, il avait demandé qu'on l'autorise à venir parlementer avec nous, que cela lui avait été accordé, qu'il apportait une proposition du comité de Tolède qui disait que nous devions nous rendre, que la vie des femmes et des mineurs de moins de 16 ou 18 ans, serait épargnée et quant aux autres, ils seraient jugés par les tribunaux réguliers de la République. Cette proposition était signée entre autres par un cireur de chaussures, un ouvreur de cinéma, une prostituée, et d'autres individus du même acabit. Moscardó avait refusé cette proposition et il n'en a plus été question.

Moscardó m'a précisé que Rojo lui avait dit qu'il avait raison, qu'il était totalement en communion de pensée avec nous, mais que craignant les représailles dont pourrait faire l'objet sa famille, il s'était mis au service des rouges. Il dit également que la Guerre se déroulait de façon très favorable pour nous, que nous triomphions sur tous les fronts, excepté du côté de la Sierra par suite de l'impéritie (ou peut être pire, d'après ce que j'ai pu entendre après la libération) du Colonel Zaldívar. À Madrid, la situation était si désastreuse que, quelques jours auparavant, ils n'avaient plus que quelques caisses de cartouches de fusil. Piñar fit allusion à la mine, mais Rojo lui dit qu'il ne savait pas où elle se trouvait, c'étaient les miliciens qui s'en occupaient dans le plus grand secret, car ils se méfiaient de tout le monde. En nous quittant, il demanda à Moscardo s'il désirait quelque chose, il lui répondit qu'il ne voulait rien provenant des rouges ; mais étant donné que tous les défenseurs étaient de fervents catholiques, et que nous n'avions pas de prêtre parmi nous, nous accueillerions avec bonheur un religieux qui accepterait volontairement d'exercer son ministère parmi nous, même s'il considérait comme peu probable que quelques-uns soient encore en vie.

J'ai beaucoup réfléchi à cette visite de Rojo et j'en ai tiré les conclusions suivantes : l'annonce de sa visite par haut-parleur éveilla tout de suite en moi des soupçons. Si au début du siège, il pouvait y avoir à l'Alcazar certains qui n'avaient pas encore une idée bien définie de la conduite à tenir, en ces jours (10 septembre), personne ne doutait plus qu'il n'y avait pas d'autre solution que la résistance, donc qu'il n'y avait pas lieu de discuter. Quoi qu'il en soit, cette visite ne me plaisait pas du tout, avant même l'arrivée de Rojo ; je discutais avec Moscardó au sujet de la mission dudit parlementaire et je lui ai dit qu'aucune proposition de nous rendre, quels qu'en aient été les termes, ne pouvait être acceptée. En cela, Moscardó était totalement d'accord. Je me souviens lui avoir dit : « s'il insiste en mettant en avant le danger que représente la mine, dites-lui que tous, nous préférons mourir enterrés entre ces pierres couvertes de gloire, que d'être fusillés dans une écurie à mulets. » Moscardó me dit après l'entrevue, qu'il lui avait sorti cette phrase et qu'elle avait causé son effet sur Rojo. C'est à cause de ces soupçons tenaces que j'insistais pour prendre en charge personnellement Rojo depuis son entrée à l'Alcazar jusqu'à son départ, je ne l'ai pas lâché, excepté le temps où il s'enferma avec Moscardó dans son bureau. Comme je l'ai déjà dit auparavant, j'ai beaucoup réfléchi aux motivations de la visite de Rojo. Il n'était pas venu, bien évidemment, pour nous faire l'absurde proposition de nous rendre qu'il présenta à Moscardó, d'ailleurs lui-même considéra que celui-ci avait très bien fait de refuser. Ma conclusion est la suivante : Rojo avait sûrement nos idées, car tous ceux qui le connaissaient étaient d'accord sur ce point, mais il avait pris le parti des rouges par peur des représailles que l'on pouvait exercer sur sa famille ou tout simplement par manque de courage. Mais une fois le pas franchi, en constatant l'incapacité de ceux qui l'entouraient, il avait pensé que son intelligence et ses qualités professionnelles lui ouvriraient un vaste horizon, et son ambition se réveilla. Cependant, il ne jouissait pas encore d'une totale confiance de la part des rouges, il s'était donc proposé pour rapporter des renseignements sur notre situation, qui seraient bien plus fiables et précieux étant donné sa valeur et la connaissance qu'il avait de l'Alcazar, que ceux rapportés par les déserteurs. Pour obtenir ce qu'il voulait, Rojo comptait sans doute sur ses antécédents et l'amitié qui le liait à de nombreux défenseurs. Il pensait aussi que ses propos réitérés sur ce qu'il était en communion de pensée avec nous endormiraient nos soupçons et qu'il pourrait ainsi retirer quelques informations valables. Je pense donc que Rojo entra à l'Alcazar avec le ferme propos de trahir notre confiance, si nous lui en laissions la possibilité. Bien sûr, il échoua, car mis à part les murs du bureau de Moscardó, il ne vit rien, car, ainsi que je l'ai déjà dit, je l'ai toujours conduit les yeux bandés. Mon hypothèse sur les raisons pour lesquelles il était venu est confirmée par le fait qu'après la libération, on nous a dit que l'on avait récupéré une abondante documentation sur des plans pour attaquer l'Alcazar et que tous étaient signés par Rojo. D'autre part, le fait qu'il ait occupé de très hautes fonctions au service des marxistes prouve bien que, s'il est possible qu'au début il ait offert ses services par peur, ensuite il avait collaboré de son plein gré et il l'a prouvé en maintes occasions. Je me réjouis grandement de l'avoir empêché d'arriver à ses fins à l'Alcazar.

À la suite de cette visite, nous avons eu, quelques jours après, celle du Père Vázquez Camarasa. Moscardó avait fait part à Rojo de notre désir de recevoir un prêtre. En fait, nous n'avions pas le moindre espoir que ce désir puisse se réaliser et je peux même affirmer que nous avions presque oublié la requête que nous avions formulée. Quel ne fut pas notre étonnement lorsqu'un haut-parleur nous annonça dans la nuit du 10 au 11 septembre : « ! Alcázar ! ! Alcázar ! le Gouvernement de la République accepte votre demande et demain à 8 heures, le Père Vázquez Camarasa viendra passer une heure avec vous. » Nous avons répondu que nous voulions qu'il reste trois heures et, après bien des tergiversations, ils ont accédé à notre demande. Le lendemain, le Père s'est présenté à la *Puerta de Carros* comme l'avait fait Rojo, en civil, avec un mouchoir blanc dans une main et un crucifix dans l'autre. C'est moi qui l'ai reçu et lui ai bandé les yeux. Je l'ai conduit au bureau de Moscardó. Il était visiblement ému, à en juger par les phrases banales que nous avons échangées. Tout le monde voulait se confesser, mais cela étant impossible, seuls quelques-uns ont pu le faire, moi entre autres, et je crois me rappeler que le Capitaine Luciano Pastor se confessa également. Ensuite il nous dit qu'il distribuerait la communion à tous ; étant donné les circonstances, il considérait qu'il était autorisé à le faire. Au premier sous-sol, au coin de la descente vers le *paso curvo*, on avait préparé un autel avec notre Vierge et nous sommes descendus. Il dit la messe et donna la communion à presque tous. Ensuite il est allé à l'infirmerie pour l'administrer aux malades et aux blessés. Il prononça une homélie avec son habituelle éloquence et sa grande facilité de parole, il nous exhorta à nous soumettre à la volonté de Dieu. Ce fut en quelque sorte une préparation à la mort.

Cette messe, la distribution de la communion, l'émotion due à l'homélie dans ce cadre du sous-sol, les cris, les sanglots, les prières, nous tous qui avions plus l'apparence de spectres que d'êtres humains, tout cela constituait un tableau d'une telle charge émotionnelle qu'il aurait mérité d'être décrit, si l'un d'entre nous avait eu un quelconque talent d'écrivain.

Quand la cérémonie prit fin, nous sommes remontés avec le Père Vázquez Camarasa au bureau de Moscardó et nous avons parlé assez longuement avec lui. Nous lui avons fait part de notre étonnement de voir comment cette racaille l'avait épargné. Il nous donna de vagues explications, comme quoi il s'était réfugié chez une de ses connaissances qui s'avéra être un grand personnage de la FAI, et il nous dit qu'étant enfermé à longueur de journée, il n'était pas au courant des événements. Nous lui avons fait part de notre grand désir d'avoir un prêtre avec nous. Il releva l'allusion (qui fut faite de façon très discrète) et il nous dit que tout le monde n'était pas de taille à devenir un héros. Il fit allusion également à des engagements très importants et aux graves conséquences qui en découleraient s'il restait à l'Alcazar ; logiquement nous n'avons pas insisté. Quelques-uns le chargèrent de quelques messages, écrits, objets à transmettre à leur famille, mais je m'y opposais, car malgré la bonne volonté du Père Vázquez Camarasa, il était très probable que tout cela tomberait entre les mains des rouges et cela ne pouvait que causer un grand préjudice aux personnes auxquelles ces messages étaient adressés.

Il nous dit combien les rouges s'étaient bien comportés avec lui, et qu'ils étaient bien meilleurs que nous le supposions ; naturellement nous lui avons fait comprendre combien ces réflexions nous étaient désagréables. Le Père Vázquez Camarasa n'eut les yeux bandés que pendant le trajet de la *Puerta de Carros* jusqu'au bureau du Colonel Moscardó. Ensuite, nous l'avons laissé tranquille, il nous était difficile de lui bander à nouveau les yeux. Il manifesta même le désir de voir un peu alentour et nous sommes sortis avec lui dans le patio car, étant donné sa condition de prêtre, il était peu probable que les rouges puissent tirer de lui des détails sur ce qu'il avait vu ; sans aucun doute, ce qu'il pourrait dire ne pouvait avoir aucune importance sur le plan militaire. Tout le temps que dura cette « visite », il était blanc comme un linge et on voyait bien qu'il ne pouvait dominer son émotion. Il nous dit qu'il ne pensait pas que puissent exister des scènes aussi bouleversantes que celle de la Messe ; il la comparait à celle à laquelle participaient les premiers chrétiens dans leur prison avant d'affronter le supplice. Enfin on pouvait dire que le pauvre homme « n'en menait pas large ».

En partant, il nous informa du terrible danger qui nous guettait (la mine) et qu'il soumettait à notre conscience d'hommes et de chrétiens le fait que des innocents (les femmes et les enfants) se trouvaient avec nous et il nous invitait à réfléchir à la possibilité de leur éviter ce danger. Nous l'avons questionné sur les garanties qu'on pouvait leur offrir une fois hors de l'Alcazar : il nous a répondu qu'ils seraient traités humainement (ou quelque chose dans le genre), et nous lui avons rétorqué que non seulement personne ne voulait sortir, mais qu'au contraire, bien des gens qui étaient restés dehors à Tolède, viendraient de bon gré s'enfermer avec nous. Je me rappelle que l'épouse du Lieutenant Enríquez de Salamanca (Carmen Romero) était présente et elle lui a dit que toutes les femmes de l'Alcazar étaient là de leur plein gré, très contentes et très fières. Il nous pria néanmoins d'envisager la chose, et nous lui avons répondu vaguement qu'il en serait ainsi, mais sans la moindre intention de donner suite ; il a pris congé et il est parti comme il était venu. Durant la visite du Père Vázquez Camarasa, on nous avait promis que les hostilités cesseraient et, confiant en cette promesse, le phalangiste Nicolás Hernández se montra à la fenêtre de la tour Sud-Ouest et là il fut assassiné d'une balle dans le ventre et bien qu'immédiatement on nous expliqua que le tir provenait de quelqu'un qui n'avait pas encore reçu l'ordre d'arrêter les hostilités, le fait est que le pauvre paya bien cher le fait d'avoir eu confiance. C'était un jeune phalangiste très courageux, un garçon sympathique, il nous rendait de grands services, car il connaissait plusieurs langues et nous l'appelions chaque fois qu'à la radio nous avions des informations en anglais ou en allemand.

La visite du Père Vázquez Camarasa suscita à l'Alcazar de nombreux commentaires, en majorité défavorables, car personne ne comprenait qu'il puisse ainsi fuir devant le danger et nous laisser à l'abandon quand nous avions un tel besoin du secours de la religion. De plus, on comprenait difficilement, étant donné sa notoriété, qu'il n'ait pas subi le même sort qu'une infinité de prêtres assassinés par les rouges. À cela s'ajoutait la mauvaise impression qu'avait produite son homélie, si bien que le moral était au plus bas. Pour ma part, je réagis tout à fait différemment. Le fait de m'être confessé, d'avoir assisté à la messe et d'avoir communié avec une ferveur comme je n'ai jamais plus connu durant toute ma vie, m'apporta une telle tranquillité d'esprit, une telle force, que je puis affirmer que ce jour-là tous les événements terrestres passèrent au second plan.

J'ai beaucoup réfléchi à cette visite du Père Vazquez Camarasa, pour essayer de comprendre à quel mobile elle obéissait. Beaucoup croyaient que c'était pour nous démoraliser complètement, mais je ne pense pas que c'était le propos de son homélie. Je crois plutôt que, dans la pensée du Père Vázquez Camarasa, nous étions irrémédiablement condamnés à mourir et, dans ces conditions, un prêtre se doit de nous préparer à passer dans l'autre monde, c'est ainsi qu'il le pensait. D'autres dirent qu'il était venu pour nous proposer de nous rendre, mais cela est faux. Il nous proposa seulement, et sans trop insister, d'évacuer les femmes et les enfants qui le désireraient. Je pense plutôt que les rouges profitèrent de notre demande et saisirent l'occasion pour que les services de propagande, dont ils prenaient grand soin, montent en épingle l'événement dans le but de prouver la grande tolérance dont faisait preuve le gouvernement de la République envers les catholiques, etc. etc. Quant au Père Vázquez Camarasa, la peur l'avait obligé à être leur instrument.

Les fumeurs souffrirent beaucoup à l'Alcazar, car très vite ils durent se résoudre à fumer les choses les plus invraisemblables, entre autres une grande quantité de pétales de roses qu'il y avait dans la pharmacie de la Puerta de Hierro ; plus tard ils ont fait sécher les herbes et les feuilles, ils les surveillaient avec plus de soin qu'ils ne surveillaient les rouges. Mais dans le Musée Romero Ortiz, il y avait parmi bien d'autres curiosités, le mégot d'un havane avec la légende suivante : « dernier cigare qu'alluma le Général Diego de León avant d'être fusillé ». Le cigare était très tentant et personne n'y toucha durant un certain temps, mais je pense que plus que par le respect qu'il inspirait, cela était dû à la surveillance constante de cent paires d'yeux. Mais un jour le mégot disparut, conquis par quelqu'un de plus audacieux que les autres. Je suis sûr que le Général lui pardonna cet acte irrévérencieux, mais il s'attira certainement, « *sotto voce* » (à voix basse), plus d'une invective, tant ce mégot était désiré ; je ne pense pas qu'il y en ait eu un de plus convoité.

Bien sûr, tout au long du siège, nous attendions avec anxiété l'arrivée des colonnes qui nous libéreraient et souvent nous prenions nos désirs pour des réalités car, fréquemment, il y avait quelqu'un qui avait entendu sans aucun doute des bruits lointains de canonnade. La rumeur prenait corps et créait un état d'intense nervosité facilement compréhensible. Plus d'une fois, le Colonel Moscardó m'a dit : « Méndez, allez au poste X, on dit que l'on entend les canons » et bien sûr, bien à regret, je revenais et démentais de telles rumeurs, ce qui faisait perdre l'espoir prématuré d'une prochaine libération.

Ainsi, le 24 septembre, fête de Notre Dame de la Merci, dont j'étais très dévot, à la tombée de la nuit, circula avec grande insistance la nouvelle que l'on entendait bien le bruit des canons dans le lointain et la rumeur vint jusqu'à moi qui me trouvais couché dans le sous-sol, blessé et en bien piètre état. Sans y croire beaucoup, je fis appeler le Capitaine d'Artillerie Fernando Puertas et lui dit : « va voir ce qu'il y a de vrai » et quand il revint et me dit : « cette fois-ci, c'est bien vrai », j'ai donc compris que notre libération était proche. Les jours suivants, ces symptômes se confirmèrent et ceux qui étaient encore valides purent voir comment les colonnes s'approchaient de l'Alcazar. Je n'ai pas eu cette joie car je ne pouvais bouger de mon grabat.

Je ne veux pas terminer ce récit, qui bien entendu ne prétend refléter que les faits auxquels j'ai pris part, et j'ai sans doute oublié de mentionner bien des choses, sans rendre un témoignage d'affection et d'admiration à ceux qui à mon avis le méritèrent le plus dans l'Alcazar, aux faibles, les femmes, les enfants, car ils supportèrent avec une résignation et un énorme courage les souffrances surhumaines que leur imposait la vie dans les sous-sols. Très souvent, les jours où le bombardement était continuel, il fallait faire preuve de beaucoup de courage, aussi bien en étant dans une atmosphère asphyxiante en bas, qu'en se trouvant en haut dans le patio faisant front au danger. Comme je l'ai déjà dit, ils ont tout supporté sans protester, sans une seule plainte, en toute occasion ils ont eu les mêmes réactions que les défenseurs. Ils n'ont jamais été un obstacle pour la défense et, par contre, en bien des occasions, ils ont été d'un grand secours matériel et moral, car, devant une telle attitude, nous nous sentions obligés de nous surpasser. Quant à nous, nous leur réservions toujours les endroits que nous jugions les plus sûrs. Je sais que les rouges, bien souvent dans leur propagande, nous traitaient de lâches et disaient que nous mettions en avant les femmes et les enfants pour nous protéger. La vérité est qu'il aurait fallu que les rouges nous tuent tous avant de pouvoir atteindre un seul d'entre eux.

La meilleure preuve est que, malgré les nombreuses vicissitudes subies pendant le siège et que parfois nous avons dû tirer les oreilles d'un garnement qui s'amusait en pleine canonnade, nous n'avons eu aucun décès provoqué par les engins de Guerre concernant les femmes et les enfants. Ceci prouve combien nous avons veillé à leur sécurité et c'est, à mon avis, la plus haute récompense dont peuvent s'enorgueillir tous ceux qui ont défendu l'Alcazar de Tolède.

BIBLIOGRAPHIE SÉLECTIVE SUR LE SIÈGE DE L'ALCAZAR

Les écrits sur le siège de l'Alcazar de Tolède sont innombrables et de qualité fort inégale. À côté des récits de témoins directs et de quelques ouvrages fondamentaux, des milliers de livres et d'articles, publiés au moment des événements et souvent bien après, se recopient les uns les autres et n'apportent rien de nouveau. C'est le cas de nombreux ouvrages généraux consacrés à l'Histoire de l'Espagne ou à l'Histoire de la Guerre civile, en espagnol ou en français. Cependant, ces dernières années, de nouveaux documents permettent d'avoir une idée plus précise et moins partisane d'un épisode dont l'importance a été parfois exagérée ou au contraire souvent minimisée. Pour les ouvrages anglo-saxons, nous indiquons les références de la plupart des ouvrages dans leur traduction française ou espagnole.

Aux articles et ouvrages, il faut ajouter les reportages des journalistes présents au moment du siège. Leurs témoignages, souvent accompagnés de photos, sont à utiliser avec prudence. Ils ne savent rien de ce qui se passe à l'intérieur de l'Alcazar et doivent se contenter de décrire les barricades et les attaques menées par les gouvernementaux. Cependant ils recueillent des témoignages pendant et à la fin du siège.

Tous les grands journaux et hebdomadaires ont eu des envoyés spéciaux à Tolède. Parmi les périodiques français, citons les quotidiens *Paris-Soir*, *l'Intransigeant*, *l'Humanité* qui, dès le 24 juillet, publient des reportages-photos sur les combats de Tolède, les hebdomadaires, en particulier *Regards*, *Vu*, *Voilà* et surtout l'*Illustration* (Jean Clair Guyot est allé à Tolède et a fait de nombreuses photos). Deux journalistes français présents à Tolède, Gilles de Traversay et Louis Delaprée, furent tués mais plus tard, après le siège de l'Alcazar. Il y eut aussi de nombreux correspondants étrangers, anglais, américains... sans oublier les Russes, Koltzov de la *Pravda*, Ehrenburg des *Izvestia*.

ABC. 70 años de España a través de ABC (1905-1975), Madrid, ABC, 1975, 2 vol. (Alcázar : vol. 1, p. 197).

ABC. 1936-1939. Doble Diario de la Guerra Civil. (Le quotidien avait deux éditions différentes, l'une à Madrid, en zone républicaine, l'autre à Séville, en zone nationale ; la confrontation des deux éditions est fort instructive sur le rôle de la propagande dans les deux camps).

ALARCÓN Mariano de, *L'épopée de l'Alcazar. Nouvelle sur l'héroïque défense de l'Alcazar de Tolède*, Paris, Imprimerie Monceau, 1937 (non consulté).

ALBERTÍ Jordi, *La Iglesia en llamas. La persecución religiosa en España durante la guerra civil*, Barcelona, Ed. Destino, imago mundi, 2008, 527 p. (Tolède, p. 234, 371).

ALPERT Michael, « Historia militar », in Payne et Tusell, *La Guerra Civil*, Temas de Hoy, 1996, 655 p.

ALVAREZ LOPERA, « Realidad y propaganda : El patrimonio artístico de Toledo », in *Los nuevos historiadores ante la Guerra Civil española*, Diputación Provincial de Granada, 1990, t. 2, p. 269.

AROCA MOHEDANO Manuela, *General Juan Hernández Saravia, El ayudante militar de Azaña*, Madrid, Oberón, 2006, 393 p.

ARÓSTEGUI Julio (dir.), *Historia y Memoria de la Guerra Civil*, Valladolid et Salamanca, Ed. Junta de Castilla y León, 1986, 3 vol.

ARÓSTEGUI Julio, GODICHEAU François (ed.), *Guerra Civil. Mito y memoria*, Madrid, Marcel Pons et Casa de Velázquez, 2006, 406 p. (chap. 6 par Reig Tapia sur les mythes politiques franquistes).

ARRARÁS IRIBARREN Joaquín (ed.), *Historia de la Cruzada Española*. Madrid, 8 vol. (vol. 2, p. 138-190, vol. 5, p. 121-139, vol. 7, p. 16-51).

ARRARÀS Joaquín y JORDANA de POZAS L., *El sitio del Alcázar de Toledo*, Zaragoza, Ed. Heraldo de Aragón, 1937. 349 p. (Contient le *Diario de operaciones* et divers documents).

ASENSIO CABANILLAS Carlos, « El avance sobre Madrid y la guerra en los frentes del Centro », in *La Guerra de Liberación Nacional*, Universidad de Zaragoza, 1961 (non consulté).

ASENSIO TORRADO José, *El General Asensio, su lealtad a la República*. Barcelona, Artes gráficas CNT, 1938 (non consulté).

AZNAR Manuel, *El Alcázar no se rinde*, Madrid, 1957, 201 p. (réplique au livre de l'Américain Matthews). Réédité en 2006 par Orbitas, Madrid, à la suite de Herbert Matthews.

AZNAR Manuel, *Historia militar de la Guerra de España*, Madrid, Ed. Nacional, 1969, 3 vol., t. 1, chap. VIII, p. 307-357 (récit précis, profranquiste ; exalte l'héroïsme des défenseurs).

BACHOUD Andrée, *Franco ou la réussite d'un homme ordinaire*, Paris, Fayard, 1997, 526 p. (Alcazar : p. 134 et suivantes). Insiste sur le « mythe » de l'Alcazar. Documentation peu à jour.

BALLESTER ESCALAS Rafael, *El Alcázar de Toledo*, Barcelona, Ed. Bruguera, 1975, 188 p.

BARGELESI Alberto, *L'epopea dell'Alcazar*, Milano, 1941, 326 p. (non consulté).

BARÓN Y MORA-FIGUEROA José, *Mi actuación durante la defensa del Alcázar*. (Texte inédit d'un lieutenant d'artillerie, communiqué par D. Ramón Méndez Mercado).

BARRACHINA Marie Aline, *Recherches sur les ressorts de la propagande franquiste. 1936-1945*, Lille, Presses Universitaires, Septentrion, 1995, 480 p.

BARRANCO GIL José María, *La defensa del Alcázar de Toledo*, Barcelona, Bodegas, (1965), 217 p. (récit chronologique, s'appuyant sur le *Diario de Operaciones*).

BASCHET Éric, *Les Grands Dossiers de l'*Illustration *: La Guerre d'Espagne*, Paris, SEFAG et l'*Illustration*, 1987 (photos intéressantes du siège de l'Alcazar).

BEEVOR Antony, *La Guerra Civil española*, Madrid, Critica, 2005, 902 p. (sur l'Alcazar, p. 183-187 ; le récit, vivant, manque de rigueur historique).

BENAVIDES MARTÍNEZ José, *Memorias de mi estancia en la defensa del Alcázar de Toledo*, Manuscrit inédit d'un défenseur, lieutenant d'Artillerie (s'arrête au 17 septembre).

BENNASSAR Bartolomé, *Franco*, Paris, Perrin, 1995, 409 p. (Une simple note p. 107 reprend les affirmations erronées du journaliste anglais Matthews).

BENNASSAR Bartolomé, *La Guerre d'Espagne et ses lendemains*. Paris, Perrin, 2004, 548 p. Ouvrage essentiel. (Alcazar : p. 107-108 ; admet que l'entretien de Moscardó avec son fils a bien eu lieu). Traduction espagnole : *El infierno fuimos nosotros. La guerra civil española (1936-1942).*

BERGERON F., GRIMALDI O., SANDERS A., *Les Héros de l'Alcazar, avec une bande dessinée*, Paris, Cercle franco-hispanique, 1987, 36 p. (Pro-franquiste. Reproduction d'une bande dessinée de 1947. Grosses erreurs).

BLANCO ESCOLA Carlos, *Falacias de la Guerra Civil. Un homenaje a la causa republicana*, Madrid, Planeta, 2005, 301 p. (Alcazar : p. 135 ; parle surtout des massacres qui ont suivi la prise de Tolède par l'Armée d'Afrique).

BLANCO ESCOLA Carlos, *Vicente Rojo, el General que humilló a Franco*, Barcelona, Planeta, 2003 et du même auteur : *La incompetencia militar de Franco*, Alianza Ed., 2000, 516 p. (Alcazar : p. 257-263 ; l'auteur estime que Franco a commis une grave erreur en délivrant l'Alcazar).

BLANCO J.A., RIESCO S. et RUIZ R., *Bibliografía de Historia de España : n° 7 : La guerra civil (1936-1939)*, Madrid, CINDOC, 1996 (3 500 références d'études publiées entre 1975 et 1995).

BLAYE Édouard de, *Franco ou la monarchie sans roi*, Paris, Stock, 1974, 558 p. (p. 109 : une note de six lignes sur l'Alcazar).

BOLLOTEN Burnett, *The Spanish Civil War. Revolution and Counter-Revolution*. Traduction espagnole : Madrid, Alianza Éditorial, 1984 (p. 479-482 : mission de Vicente Rojo à l'Alcazar).

BORKENAU Franz, *Spanih Cockpit. Rapport sur les conflits sociaux et politiques en Espagne (1936-1937)*, Paris, Ed. Champ libre, 1979, 284 p. (Première édition anglaise en juillet 1937, traduction espagnole en 1977 par Ruedo Ibérico, sous le titre *El reñidero español*).

BOWERS Claude G., *Ma mission en Espagne – 1933-1939*, Paris, Flammarion, 1956, 412 p. (Alcazar : p. 299-300). (Ambassadeur des États-Unis à Madrid, favorable aux gouvernementaux. Publié en espagnol à Mexico en 1966, sous le titre *Misión en España – 1933-1939*).

BRASILLACH Robert et BARDÈCHE Maurice, *Histoire de la Guerre d'Espagne*, Paris, Plon, 1939, 442 p. Ouvrage pro-franquiste.

BRASILLACH Robert, *Histoire de la Guerre d'Espagne. Mémoires. Récit écrit en 1939*, Paris, Plon, 1969, 537 p. (chap. 2 : La délivrance de Tolède, p. 150-180 : reprend le texte de l'ouvrage de Massis et Brasillach, *Les cadets de l'Alcazar*, avec changement de titre et quelques modifications).

BROUÉ Pierre et TÉMIME Émile, *La révolution et la Guerre d'Espagne*, Paris, Les Éditions de Minuit, 1961, 542 p. (Alcazar, p. 162-163).

BUCKLEY Henry, *Vida y Muerte de la República Española*. Madrid, Austral, 2009, 327 p. (traduction de *Life and Death of the Spanish Republic*, 2004). Sur l'Alcazar, 16, Toledo, p. 183.

BULLÓN DE MENDOZA y ÁLVARO DE DIEGO, *Historias orales de la guerra civil*, Madrid, Ariel Historia, 2000. (Quelques témoignages sur le siège de l'Alcazar).

BULLÓN DE MENDOZA Alfonso y TOGORES Luis E., *El Alcázar de Toledo : Final de una polémica*, Madrid, Actas Éditorial. Madrid, 1997, 154 p. (Publie les lettres écrites par Moscardó à sa femme pendant le siège).

CABANELLAS Guillermo, *La guerra de los mil días. Nacimiento, vida y muerte de la IIa República Española*, Barcelona, Grijalbo, 1973. (Alcazar : t. 1, chap. 7. Fils du général Cabanellas, un des généraux insurgés. Très hostile à Moscardó. Critique par Morata, *En defensa…*, p. 471-526).

CABANELLAS Guillermo, *Cuatro Generales*, Barcelona, Planeta, 1977, 2 vol. : t. 1 Preludio a la guerra civil et t. 2. La lucha por el poder. (Dans le t. 2, chap. 6 : De la leyenda a la realidad, p. 307-320, chapitre consacré à l'Alcazar).

CAPORILLI Pietro, *L'assedio dell'Alcazar*. En italien : Roma, Unione Editoriale d'Italia, 1940, 207 p. Première édition espagnole (*El Asedio del Alcázar*) en 2001.

CARDONA Gabriel, *Historia militar de una guerra civil*, Madrid, Flor de Viento Ed., 2006, 362 p. (Considère que Franco aurait dû se diriger vers Madrid au lieu de délivrer l'Alcazar).

CARDONA Gabriel, FERNÁNDEZ BASTARRECHE Fernando, « La guerra de las columnas », *Historia 16,* 1996. (Alcazar p. 64 et suivantes. Très succinct).

CARR Raymond, *The Spanish Tragedy : The Civil War in Perspective*, London, 1977 (traduction espagnole : *La Tragedia española*, Madrid, Alianza Ed., 1986).

CARR Raymond, *Spain, 1808-1939*. Oxford University Press, 1982. (En quelques lignes, reprend l'idée que la délivrance de l'Alcazar a empêché la prise de Madrid).

CASAS DE LA VEGA Rafael, *El Alcázar*, Madrid, Gregorio del Toro, 1976, 392 p. (Essentiel ; utilisation systématique des documents des archives militaires).

CASAS DE LA VEGA Rafael, *Errores militares de la Guerra Civil. 1936-1939*, Madrid, Ed. San Martín, 1997, 239 p. (Alcázar : p. 97 ; souligne l'erreur des Républicains qui ont laissé pourrir la situation alors qu'ils avaient les moyens de prendre la citadelle).

CASTRO DELGADO Enrique, *Hombres made in Moscú*, Barcelona, Caralt, 1963. (Raconte sa visite de Tolède avec Duclos, dont il fait un portrait peu flatteur).

CERVERA GIL Javier, *Ya sabes mi paradero*, Planeta, 2005, 483 p. (Alcazar, p. 69-71, assez confus).

CERVERO José Luis, *Los Rojos de la Guardia Civil. Su lealtad a la República les costo la vida,* Madrid, La Esfera de los Libros, 2006, 477 p. (p. 161 à 176 : Guardias civiles en el Alcázar de Toledo).

CID LENO Ricardo y MORENO NIETO L., *Mártires de Toledo*, Toledo, Ayuntamiento, 1942, 263 p. (Bilan des assassinats perpétrés par les miliciens entre le 18 juillet et le 28 septembre 1936).

CLÉRISSE Henry, *Espagne 36-37*, Paris, Les Publications Georges Ventillard, 1937, 320 p. (Alcazar : p. 183-190 ; journaliste peu fiable).

CODEX, *Crónica de la Guerra Española, no apta para irreconciliables*, Buenos Aires, Ed. Codex et New York, Picadilly Press (Dans l'édition argentine, Alcazar : t. 1, p. 265 ; t. 2, p. 97-120 et 193-240 ; cite de nombreux textes et remarquable documentation photographique).

COLAS LAGUIA Emilio y PÉREZ RAMIREZ Antonio, *La epopeya del Alcázar*. Zazagoza, El Heraldo de Aragón, 1936, 212 p. (non consulté).

CORDÓN Antonio, *Trayectoria. (Memorias de un militar republicano)*, Paris, Ruedo Ibérico, 1970. Nouvelle édition, sous le titre : *Trayectora. Recuerdos de un artillero*, complétée par Angel Viñas, Sevilla, Espuela de Plata, 2008, 795 p. (Alcazar : p. 444-461. Combattant communiste blessé à Tolède, Cordón considère que la résistance de l'Alcazar s'explique, non par le courage des défenseurs, mais par l'incapacité des anarchistes et l'absence de véritables attaques des gouvernementaux).

CORTHIS Andrée, *L'Espagne de la Victoire*, Paris, Fayard, 1941, 252 p. (chap. 5 : l'Alcazar de Tolède, p. 112 à 144 ; pro-nationaliste, arrive à Tolède après la fin du siège).

COSSÍO Francisco de, *Guerra de Salvación. Del Frente de Madrid al de Vizcaya*, Valladolid, Santarén, 1937, 237 p. (Alcazar, p. 43 : arrive à Tolède peu après la fin du siège).

CRESPO Carlos F. y CRESPO Luis F., *Setenta días en el infierno – La gesta del Alcázar de Toled*o, Madrid, Fuerza Nueva, 1978 (non consulté).

CRÓNICA GENERAL DE LA GUERRA CIVIL, Madrid, Alianza de Intelectuales Antifascistas, 1937, 300 p. (Sur Tolède : p. 27-35, récit d'un déserteur).

CROZIER Bryan. *Franco, a biographical history*, London, 1967 ; traduction française : *Franco, biographie*, Paris, Mercure de France, 1969, 612 p.

DELAPRÉE Louis, *Mort en Espagne*, Paris, Tisné, 1937, 270 p. (Journaliste qui s'est rendu à Tolède pendant le siège ; il a été tué le 11 décembre 1936).

DESCOLA Jean, *Oh España*, Barcelona, Argos Vergara, 1976 ; traduction française : *Ô Espagne*, Albin Michel (Alcazar : p. 207-208, récit court et approximatif).

DIARIO de OPERACIONES, Du 18 juillet au 28 septembre. Document essentiel publié par ARRARAS, vol. 2, t. 9.

DIARIOS de la GUERRA. Colección única de los periódicos de 1936-1939, Madrid, Espinosa, Javier éditeur, 2007. (Reproduction de journaux des deux camps. Articles et photographies du siège de l'Alcazar dans les journaux de juillet à octobre 1936. n° 7 : Dans la *Gaceta Regional de Salamanca* du 2 octobre 1936, interview de Angel Valero Gonzalez, père du petit garçon né pendant le siège).

DÍAZ-PLAJA Fernando, *La Guerra de España en sus documentos*, Madrid, Bib. de la Historia de España, Sarpe, 1986, 407 p. (extraits du Journal du Colonel Moscardó).

DUMONT Jean, *Franco. España y los Españoles.* Genève, Ferni, Círculo de Amigos de la Historia, 1975, 2 vol. 300 + 301 p.

DUVAL Général, *Les Leçons de la Guerre d'Espagne*, Paris, Plon, 1938, 250 p. (Alcazar p. 105-112).

EBY Cecil D., *The Siege of the Alcazar*, London, The Bodley Head, 1965, 242 p. (Plutôt favorable aux insurgés ; des erreurs).

ECHEVERRÍA Frederico de, *L'Espagne en flammes*, Ed. de publicité et de propagande, novembre 1936 (Alcazar : p. 34-35 ; court récit écrit juste après la délivrance des assiégés).

EHRENBURG Ilya, *No pasaran ! « Ils ne passeront pas », Scènes de la Guerre civile en Espagne*, Paris, Bureau d'éditions, 1936 (non consulté).

EHRENBURG Ilya, *Corresponsal en la Guerra Civil Española*, Madrid, Júcar, 1979, 133 p. (chronique n° 2 : Toledo p. 11-14) ; réédité Barcelona, Prensa Ibérica, 1998. (Correspondant de Guerre soviétique ; d'après Morata, *En defensa*, p. 391, témoignage peu fiable).

EL ALCÁZAR, Periódico editado en la fortaleza toledana durante el asedio del año 1936, du n° 1 du 26 juillet au n° 63 du 27 septembre 1936. Plusieurs rééditions, la dernière en 2005, facsimilé publié par la Hermandad de Nuestra Señora Santa María del Alcázar. (Précieux journal quotidien des assiégés).

ENGEL Carlos, « Los artilleros en el asedio del Alcázar de Toledo », *Historia y Vida*, n° 215, Feb. 1986, p. 68-77.

ENRÍQUEZ DE SALAMANCA Jesús, *La vida en el Alcázar de Toledo*, Valladolid, Santaren, 1937 (Notes d'un lieutenant qui fut tué pendant le siège).

ESLAVA GALÁN Juan, *Una historia de la Guerra civil que no va a gustar a nadie*, Madrid, Planeta, 2005, 376 p. (Alcazar : chap. 17, p. 115-118, récit succinct et honnête).

ESPINOSA Javier (Ed.), Diarios de la Guerra, Madrid, Hiedra,

FALCÓN César, *Madrid*, Paris, Ed. sociales Internationales, 1939, 358 p. (Ouvrage très violemment antifranquiste).

FERNÁNDEZ CELA Luis, *Así fué ? Enigmas de la guerra civil española*, Barcelona, Ed. Nauta, 1971 (L'auteur était le téléphoniste de l'Académie).

FERNÁNDEZ LÓPEZ Javier, *General Vicente Rojo : mi verdad*, Zaragoza, Mira, 2004.

FERNÁNDEZ TRAPIELLA *Una gesta : La defensa del Alcázar de Toledo (julio-septiembre de 1936)*, Madrid, Ed. Ejército, 1954, 275 p.

FONTAINE François, *La Guerre d'Espagne, un déluge de feu et d'images*, Paris, BDIC Berg International, 2003, 254 p. (Analyse précise des photos publiées par plusieurs quotidiens et hebdomadaires ; les trois pages de commentaire sur « les cadets de l'Alcazar » (p. 196-198) n'apportent rien de nouveau).

FRESNO CRESPO Carlos et Luis, *Le siège de l'Alcazar. Soixante-dix jours en enfer*, (traduction J.A. Blanco et O. Grimaldi), album de 48 p. (Bande dessinée pro-franquiste).

GALLO Max, *Histoire de l'Espagne franquiste*, Paris, Robert Laffont, 1969, 491 p. (Pour l'Alcazar, renvoie seulement aux ouvrages de Southworth et Quintanilla ; évoque les conséquences pour la prise du pouvoir par Franco).

GARCÍA DURÁN, *Bibliographie de la Guerre Civile Espagnole, 1936-1939,* Montevideo, El Siglo Ilustrado, 1965, 559 p. (Alcázar : p. 19-22).

GARCÍA ORTIZ de VILLAJOS C., *De Sevilla a Madrid. Ruta libertadora de la columna Castejón*, Granada, Libreria Prieto, 1937.

GARRIGA Ramón, *El general Yagüe*, Barcelona, Planeta, 1985 (non consulté).

GEORGES-ROUX, *La Guerre civile d'Espagne*, Paris, Fayard, 1964, 316 p. (Pro-nationaliste modéré).

GIBELLO Antonio, *Sin novedad en el Alcázar. La epopeya más grandiosa del heroísmo español,* Madrid, Dyrsa, 1983 (non consulté).

GIL MUGARZA Bernardo, *España en llamas. 1936*, Barcelona, 1968, réédition : Barcelona, Acervo, 2003, 386 p. (Alcazar : p. 88 à 97 ; extraits de textes de divers auteurs et bonnes photos p. 174 et suivantes).

GISCLON Jean, *La désillusion. Espagne 1936*, réédition Paris, France-Empire, 1986, 286 p.

GODICHEAU François, *Les mots de la Guerre d'Espagne*, 2003 et texte augmenté en espagnol : *La guerra civil en 250 términos,* Madrid, Alianza Ed., 2005, 257 p. (Alcazar : p. 13, résumé avec des erreurs).

GODICHEAU François, *La Guerre d'Espagne. De la démocratie à la dictature*, Paris, Découverte Gallimard, 2006. (Quelques affirmations étonnantes).

GOMA José, *La Guerra en el aire*. Barcelona, 1958 (p. 91 sur l'Alcazar).

GÓMEZ OLIVEROS Benito, *General Moscardó (Sin novedad en el Alcázar)*, Barcelona, AHR, 1956 (Témoignage d'un des officiers assiégés).

GRAHAM Helen, *The Spanish Republic at War. 1936-1939*, Cambridge University Press. 2002, 472 p. (Reprend les affirmations de Southworth).

GUERRA Armand, *À travers la mitraille. Un cinéaste dans la Guerre d'Espagne*, Fédérop, 1996, 238 p. (Alcazar p. 25-38. Journaliste anarchiste, Guerra se trouvait à Tolède au moment de la prise de la ville par les Nationalistes).

HERMET Guy, *La Guerre d'Espagne*, Paris, Ed. du Seuil, 1989, 343 p.

HERREROS Isabelo, *Mitología de la Cruzada de Franco. El Alcázar de Toledo*, Madrid, Vosa, 1995. (Reprend les thèses de Southworth).

HOUGAT Jean, « Les héros de l'Alcazar », *Miroir de l'Histoire*, n° 310, 1979, p. 52-62.

IBÁRRURI Dolores, (Comisión presidida por Dolores Ibárruri), *Guerra y revolución en España, 1936-1939*, Moscou, Ed. Progreso, 1966, 3 vol. (t. 2, p. 58-61 : La leyenda del Alcázar). (La célèbre Pasionaria donne le point de vue du PCE et accuse les anarchistes de l'échec à Tolède).

IBÁRRURI Dolores, Pasionaria, *Memorias*, Barcelona, Planeta, 1985, 764 p. (Alcazar, p. 315).

IMATZ Arnaud, *La Guerre d'Espagne revisitée*, Paris, Economica, 1993.

ILLUSTRATION (L'). Plusieurs reportages et nombreuses photos, notamment dans les numéros des 8 août, 10 octobre, 17 octobre, et deux Albums hors-série, le premier en août 1936 (42 pages, 129 photos), le deuxième en janvier 1937 (58 pages, 160 photos).

JACKSON Gabriel, *Histoire de la Guerre civile d'Espagne*, Paris, Ruedo Ibérico, 1974, 210 p. (p. 60-61 deux pages sur l'Alcazar, avec des erreurs). En espagnol : *Breve historia de la guerra civil española*, Paris, Ruedo Ibérico, 1974.

JACKSON Gabriel, La República Española y la Guerra Civil. Barcelona, Crítica, 2009, 606 p. (Réédition de la traduction de l'ouvrage en anglais de 1965).

JELLINEK Frank, *The Civil War in Spain*, London, 1938. Traduit en espagnol : *La guerra civil en España*. (p. 353-354 : la leyenda del Alcázar. Nombreuses erreurs relevées par Morata, *En defensa...*, p. 443).

JOUR Jean, *La Guerre d'Espagne en images*, Bruxelles, Éditions Dualpha, 2000. (Alcázar, p. 59 ; nombreuses erreurs).

JOUVE Marguerite, *Vu, en Espagne. Février 1936-Février 1937*, Paris, Flammarion, 1937, 213 p. (Tolède : p. 112 ; témoignage direct intéressant).

KEENE Judith, *Fighting for Franco*, Leicester Univ. Press, 2001. (Alcazar, p. 34-38, commentaires s'appuyant uniquement sur Southworth et Herreros).

KINDELAN Alfredo, *Mis cuadernos de guerra, 1936-1939*, Barcelone, Planeta, 1982, 219 p. (p. 86. Conseiller militaire de Franco).

KNICKERBOCKER H. R., *The Siege of Alcazar. A Warlog of the Spanish Revolution*, Philadelphia, David McKay Co, 1936, 199 p. et London, Hutchinson, 192 p. (Un des premiers livres écrits sur le siège de l'Alcazar).

KNOBLAUGH Edward, *Última hora : guerra en España !* Altera, 2007, 294 p. (Alcazar : p. 67 à 74. Correspondant américain présent en 1936).

KOESTLER Arthur, *L'Espagne ensanglantée. Un livre noir sur l'Espagne*, Paris, Carrefour, 1937, 173 p. (traduction française de *Spanish Testament*, Londres, 1937).

KOLTSOV Mijail (Mikhail), *Diario de la guerra de España*, Paris, Ruedo Ibérico, 1963, et Madrid, Akal, 1978. (Correspondant de la *Pravda*, a participé lui-même au siège de l'Alcazar. Récits parfois considérés comme fantaisistes).

KURZMAN Dan, *El asedio de Madrid* (Alcazar : p. 302-305).

LA CIERVA Ricardo de, *Bibliografía general de la Guerra de España (1936-1939) y sus antecedentes históricos*, Madrid, Ministerio de Información y Turismo. Ed. Ariel, 1968, 729 p.

LA CIERVA Ricardo de, *Historia ilustrada de la guerra civil española*, Madrid, 1970 (A retrouvé le téléphoniste de l'Alcazar).

LA CIERVA Ricardo de, *Historia esencial de la Guerra Civil española. Todos los problemas resueltos, sesenta años después*, Madrid, Fénix, 1996, 822 p. (Chapitres 18 et 19 sur l'Alcazar ; récit détaillé, s'appuyant en partie sur l'ouvrage de Casas de la Vega).

LA CIERVA Ricardo de, *1936. El Alcázar de Toledo. Franco hacia la Jefatura del Estado*, Madrid, Euduna, 1997, 182 p. (Publication des lettres de Moscardó).

LA CIERVA Ricardo de, *Historia actualizada de la segunda República y la guerra de España – 1931-1939*, Madrid, Fénix, 2003. (Chapitre 16 consacré à l'Alcazar ; donne une grande importance à cet événement).

LANGDON-DAVIES John, *Behind the Spanish Barricades, 1936*. Traduction espagnole : *Detrás de las barricadas españolas*, Barcelona, Peninsula, 2009. (Chapitre 7, Toledo. Alcazar, p. 248-269. A visité les barricades pendant une journée et fait quelques photos).

LARGO CABALLERO, *Mis Recuerdos*, Mexico, 1954 (Alcazar, p. 185).

LARIOS Cap. José, *Combat over Spain*, New York, Macmillan, 1966, 308 p. (chap. 4, p. 56-65 sur le siège de l'Alcazar). Traduction espagnole : *Combate sobre España*, p. 109. (Point de vue nationaliste ; justifie le détour vers Tolède).

LAVIANA Juan Carlos (Ed.), *La guerra civil española mes a mes,* Madrid, Biblioteca El Mundo Grupo Unidad Editorial, 2005, n° 3 du 21 au 31 juillet 1936 (Alcazar : p. 44-52, documentation obsolète) ; n° 5 septembre 1936 : la libération de l'Alcazar (sérieux et honnête. Quelques erreurs ; excellentes illustrations).

LEIROS FREIRE Waldo, « La defensa del Alcázar vista por un artillero », *Ejército. Revista de las Armas y Servicios*, n° 380, septembre 1971, p. 22-27.

LHOSPICE Michel, « 33 mois de Guerre en Espagne (1936-1939) », *Les Cahiers de l'Histoire*, n° 36, mai 1964, 128 p. (Alcazar : p. 46-47 ; quelques grosses erreurs).

LISTER Enrique, *Memorias de un luchador*, Madrid, García de Toro, 1977, vol. 1 : Los primeros combates (p. 117) et Silente Memoria Histórica (p. 94-97). (Chef communiste, commandant du 5e Régiment, a participé à la fin du siège).

LONDON Arthur, *Espagne…*, traduit et adapté du tchèque par Lise Ricol, Paris, Éditeurs Français réunis, 1966, 415 p. (Le point de vue communiste).

LOW Mary et BREÁ Juan, *Carnets de la Guerre d'Espagne*, Verticales, 1997, 277 p., traduction de *Red Spanish Notebook*, publié à Londres en 1937 (Chapitre 12 de Breá : dernière vue de Tolède. Reporters proches du POUM).

LUNN Arnold, *Spanish Rehearsal*, New York, Sheed & Ward, 1937, 254 p. (Se réfère à Mac Neill-Moss).

MAC NEILL-MOSS Geoffrey, *The epic of the Alcazar,* Londres, Rich & Cowan, 1937, 317 p. (Journaliste anglais qui a enquêté juste après le siège).

MADARIAGA M. R. de, *Los moros que trajo Franco. La intervención de tropas coloniales en la guerra civil,* Barcelona, Martínez Roca, 2002.

MADRIDEJOS Mateo, *Diccionario onomástico de la Guerra Civil : Las fuerzas en presencia*, Flor de Viento Ed., 2006, 420 p.

MALEFAKIS Edward (Ed.), *La Guerra de España, 1936-1939*, Madrid, Santillana, 1996 ; Taurus Historia, 2006, 696 p. (Sur l'Alcazar, p. 97, bref passage par Hugh Thomas).

MALRAUX André, *L'espoir*, Paris, Gallimard, 1937, plusieurs rééditions ; en livre de poche, 591 p. (2e partie : Exercice de l'apocalypse, p. 143-303. Récit romancé du siège de l'Alcazar).

MARÍN Andrés, *Rezábamos en el Alcázar*, Toledo, Rafael Gómez, 1937, 39 p.

MARQUÉS POSTY Pierre, *Espagne 1936, correspondants de Guerre*. (Alcazar, p. 109 à 115).

MARTÍN-BLÁZQUEZ J., *Guerre civile totale*, Paris, Denoël, 1938, 288 p. (Commandant d'État-Major républicain, qui a joué un rôle important dans l'organisation de la défense de Madrid).

MARTÍNEZ BANDE José Manuel, « El asedio del Alcázar », *Ejército. Revista de las Armas y Servicios,* n° 380, septembre 1971, p. 28-34 (documents intéressants).

MARTÍNEZ BANDE José Manuel, *Los asedios*, Madrid, Servicio Histórico Militar, Ed. San Martín, 1983, 358 p. (Alcazar : p. 11-103).

MARTÍNEZ LEAL Alfredo, *El asedio del Alcázar de Toledo : memorias de un testigo*, Toledo, Ed. Católica, première édition, 1937, 241 p. ; 6e en 1968, 310 p. (Témoignage vécu d'un survivant du siège).

MASSIS Henri et BRASILLACH Robert, *Les cadets de l'Alcazar*, Paris, Plon, 1936, 92 p. (Récit célèbre pronationaliste, publié juste après la fin du siège ; nombreuses erreurs). Réédité en 1939 avec un nouveau titre : *Le siège de l'Alcazar*. Republié dans les œuvres complètes de Brasillach.

MATTHEWS Herbert L., *The Yoke and the Arrows. A Report on Spain*, New York, George Braziller, 1957 ; 2e édition, 1961. (Correspondant du *New York Times* a révisé ses premières affirmations erronées). Réédité par Orbitas (Madrid) en 2006 sous le titre *El yugo y las flechas*, suivi de la cririque de Aznar.

MAURRAS Charles, *Vers l'Espagne de Franco*, Paris, Ed. du livre moderne, 1943, 229 p. (Alcazar : p. 128-130. Pro nationaliste).

MEMBA Javier, « Los primeros días de la Guerra. Julio 1936 (del 21 al 31) », dans *La Guerra civil española mes al mes*, United Éditorial, Biblioteca del Mundo, 2005, 205 p. (El sitio del Alcázar, p. 44-52. Récit fondé sur les écrits du Marquis de Lozoya et de Quintanilla ; semble ignorer toutes les études postérieures).

MÉNDEZ DE PARADA Pedro, *Declaración del Teniente-coronel D. Pedro Méndez de Parada*, Madrid, 25 octobre 1939. (Manuscrit inédit d'un des principaux chefs de la défense de l'Alcazar). Traduction dans cet ouvrage p. 97-141.

MESA José Luis de, *Los moros de la Guerra Civil española*, Madrid, Actas, 2004, 287 p. (p. 74 : la marche vers Tolède).

MICHAL Bernard (ed.), *La Guerre d'Espagne*, Genève, Ed. de Crémille, 1970, 3 vol., t. 1, chap. 5 : L'Alcazar de Tolède, p. 145-175. (Récit honnête malgré des inexactitudes).

MIGUEL Jesús de y SÁNCHEZ Antonio, *La Guerra Civil española día a día – 1936-1939*, Madrid, Libsa, 192 p., grand format, photos intéressantes.

MILICIA POPULAR, *Diario del 5° Regimiento*, Barcelona, Hacer, 1977. (Photocopie du Journal du 5e régiment ; commence le 27 juillet).

MIRANDA ENCINAS Jorge-M., *La Prensa en la Guerra Civil. Toledo : 1936-1939*, Totedo, Diputación Provincial, 2004, 231 p. (Analyse précise des journaux, en particulier de *El Alcázar* et de *Imperio*, le journal phalangiste).

MOA Pío, *Los Mitos de la Guerra Civil*, Madrid, La Esfera, 2003, 605 p. (Alcazar : chap. 16, p. 254 et chap. 19, p. 309).

MODESTO Juan, *Soy del Quinto Regimiento*, Paris, Col. Ebro, 1969, 312 p.

MORADIELLOS Enrique, *1936. Los mitos de la guerra civil*, Barcelone, Península, 2004. 249 p. (Peu précis sur l'Alcazar).

MORATA Lorenzo, *En el asedio del Alcázar de Toledo : Fuí yo un rehén ?*, Madrid, Fuerza Nueva Ed., col. Denuncia, 1997, 485 p. (Récit vécu du siège par le jeune fils d'un garde civil).

MORATA RODRÍGUEZ Lorenzo, *La leyenda negra del Alcázar de Toledo. Las mil y una mentiras del miliciano Quintanilla*, Madrid, Fuerza Nueva Ed., col. Denuncia, 2003, 646 p. (Analyse critique du livre de Quintanilla).

MORATA RODRIGUEZ Lorenzo, *El Asedio del Alcázar de Toledo. Otro confabulator para construir su leyenda negra*, Toledo, Hermandad de Santa María del Alcázar, 2003, 597 p. (Analyse critique du livre de Vilanova Fuentes).

MORATA RODRIGUEZ Lorenzo, *El Asedio del Alcázar de Toledo. En defensa de la verdad*, Toledo, Hermandad de Santa María del Alcázar, 2004, 704 p. (Analyse critique de divers récits du siège de l'Alcazar).

MORENO NIETO Luis, *El Ángel del Alcázar*, Toledo, 1940. (Vie de Antonio Rivera, chef de l'Action Catholique, mort de ses blessures peu après la fin du siège).

MORENO NIETO Luis, *Toledo 1936-1939. Memorias de un periodista*, Toledo, 1996.

MORENO NIETO, Luis, *Los caballeros de la fé : antología de textos literarios sobre el espíritu de la epopeya del Alcázar de Toledo*, Toledo, Moreno, 1999, 102 p.

MORENO NIETO Luis y CID LENO R., *Mártires de Toledo*, Toledo, Ayuntamiento, 1942.

MOSCARDÓ José, *Diario del Alcázar*, Prólogo por Joaquín Arraras, Madrid, Atlas, 1943, 200 p.

MOSS : voir MAC NEILL-MOSS

MURO ZEGRI Diego, *La epopeya del Alcázar*, Valladolid, Libreria Santaren, 1937, 414 p. (Écrit peu après le siège).

NENNI Pietro, *La Guerre d'Espagne*, Paris, François Maspero, 1959, 296 p. (Alcazar : p. 149 ; visite Tolède le 18 septembre).

NOURRY Philippe, *Francisco Franco ; la conquête du pouvoir*, Paris, Denoël, 1975, 560 p. (traduit en espagnol, Madrid, Ed. Júcar, 1976, 448 p.).

NUNES Arnaldo, *A epopeia do Alcázar de Toledo*, Rio de Janeiro, A. Coelho Branco, 1939, 82 p.

NUÑEZ CALVO Jesús, *General Varela. Diario de operaciones, 1936-1939*, Madrid, Almena, 2004, 688 p.

NUÑEZ CALVO Jesús N., chap. 7 : « La "columna Madrid" », in Martínez de Baños Carrillo, Fernando, coord. 9. Guerra Civil, Madrid, Ed. Delsan Historia, (Alcazar p. 303).

NUÑEZ MORGADO Aurelio, *Los sucesos de España vistos por un diplomático*, Buenos Aires, Talleres gráficos argentinos, 1941 et Madrid,

Vimar, 1979. (Ambassadeur du Chili, intervient sans succès pour l'évacuation des femmes et des enfants).

NUNNES Leopoldo, *Madrid Trágico*, Cádiz, Cerón, 1937, 260 p. (traduit du portugais).

NUNNES Leopoldo, *La guerra em Espanha*, Lisboa, 1936. (Les passages sur l'Alcazar, p. 249, 267, ont été reproduits dans Morata, *En defensa de la verdad*, p. 427).

PAECHTER Henri, *Espagne 1936-1937. La Guerre dévore la révolution*, Paris, Spartacus (réédition de l'ouvrage de Rabasseire, (pseudonyme de Paechter), publié fin 1937).

PALACIO Léo, *1936 : La Maldonne espagnole*, Toulouse, Privat, 1986, 490 p.

PALOMAR BARÓ Eduardo, *Declaración del General Moscardó*, Cuenca, 5 juillet 1939 ; *Diario de Operaciones, Alcázar de Toledo*, Internet : Generalísimo Francisco Franco, 2007.

PALOMINO Ángel, *Defensa del Alcázar. Una epopeya de nuestro tiempo*, Barcelona, Planeta, 1995, 339 p. (Ouvrage pro-nationaliste).

PAUL Y ALMARZA, Enrique, *La defensa del Alcázar* par Hispánico (pseudonyme), Logroño, Jalón Mendiri, (1937), 36 p.

PAYNE Robert, *The Civil War in Spain, 1936-1939*, London, Secker & Warburg, 1963. (Alcazar p. 79-95).

PAYNE Stanley G., *Los militares y la política en España contemporánea* (traduit de l'anglais : *Politics and the Military in Modern Spain*), Ruedo Ibérico, 1976, 467 p.

PAYNE Stanley et TUSELL Javier (dir.), *La Guerra Civil. Una nueva visión del conflicto que dividió España*, Madrid, Temas de hoy, 1996, 655 p. (Historia militar por Michael Alpert, p. 128).

PÉREZ Joseph, *Histoire de l'Espagne*, Paris, Fayard, 1996, 921 p.

PEROMORO Conde de, *Alcázar de Toledo : pinceladas : recuerdos de sus gloriosas ruinas y de su gesta grandiosa durante los meses de julio, agosto y septiembre de 1936*, Toledo, Patronato de Conservación del Alcázar de Toledo, 1970, 92 p. (1re ed., 1938).

PRESTON Paul, *Franco, Caudillo de España*, Barcelona, Grijalbo, 1994. (Alcazar : p. 223, erreurs relevées par Morata, *En defensa*, p. 655).

PRESTON Paul, *La guerra civil española*, Madrid, Plaza & Janés, 2000, 251 p. (traduction de : *Concise History of the Spanish Civil War*). (Alcazar : p. 95. Ne tient pas compte des documents et ouvrages récents).

PRESTON Paul, *Palomas de guerra*, Barcelona, Plaza & Janés, 2001 (Alcazar : p. 311). Parmi les cinq « colombes » décrites par Preston, se trouve Margarita Nelken.

PRESTON Paul, *El gran manipulador. La mentira cotidiana de Franco*, Barcelona, Ediciones B, 2008, 371 p. (Alcazar, p. 63).

PUELL Fernando et HUERTA Justo A. *Atlas de la Guerra Civil española* Madrid, Ed. Síntesis, 2007, 357 p. (Alcazar : p. 77-80).

QUINTANILLA Luis, *Los rehenes del Alcázar de Toledo. Contribución a la historia de la guerra civil española,* Paris, Ruedo Ibérico, 1967.

(Le peintre Quintanilla s'est rendu plusieurs fois à Tolède pendant le siège. Violemment anti-nationaliste, son ouvrage a inspiré de nombreux auteurs pro-républicains. Critique systématique dans Morata, *La leyenda negra*).

RABASSEIRE Henri, *Espagne, creuset politique*, Paris, Ed. Fustier, fin 1937, 190 p. (réédité sous le vrai nom de l'auteur, Paechter).

RAMÍREZ de ARELLANO María de Pablos, *El Ángel del Alcázar. Antonio Ribera y su ambiente*, Madrid, SSAG, 1987, 335 p. (Jeune président de l'Action Catholique, mort de ses blessures peu après la libération de l'Alcazar).

REIG TAPIA Alberto, *Memoria de la Guerra Civil. Los mitos de la tribu*, Madrid, Alianza Ed., 1999, 398 p., chap. 4 : Los mitos del Teatro : el Asedio del Alcázar. (Critique virulente de Moscardó) Repris en 2006 dans *« La Cruzada de 1936 » Mito y Memoria*, Madrid, Alianza, 428 p. Voir aussi Aróstegui et Godicheau (chap. 6).

REIG TAPIA Alberto, *Anti Moa*, Madrid, Ed. B, 2006, 521 p. (sur l'Alcazar, p. 269-274). Ouvrage très polémique avec les mêmes arguments que dans les ouvrages précédents.

REVERTE Jorge M., *La batalla de Madrid*, Barcelona, Crítica, 2004, 642 p.

REVERTE Jorge M., *El Arte de matar. Cómo se hizo la guerra civil española*, Barcelone, RBA Libros, 2009, 364 p.

RISCO Alberto S.J., *La epopeya del Alcázar de Toledo*, Burgos, Aldecoa, 1937, 4e édition, Hermandad de Défensores del Alcázar, 1992. (Arrive à Tolède quelques jours après la délivrance ; en annexe, *Diario de Operaciones* et liste des assiégés, des morts et des déserteurs).

RODRÍGUEZ JIMÉNEZ José Luis, *A Mí la Legion !*, Barcelone, Planeta, 2005, 528 p. (Rôle de la Légion dans la prise de Tolède, p. 369-374).

ROJAS Carlos, *Momentos estelares de la guerra de España*, Barcelona, Plaza & Janés, 1996. (p. 67, Franco y el Alcázar. S'inspire de Quintanilla ; critique dans Morata, *En defensa*, p. 583).

ROJO José Andrés, *Vicente Rojo. Retrato de un general republicano*, Barcelona, Tusquets, Tiempo de Memoria, 2006, 464 p.

ROMERO Eladi, *Itinerarios de la guerra civil española*, Barcelona, Laertes, 2001. (Toledo y el Alcázar, p. 124-128).

ROUX Georges, *La Guerre civile d'Espagne*, Paris, Fayard, 1963, 316 p.

RUBIO CABEZA Manuel, *Diccionario de la guerra civil española*, Barcelona, Planeta, 1987, 2 vol. (Bonne notice de 4 pages, t. 1, p. 26 à 30).

RUEDA Andrés, *Vengo a salvar a España. Biografía de un Franco Desconocido*, Madrid, Frontera, 2005. (Alcazar : p. 184-192).

RUIZ ALONSO José María, *La Guerra Civil en la provincia de Toledo*, Madrid, Almud, Biblioteca Añil, 2 vol., 2004, 654 p. (Étude sérieuse reposant sur des documents d'archives).

RUIZ de AZILU Carlos, *El Alcázar no se rinde,* Madrid, Publicaciones Españolas, 1956, 30 p. (Brochure de propagande franquiste).

RUIZ de SANTAYANA Jorge, *La pequeña historia del Alcázar*, Madrid, Éditorial Nacional, 252 p. (Récit anecdotique d'un assiégé).

SALAS LARRAZABAL Ramón, *Historia del Ejército Popular de la República*, Madrid, 1973, 3 vol. (Alcazar : vol. 1, documentation précise ; critique des témoignages fantaisistes de Quintanilla).

SALAS LARRAZABAL Ramón y Jesús, *Historia General de la Guerra de España*, Valladolid, AF Editores, 2006, 460 p. (Alcazar : p. 101-102. Bref rappel des événements).

SÁNCHEZ del ARCO Manuel, *El Sur de España en la Reconquista de Madrid. (Diario de operaciones glosado por un testigo)*, Sevilla, Ed. Sevillana, 1937, 270 p. (chap. 5, p. 161-213 : Toledo, el escollo glorioso). (Journaliste qui a accompagné l'armée de Varela).

SANTOS JULIÁ *et al.*, *Víctimas de la guerra civil*, I Verano sangriento. Madrid, Julián Casanova, 1990. (Critique dans Morata, *En defensa*, p. 559).

SANTOS JULIÁ (coord.), *República y Guerra en España (1936-1939)*, Madrid, Espasa, 2006, 460 p. (Court récit).

SAUVAGE Marcel, *La Corrida. Notes sur la Guerre d'Espagne*, Paris, Denoël, 1938. (Alcazar : p. 207. Arrive à Tolède quelques mois après la libération : on fait déjà payer la visite des ruines…)

SEMPRÚN José, *El genio militar de Franco. Precisiones a la obra del Colonel Blanco Escolá : La incompetencia militar de Franco*, Madrid, Actas, 2000, 181 p. (Alcazar, p. 62 et suivantes).

SORIA Georges, *Guerre et révolution en Espagne. 1936-1939*, Paris, Robert Laffont, 1977, 5 vol. et en espagnol, Barcelona, Grijalbo, 1978 (Alcazar : vol. 2). (Soria était correspondant de l'Humanité en Espagne).

SOUTHWORTH Herbert Rutledge, *Le mythe de la croisade de Franco*, traduit de l'anglais, Ruedo Ibérico, 1964, 327 p. et *El mito de la cruzada de Franco*, Barcelona, Plaza & Janés, 1986. (Alcazar p. 52-68 et notes p. 78-89. Souligne les contradictions de la propagande franquiste, mais nie des faits prouvés par ailleurs).

SUÁREZ FERNÁNDEZ Luis, *Francisco Franco y su tiempo*, Madrid, Fundación nacional Francisco Franco, 1984, 8 vol. (Alcazar : t. 2, p. 95).

SUÁREZ FERNÁNDEZ Luis, *Franco, Crónica de un tiempo. El general de la monarquía, la republica y la guerra civil. Desde 1892 hasta 1939*, Madrid, Actas, 1999, 790 p.

TÉMIME Émile, *1936 – La Mémoire du siècle. La Guerre d'Espagne commence*, Bruxelles, Ed. Complexe, 1986, 156 p.

TÉMIME Émile, *La Guerre d'Espagne, un événement traumatisme*, Bruxelles, Ed. Complexe, 1996, 224 p.

TENNANT Eleonora, *Spanish Journey. Personal Experiences of the Spanish Civil War*, London, 1936. (Reportage pro-nationaliste reproduit dans *El Mundo*, « La guerra civil española mes a mes », vol. 5, p. 194 ; nombreuses erreurs).

THARAUD Jérôme et Jean, *Cruelle Espagne*, Paris, Plon, 1937, 256 p. (Alcazar : chap. 13, p. 185 ; critique dans Morata, *En defensa*, p. 413)

THOMAS Hugh, *Histoire de la Guerre d'Espagne* (traduit de l'anglais), Paris, Robert Laffont, 1961, 2 vol. (Alcazar dans le tome 1. Histoire chronologique. Ouvrage important, récit serieux, quelques inexactitudes).

TIMMERMANS Rodolphe, *Les Héros de l'Alcazar*, récit authentique traduit par Marcel Pobé, Olten (Suisse), Ed. Otto Walter, 1937, 248 p. (Ouvrage pro-nationaliste).

TORRES Rafael, *Desaparecidos de la guerra civil española*, Madrid, La Esfera, 2002. (Ouvrage très violent contre les défenseurs de l'Alcazar).

TRAPIELLA, voir FERNÁNDEZ TRAPIELLA.

TUÑÓN de LARA Manuel (dir.), *La España del siglo XX*, Paris, Librería Española, 1973 et plusieurs rééditions. (S'inspire de Southworth ; critique dans Morata, *En defensa*, p. 462).

TUSELL Javier, *Vivir en guerra. Historia ilustrada, España 1936-1939*, Madrid, Silex, 1996, 2003, 215 p. (Photos, Texte très court).

TUSELL Javier, *Historia de España en el siglo XX*, Taurus, 1999, 4 vol., t. 2 : República y Guerra Civil.

VALCÁRCEL Isabel, « La liberación del Alcázar », in Laviana (ed.), *El Mundo, La guerra civil española mes a mes*, vol. 5, p. 13 et suivantes. (Honnête).

VALERO RAMOS Restituto, « 25 dias que cambiaron el curso de la guerra », in Laviana (ed.), *El Mundo, La guerra civil española mes a mes*, vol. 5, p. 7 à 11 (Né pendant le siège et aujourd'hui colonel retraité. Réflexions intéressantes).

VIDAL César, *La Guerra de Franco. Historia militar de la guerra civil española*, Planeta, 1996, 578 p. (Deux pages sur la libération de l'Alcazar).

VIDAL César, *Partes de guerra nacionales y republicanos. Memoria de la Guerra civil*, Barcelone, Belacquia, 2004, 1229 p. (Donne les communiqués officiels des deux camps, le Bando Republicano et le Bando Nacional).

VIDAL MANZANARES César, *La guerra que ganó Franco*, Madrid, Planeta, 2006, 626 p. (La liberación del Alcázar de Toledo : p. 203-209. Complète l'ouvrage publié en 1996).

VIDARTE Juan-Simeón, *Todos fuimos culpables*, Barcelona, Grijalbo, 1977, chap. XX, p. 433 : los diálogos de El Cigarral. (Vint à Tolède pendant le siège, relate des conversations avec Barceló, Delaprée, Georges Michel etc).

VILANOVA FUENTES Antonio, *La defensa del Alcázar de Toledo : epopeya o mito*, Mexico, Editores Mexicanos Unidos, 1963, 320 p. (Très hostile aux défenseurs de l'Alcazar ; relevé des erreurs dans Morata, *El asedio, 2003*).

VILLALBA RUBIO Ricardo, Réponses aux questions posées par Rafael Casas de la Vega, insérées dans l'ouvrage *El Alcázar* (p. 65, 88, 92 etc).

VIOLLIS Andrée, « Héros de l'Alcazar », *L'Illustré du Petit Journal. 6 mois de Guerre en Espagne.* (Commentaires violents contre les défenseurs).

WHITAKER John, *We cannot escape History*, New York, 1943 (non consulté).

WYDEN Peter H., *La guerra apasionada*, Barcelona, Alcora, 1997 (traduit de l'anglais). (Récit assez approximatif ; critique dans Morata, *En defensa*, p. 613-653).

ZABALA José María, *Los horrores de la guerra civil*, Barcelona, Plaza y Janés, 2003 (petit paragraphe sur Tolède p. 296).

ZUGAZAGOITIA Julián, *Guerra y vicisitudes de los Españoles*, Buenos Aires, 1940, Paris, Librería española, 1968. (Alcazar : tomo 1. Directeur du journal *El Socialista* de Madrid ; description des opérations critiquée dans Morata, *En defensa*, p. 341).

NOTES BIOGRAPHIQUES SUR LES PRINCIPAUX PROTAGONISTES

ALAMÁN ORTEGA Emilio

Capitaine en 1936, il était professeur de tir à l'Académie militaire de Tolède ; avec son ami le commandant Vicente Rojo, professeur de tactique militaire, il a publié 96 numéros d'un périodique intitulé *Colección Bibliográfica Militar*, qui fut interrompu par la Guerre civile. Il est aux côtés de Moscardo au moment du siège de l'Alcazar. Après la Guerre, il fut directeur de l'Académie militaire de Saragosse.

ALVAREZ COQUE de BLAS Aureliano

Né en 1877. Colonel en 1936, il rallie le camp républicain et commande les troupes qui assiègent l'Alcazar. Après l'échec de Tolède, il est chargé par Largo Caballero de préparer une contre-offensive en Estrémadoure mais le départ de ce dernier de la Présidence du Gouvernement amène l'annulation de l'opération.

ASENSIO CABANILLAS Carlos

Né à Madrid en 1896. Participe aux campagnes du Maroc, où il est blessé deux fois.

Au moment du 18 juillet 1936, il est lieutenant-colonel et commande le Groupe 1 des Forces Régulières Indigènes de Tétouan. Il est un des premiers à passer en Andalousie et prend le commandement de la première colonne qui marche vers Madrid. Il participe aux prises de Badajoz, Talavera, Tolède, aux combats de la Cité Universitaire et de Brunete, à la bataille de Teruel et à l'occupation de Barcelone.

Après la Guerre, il est Haut Commissaire d'Espagne au Maroc, ministre de l'Armée, chef d'État-Major, capitaine général des Baléares, Chef de la Maison Militaire du chef de l'État. Procurador en Cortes.

Mort en 1969.

ASENSIO TORRADO José

Né en 1892 à La Corogne.

En juillet 1936, il prend part à l'assaut contre le *Cuartel de la Montaña* à Madrid. Il ne réussit pas à reprendre Talavera mais, après la chute de Tolède, organise la contre-attaque de Illescas avec les armes russes qui viennent d'arriver. Nommé Général sous-secrétaire du ministère de la Guerre, il contribue à la création de la Junte de défense de Madrid. Mais il est mal vu des communistes, qui le traitent de « général des déroutes » et lui reprochent de fréquenter les cabarets de Valence au lieu d'aller défendre Málaga, perdue par les Républicains en février 1937. Accusé de trahison, il est emprisonné puis libéré et relégué à des tâches administratives.

À la fin de la Guerre, il part à New York, où il devient attaché militaire puis ministre du gouvernement républicain en exil. Il décède à New York en 1961.

AZAÑA DIAZ Manuel

Né à Alcala de Henares en 1880, fils d'un notaire libéral, il perd ses parents très tôt et son grand-père l'envoie chez les Augustins de l'Escorial (où il devient anticlérical !). Il fait ses études de droit à Saragosse, entre dans un cabinet d'avocats et en 1910 réussit le concours de fonctionnaire de l'État. Il collabore à plusieurs journaux, écrit plusieurs ouvrages qui lui valent le prix national de littérature. D'abord membre du parti réformiste, il adhère ensuite à la Accion Republicana, signe le Pacte de Saint Sebastien et, après la proclamation de la République, il devient ministre de la Guerre puis chef du gouvernement ; ses réformes, notamment contre l'église catholique, provoquent son échec aux élections de 1933. Dans l'opposition, il se consacre à regrouper la gauche en un Front Populaire, qui gagne les élections de février 1936. Il devient Président de la République ; après le soulèvement du 18 juillet et la menace sur Madrid, il quitte la capitale et s'installe à Barcelone. Au moment de la prise de Barcelone par les troupes franquistes, il passe en France le 5 février 1939 et il renonce à la Présidence de la République le 27 février ; il meurt à Montauban en novembre 1940.

AZNAR ZUBIGARAY Manuel

Né à Echalar (Navarre) en 1894.

Journaliste. Après des débuts dans des journaux nationalistes basques, il part à Cuba où il dirige un périodique et revient en Espagne pour prendre la direction de *El Sol* à Madrid. En 1936, il rallie les Républicains, puis profite d'un voyage à Paris pour passer dans le camp national. D'abord emprisonné, il est protégé par le phalangiste Hedilla, écrit une *Histoire militaire de la Guerre civile* et devient Ambassadeur d'Espagne aux États-Unis, en Argentine, au Maroc et à l'ONU. Il meurt à Madrid en 1975.

BARCELÓ JOVER Luis

Né en 1896.

Commandant d'infanterie au moment de la Guerre civile. Il participe aux premiers combats de Madrid, fait partie du tribunal qui juge les militaires capturés à la Montaña et dans les autres casernes de Madrid. Devenu lieutenant-colonel, il dirige les opérations contre les assiégés de l'Alcazar mais échoue. Il joue un rôle important dans la défense de Madrid, par exemple à Pozuelo en novembre 1936. Communiste, il s'oppose en mars 1939 au colonel Casado, se révolte et occupe quelques quartiers de Madrid. Capturé par les troupes fidèles à Casado, il est fusillé deux semaines avant la fin de la Guerre.

BARNÉS SALINAS Domingo

Né en 1879.

Professeur, il devient directeur du Musée Pédagogique National et, en 1933, ministre de l'Instruction publique dans le gouvernement d'Alexandre Lerroux. Il rallie le camp républicain pendant la Guerre civile, intervient auprès de Moscardó pour une capitulation de l'Alcazar. Il quitte l'Espagne en 1939 et part en exil au Mexique où il meurt en 1940.

BARRÓN ORTIZ Fernando

Né à Vitoria en 1892.

Au début de la Guerre civile, il est lieutenant-colonel, commandant le Groupe des Forces Régulières Indigènes n° 2, en garnison à Melilla, dont il occupe l'aérodrome de Tauima le 17 juillet 1936. Il passe en Andalousie et prend le commandement d'une des colonnes qui marche vers Madrid et entre en action le 8 septembre 1936 ; il occupe Santa Olalla, Maqueda, Tolède, Illescas participe aux combats de la Cité Universitaire, du Jarama, de Brunete, à la reconquête de Teruel et à l'offensive de Catalogne ; il est alors général en chef de la XIIIe Division. Après la Guerre, il devient lieutenant-général et Président du Conseil suprême de justice militaire. Il meurt à Madrid en 1952.

BURILLO STHOLLE Ricardo

Né en 1891.

Commandant d'Infanterie, communiste anticlérical et franc-maçon, il est chef d'un groupe d'assaut dont la responsabilité dans l'assassinat de Calvo Sotelo est probable. Il fait partie des attaquants du Cuartel de la Montaña, participe aux combats de Somosierra. Lieutenant-colonel, il dirige le dernier assaut contre l'Alcazar de Tolède. Fin 1936, il est commandant de la 9e division ; en mars 1937, il est chef du 3e Corps. Chef de la police à Barcelone, il fait arrêter les membres du POUM. Il commande ensuite l'armée d'Estremadure puis est nommé gouverneur d'Alicante en mars 1939 ; il organise avec succès l'évacuation de militaires et de politiciens républicains. Capturé par les troupes nationales, il est condamné à mort et fusillé à Alicante en 1940.

CALVO SOTELO José

Né à Tuy (Galice) en 1893, il fait ses études de droit à Saragosse, entre au ministère de la Justice à Madrid, adhère au parti de Antonio Mauro. Il est député en 1919 et devient gouverneur civil de Valence en 1923. Il participe au gouvernement de général Primo de Rivera comme ministre des Finances de 1925 à 1929. À l'avènement de la République, il quitte l'Espagne ; il a des contacts avec les monarchistes français et les fascistes italiens. Réélu député en 1933, il bénéficie de l'amnistie décrétée par le gouvernement d'Alexandre Lerroux, il rentre en Espagne en mai 1934 et fonde le Bloque Nacional en décembre 1934. Au moment des élections de février 1936, il s'allie à la CEDA de Gil Robles mais la droite perd les élections ; sous le gouvernement du Front Populaire, il devient le leader de l'opposition aux Cortes. Il est assassiné le 13 juillet 1936 et sa mort est suivie du coup d'État militaire.

CASTELLÓ PANTOJA Luis

Né en 1881.

En 1936, il est général de brigade d'Infanterie. Du 19 juillet au 7 août 1936, il est ministre de la Guerre mais son frère est fusillé par les anarchistes tandis que sa femme et ses deux filles sont prisonnières des Nationaux à Badajoz : déprimé, il est interné en asile psychiatrique et, après sa sortie de l'hôpital, il se réfugie à l'ambassade de France d'où il passe en France en 1937. Arrêté par les Allemands en 1942, il est transféré en Espagne, condamné à mort puis gracié. Il est libéré en 1945 et décède en 1962.

CIUTAT DE MIGUEL Francisco

Né en 1909.

Officier d'Infanterie, il est, en juillet 1936, élève à l'École d'État-Major. Le 7 août, il est incorporé à la colonne Toledo comme officier de liaison. Après l'échec du siège de Tolède, il devient chef des opérations dans le Nord puis dans le Levant comme lieutenant-colonel. Communiste, il rejoint l'URSS à la fin de la Guerre Civile, devient professeur à l'Académie Vorochilov (Frunze) et lieutenant-colonel dans l'Armée soviétique.

CORDÓN GARCÍA Antonio

Né à Séville en 1895.

Il est officier d'artillerie mais quitte l'armée en 1932, puis est réintégré en 1936 avec le grade de commandant. Il est blessé pendant le siège de Tolède. Membre important du parti communiste espagnol, il est nommé chef du secrétariat technique du ministère de la Guerre, chef d'État-major du général Pozas. En 1939, il se réfugie en France, participe à la résistance contre les occupants allemands. À la fin de la Seconde Guerre mondiale (octobre 1944), il entreprend avec Lister et Modesto la reconquête militaire de l'Espagne par l'Aragon mais il échoue. Nommé général de l'Armée soviétique, il devient ensuite professeur de littérature espagnole à l'Université de Prague. Il meurt à Rome en 1969.

EHRENBURG Iliá Grigorievitch

Né à Kiev en 1891 dans une famille juive d'Ukraine.

Dès 1905, il participe à des actions révolutionnaires ; en 1908, arrêté par la police puis libéré, il s'exile en France, où il écrit des poèmes, cotoie des artistes, Picasso, Modigliani, Diego Rivera... mais reste très lié aux mouvements subversifs russes et rencontre Lénine. Écrivain et journaliste, il visite l'Espagne en 1932 et retourne à Madrid comme correspondant de Guerre en août 1936, au moment du siège de l'Alcazar. De retour en URSS, il devient membre du Soviet Suprême. Il échappe aux « purges » staliniennes et rejoint l'équipe de Kroutchev. Il meurt à Moscou en 1967.

GIRAL PEREIRA José

Né à Santiago de Cuba en 1879, il arrive en Espagne après la perte de Cuba par les Espagnols en 1898 ; il fait des études supérieures à Madrid. Il obtient, en 1902, un doctorat en chimie et en 1904 un doctorat en pharmacie. En 1905, il est nommé professeur de chimie organique à l'Université de Salamanque. Il revient à Madrid en 1920 et ouvre une pharmacie. Ami de Manuel Azaña, il fonde avec lui le parti de la Acción Republicana et en 1926, la Alianza Republicana. Opposé à Primo de Rivera, il est emprisonné. Après la proclamation de la République, il devient Recteur de l'Université de Madrid puis ministre de la Marine en 1931, poste qu'il quitte en 1933 et reprend en 1936, avec le Front Populaire. Le 19 juillet, le président de la République Azaña le nomme chef du gouvernement ; il fait distribuer des armes aux milices ouvrières de Madrid et crée les tribunaux populaires. Après la défaite de Talavera, il démissionne le 4 septembre 1936 mais reste ministre sans portefeuille dans le gouvernement de Largo Caballero. En 1939, il quitte l'Espagne avec Azaña et, après la mort de celui-ci en 1940, il s'installe au Mexique où il redevient professeur. Le 18 septembre 1945, il est élu Président de la République espagnole en exil. Il meurt en 1962.

HERNÁNDEZ SARAVIA, Juan

Né en 1880.

Officier d'Artillerie, il quitte le service actif en 1933 mais réintègre l'armée en 1936. Lieutenant-colonel, il est nommé chef de l'État-Major du Président de la République Azaña le 19 juillet 1936. Le 9 août 1936, il devient ministre de la Guerre. Largo Caballero l'envoie ensuite diriger l'artillerie sur le front de Málaga puis sur celui de Brunete. Il commande le corps d'armée qui prend Teruel mais il échoue à Alfambra. En 1939, il passe en France avec Azaña. Après la mort de ce dernier, il s'installe au Mexique où il meurt en 1962.

Biographie par Manuela Aroca Mohedan, *Juan Hernández Saravia : un militar republicano, de la Restauración al exilio (1880-1962)*, Thèse Madrid, 2005.

IBÁRRURI GÓMEZ Dolores (La PASIONARIA)

Née le 9 décembre 1895 à Gallarta (Biscaye).

Fille et femme de mineurs, elle participe à la grève de 1917 et signe en 1918 son premier article dans *El Minero Vizcaíno* sous le pseudonyme de Pasionaria.

En 1920, elle adhère au parti communiste espagnol et, en 1930, est élue au Comité Central du Parti. Elle s'installe à Madrid et collabore à *Mundo Obrero*. Elle est élue membre du Bureau politique du PCE en 1933, et se rend pour la première fois en URSS.

En 1936, elle est élue député pour les Asturies. Dès le début de la Guerre civile, ses harangues contre les insurgés galvanisent les Républicains et ses slogans *No pasaran* ! (Ils ne passeront pas !) ou *Mieux vaut mourir debout que vivre à genoux* sont célèbres. Marraine du 5ᵉ Régiment, elle devient le symbole de la lutte contre les Franquistes. En 1939, elle quitte l'Espagne et dirige le PCE en exil. Pendant trente ans, elle réside à Moscou.

Elle rentre en Espagne après la mort du Général Franco, en mai 1977 et aux élections de juin 1977, elle est élue une nouvelle fois député des Asturies. Elle reste présidente du PCE mais elle ne s'entend pas avec le premier secrétaire Santiago Carrillo. Elle décède le 12 novembre 1989.

KINDELÁN y DUANY Alfredo

Né en 1879 à Santiago de Cuba.

Ingénieur militaire, aviateur, il peut être considéré comme le fondateur de l'aviation militaire espagnole ; en 1910, il se rend à Paris pour acheter les premiers avions destinés à l'armée. Il participe à la Guerre du Rif et devient, en 1926, le chef de l'aéronautique espagnole. Hostile à la République, il s'exile en Suisse en 1931. Il rentre en Espagne trois ans plus tard, participe au projet de soulèvement de 1936, et en juillet organise le passage aérien au-dessus du détroit de Gibraltar. Il joue un rôle essentiel dans l'accession au pouvoir de Franco fin septembre 1936.

Après la Guerre civile, il devient capitaine-général de Catalogne en 1941-1942 puis Directeur de l'École Supérieure de l'Armée. En septembre 1943 puis en 1946, il réclame le rétablissement de la monarchie, ce qui lui vaut un exil temporaire aux Canaries. Devenu membre de la Academia de la Historia, il décède à Madrid en 1962.

KOLTSOV Mikhail

Né en 1898.

Journaliste soviétique, collaborateur de la *Pravda* dès 1920. Fondateur de l'hebdomadaire *Ogokek*, directeur de la revue satirique *Krokodil*. Spécialiste des reportages internationaux, il aurait été un agent secret personnel de Staline. En 1931, il voyage déjà en Espagne. Il arrive de nouveau à Madrid le 8 août 1936 et participe personnellement au siège de l'Alcazar. Il représente l'Union soviétique au Congrès des écrivains antifascistes de Valence et quitte l'Espagne le 6 septembre 1937. Il effectue des missions secrètes, par exemple à Prague. Victime des purges staliniennes, il est fusillé le 4 avril 1942 et réhabilité par Kroutchev en 1957. Son *Journal de la Guerre d'Espagne* a été publié à Moscou en 1963 puis à Paris.

LARGO CABALLERO Francisco

Né à Madrid en 1869.

Ouvrier, il adhère en 1890 à l'UGT dont il devient un des principaux dirigeants ; en 1905, il est élu au Conseil municipal de Madrid ; il est un des organisateurs des grèves de 1917. Élu député en 1918, il est opposé à la dictature de Primo de Rivera. Sous la IIe République, il est ministre du Travail. En 1934, il soutient les révoltés des Asturies. En 1936, son attitude se radicalise et on le surnomme le « Lénine espagnol ». En septembre 1936, il est nommé Président du Conseil par le Président de la République, Azaña, mais ne réussit pas à prendre l'Alcazar. En mai 1937, après les troubles de Barcelone, il démissionne. Exilé en France en 1939, il est arrêté par la Gestapo, déporté au camp de Oranienburg et libéré par l'Armée Rouge. Revient à Paris, où il meurt en 1946.

LISTER FORJÁN Enrique

Né à Almeneiro (La Coruña) en 1907.

À 11 ans, il émigre à Cuba avec son père et, en 1927, est affilié au parti communiste cubain. Il rentre en Espagne en 1928 et de 1928 à 1932, il organise le PC de la Galice où il vit. De 1932 à 1935, il fait un long séjour en URSS, à l'Académie Frunze. Il est de nouveau en Espagne en septembre 1935, où il est chargé par le PC de l'agitation antimilitariste dans l'armée et instruit des milices semi-clandestines. En juillet 1936, il participe à l'assaut contre la caserne de la Montaña. Il est un des fondateurs du Quinto Regimiento et participe aux derniers combats du siège de l'Alcazar. Il commande ensuite la 11e Division et fut le premier milicien à devenir lieutenant-colonel. Il lutte contre les anarchistes, participe à la bataille de l'Ebre, comme commandant du cinquième Corps. Après la défaite, il retourne en URSS et, pendant la Seconde Guerre mondiale, devient général dans l'Armée Rouge. De 1946 à 1970, il réside à Moscou et Prague. Membre du Comité exécutif du PC espagnol, il est très hostile à Santiago Carrillo et provoque une scission dans le parti. Rentré en Espagne, il publie ses Mémoires en 1977 et meurt à Madrid en 1994.

MÉNDEZ de PARADA Pedro

Né en 1892 à Madrid.

Entré à l'Académie d'Artillerie en 1908, il est nommé lieutenant en 1913 et participe aux campagnes du Maroc de 1913-1916, 1916-1918 et 1921-1922. Capitaine à Murcie, il est nommé en 1925 à l'Atelier de précision de l'armée (*Taller de Precisión*) à Madrid. Il suit à Paris les cours de l'Institut d'Optique où il obtient le diplôme d'ingénieur. Commandant en 1931, il développe considérablement les ateliers de Madrid, accomplit de nombreuses missions à l'étranger et donne des cours de perfectionnement aux officiers d'artillerie, ce qui le conduit à se rendre à la fabrique d'armes de Tolède le 16 juillet 1936 : avec ses 17 lieutenants, il joue un rôle essentiel dans la défense de l'Alcazar. Grièvement blessé à la fin du siège, il est sauvé par le célèbre chirurgien allemand Sauerbruch. Colonel dans le Corps des Ingénieurs d'armement, il dirige de 1943 à 1955 le Taller de Precisión. Procurador en Cortes, chef des Syndicats de la construction, du verre et de la céramique, il est nommé général en 1955. Directeur de l'École Polytechnique de l'Armée et Inspecteur des Ingénieurs de l'armement, il prend sa retraite en 1960 et décède à Madrid en 1966.

MIAJA MENANT José

Né à Oviedo en 1878.

Général en 1935. Le 18 juillet 1936, il est chef de la première Brigade d'Infanterie à Madrid et se rallie à la République. Le 25 juillet 1936, il est nommé chef des opérations dans le Sud ; son offensive vers Cordoue est bloquée par l'aviation franquiste. Le 6 novembre 1936, il est nommé chef de la Junta de Defensa de Madrid et avec Rojo et Malinovski, futur maréchal soviétique, il réussit à empêcher la prise de la ville par le général Franco. Le 6 mars 1939, il devient Président du Conseil National de Défense mais, dès le 16 mars, il doit s'exiler en Algérie ; il passe ensuite en France et finit sa vie à Mexico où il décède en 1958.

MIZZIAN Mohammed ben Kasen, el

Né en 1897 à Mazzaya (Maroc).

Il entre dans l'Armée espagnole et intègre l'Académie d'Infanterie de Tolède en 1913.

Il participe aux opérations militaires en Afrique du Nord dans les années 1920. Commandant en 1936, il fait partie de l'Armée d'Afrique qui se soulève en juillet, débarque en Andalousie, marche vers Madrid, délivre les assiégés de l'Alcazar de Tolède. Il est sérieusement blessé dans les combats de la Cité Universitaire. Lieutenant-colonel, il prend part aux campagnes du Nord, d'Oviedo, de Teruel ; nommé colonel, il commande la première division de Navarre et participe aux opérations de Castellón et de Catalogne. Nommé général, il devient ensuite lieutenant-général puis capitaine-général de la 8e Région Militaire.

Au moment de l'indépendance du Maroc, il quitte l'armée espagnole et devient ministre de la Défense de Mohammed V puis de Hassan II. Maréchal, Conseiller du Roi, Ambassadeur du Maroc en Espagne, il meurt à Rabat en 1975.

MOLA VIDAL Emilio

Né à Santa Clara (Cuba) en 1887, fils d'un capitaine de la Guardia Civil et d'une cubaine.

Il entre à l'Académie d'Infanterie de Tolède en 1904. Il participe aux campagnes africaines ; lieutenant-colonel en 1921, colonel en 1926 et, grâce à sa défense de l'Atalaya de Beni-Hassan, il est promu général. Il commande la place de Larache puis devient en 1930 directeur général de la Sécurité ; il réprime durement une manifestation d'étudiants à Madrid. À l'avènement de la République, il est mis en disponibilité puis emprisonné par Azaña auquel il voue une haine farouche. En 1935, il récupère son commandement et devient chef des Forces armées en Afrique ; sous le Front Populaire, il est nommé chef de la 12e Brigade d'Infanterie. Avec des militaires et des Carlistes, il participe au soulèvement de juillet 1936 mais échoue dans sa tentative de prendre Madrid par le Nord. Il ne s'oppose pas à la prise du pouvoir par Franco. Le 3 juin 1937, il est tué dans l'accident de son avion dans la Sierra de la Brújula au Nord de Burgos.

MOSCARDÓ ITUARTE José
Né à Madrid en 1878.
Il entre dans le corps d'Infanterie en 1896 et, l'année suivante, il participe aux opérations des Philippines. En 1909, il sert au Maroc où il reste plusieurs années. Il est colonel en 1929 et rétrogradé au grade de lieutenant-colonel en 1931. En 1934, avec le retour de la droite au pouvoir, il est nommé Commandant militaire de Tolède mais, en février 1936, il est relégué à la direction de l'École d'Éducation Physique de Tolède. Il devait diriger l'équipe espagnole pour les Jeux olympiques de Berlin lorsqu'éclate le soulèvement du 18 juillet. Dès le 19, il se rallie aux insurgés, proclame l'état de guerre et dirige la résistance de l'Alcazar pendant 71 jours. Après la libération de l'Alcazar, il est nommé général et chef de la Maison militaire de Franco, dont il est un des proches. Il participe aux opérations militaires qui aboutissent à la victoire en 1939. En 1943, il est commandant de la Région militaire d'Aragon ; il doit faire face à l'invasion de 12 000 Républicains venus de France en octobre 1944 ; dès le mois suivant, ces derniers sont écrasés. Le 6 avril 1946, il est nommé lieutenant-général, chef de la Région militaire d'Andalousie. En octobre 1946, il passe à la situation de réserve. En 1948, le général Franco lui donne le titre de *Conde del Alcázar de Toledo*. Il décède en 1956.

MOSCARDÓ GUZMÁN José
Né en 1908, fils du Colonel Moscardó.
Lieutenant d'Infanterie, il est, au moment de la Guerre civile, de passage à Barcelone, devant se rendre à Berlin pour assister aux Jeux olympiques. Il est arrêté par les miliciens et fusillé le 23 juillet 1936.

MOSCARDÓ GUZMÁN Luis
Né en 1911, deuxième fils du Colonel Moscardó.
Détenu à Tolède par les miliciens et fusillé le 23 août 1936.
Voir le texte de l'ouvrage.

MOSCARDÓ GUZMÁN Carmelo.

Né en 1919.

Plus jeune fils du Colonel Moscardó. Au moment du siège de l'Alcazar, il a 17 ans. Il est arrêté à Tolède en même temps que sa mère et emprisonné jusqu'à la libération de l'Alcazar.

NELKEN MANSBERGER Margarita

Née à Madrid en 1894.

Son vrai nom est Maria Teresa LEA.

Fille d'un bijoutier de la Puerta del Sol à Madrid, d'origine juive.

Militante du PSOE, elle est élue député en 1931 pour Badajoz où elle prépare un mouvement révolutionnaire qui échoue et l'oblige à s'exiler en octobre 1934 à Paris puis à Moscou. Elle rentre en Espagne en 1936, est réélue député du Front Populaire. Pendant la Guerre civile, elle se rend plusieurs fois à Tolède au moment du siège, elle participe à la défense de Madrid, adhère au Parti communiste espagnol mais aura des difficultés avec la direction du Parti, dont elle est exclue en octobre 1942. Un de ses fils est tué dans l'armée soviétique. Elle passe la fin de sa vie à Mexico, où elle meurt en 1968.

Voir sa biographie dans Preston, *Palomas de Guerra*.

POZAS PEREA Sebastián

Né en 1876.

Il intègre l'Académie de Cavalerie à 17 ans et participe ensuite aux campagnes du Maroc. En 1926, il est promu général. En juillet 1936, quelques jours avant le soulèvement, il est nommé Directeur général de la Garde Civile. Dans une partie de l'Espagne, il réussit à maintenir la fidélité des gardes civils au gouvernement mais échoue à Tolède.

Chef de l'Armée du Centre, il intervient dans les batailles de Jarama et de Guadarrama mais il est très critiqué par les Brigades Internationales. En mai 1937, il est le chef de l'Armée de l'Est ; il rétablit l'ordre à Barcelone, organise l'offensive en Aragon, prend Belchite mais, après la perte de Teruel, il est destitué. Il se réfugie en France puis s'installe au Mexique, où il meurt en 1946.

RIQUELME Y LÓPEZ BAGO José

Né à Tarragone en 1880.

Il se distingue dans les opérations du Maroc. Opposé à Primo de Rivera, il appuie la République. En juillet 1936, il est général de division d'infanterie ; il commande la *Columna Toledo* qui prend la ville de Tolède, et il organise l'encerclement de l'Alcazar. Il ne peut empêcher la progression de l'Armée d'Afrique insurgée et, accusé d'avoir échoué à Oropesa et à Talavera, il est mis sur la touche et ne reprend un service actif qu'en 1938 ; il commande alors la place de Barcelone. Exilé en France en 1939, il essaie d'organiser une troupe pour envahir l'Espagne franquiste mais c'est un nouvel échec. Il meurt à Paris en 1972

ROJO LLUCH Vicente

Né en 1894.

Avant la Guerre civile, il est commandant d'Infanterie, diplômé d'État-Major, professeur à l'Académie militaire de Tolède. En juillet 1936, il est à l'École Supérieure de Guerre à Madrid ; bien que considéré comme catholique conservateur, il reste fidèle au gouvernement républicain. Devenu lieutenant-colonel, il se rend auprès des insurgés de l'Alcazar pour obtenir leur reddition, mais il échoue. Colonel en mars 1937, général en octobre 1937, il joue un rôle essentiel dans la défense de Madrid comme chef d'état-major du général Miaja. Malgré les échecs des opérations qu'il organise, il est nommé lieutenant-général ; en janvier 1939, il conseille à Azaña d'arrêter les combats car il estime que la Guerre est perdue.

Après la défaite, il part en Argentine et, de 1943 à 1956, il est professeur à l'École de Guerre de Bolivie. En 1957, il rentre à Madrid, est condamné à 30 ans de prison mais gracié. Il vit à Madrid jusqu'à sa mort en 1966.

Voir sa biographie par Blanco Escola en 2003.

ROMERO BASART Pedro

Né à Cuba en 1881.

Fils d'un officier de la Guardia Civil. Il arrive en 1897 à l'Académie militaire de Tolède ; lieutenant de la Guardia Civil en 1902. Il participe au coup d'État avorté de Sanjurjo en 1932 et reste en prison jusqu'en 1934. Lieutenant-colonel de la Guardia Civil en 1936 ; chef de la Comandancia de Tolède, il concentre la plupart des gardes civils de la province dans l'Alcazar. Après la libération de l'Alcazar, il devient Chef supérieur de la police, il est chargé de « nettoyer » les foyers de résistance. Après la Guerre, il devient général de Division, commandant de la zone de Barcelone. Il meurt en 1962.

VARELA IGLESIAS José Enrique

Né en 1891 à San Fernando (Cádiz).

Officier d'Infanterie, il participe aux campagnes d'Afrique ; en 1929, il est colonel. Monarchiste, il est compromis dans la tentative de coup d'État de Sanjurjo arrêté et emprisonné. Après la victoire de la droite en 1933, il reprend du service, est promu général et prépare le soulèvement de 1936. Il prend part à toutes les opérations de la Guerre civile, en particulier à la délivrance de l'Alcazar de Tolède. Il est blessé dans la bataille de Madrid. Il est général de Division en 1939 et devient ministre de la Guerre de 1939 à 1942. Il crée de nouveaux organismes de l'Armée, comme l'École polytechnique des Ingénieurs de l'Armement. Il échappe en 1942 à un attentat phalangiste. Il est nommé Haut Commissaire d'Espagne au Maroc. Il décède en 1951 et reçoit à titre posthume le titre de Marquis de Varela de San Fernando.

VEGA LÓPEZ

Né à Madrid en 1900.

Avocat, il réside à Mora (Toledo). En février 1936, il devient Président de la Diputación de Tolède ; du 18 juillet au 13 décembre 1936, il est gouverneur civil de la province de Tolède et organise la lutte contre les insurgés de l'Alcazar. Après la prise de Tolède par les Nationaux, il dirige la nouvelle capitale provinciale située dans la partie de la province restée républicaine, Ocaña.

VILLALBA RUBIO Ricardo

Fils du Colonel José Villalba Riquelme, qui avait été Directeur de l'Académie d'Infanterie de Tolède et neveu du général Riquelme, un des principaux chefs de l'Armée républicaine (voir ci-dessus). Commandant en 1936, il rallie le colonel Moscardó et joue un rôle important pendant le siège. Colonel à la fin de la Guerre civile, il fait partie de la Division Azul, qui combat aux côtés des Allemands sur le front de l'Est.

YAGÜE BLANCO Juan

Né à San Leonardo (Soria) en 1891.

Fils de médecin, il entre à l'Académie Militaire d'Infanterie de Tolède en 1907. En 1914, il est incorporé dans les Regulares de Melilla et participe aux campagnes d'Afrique où il est blessé. Il rentre en Espagne en 1924, à Burgos puis à Madrid, et retourne au Maroc en 1928 comme lieutenant-colonel, mais, à la suite de la révision des grades des officiers africanistes, il est rétrogradé commandant en 1933. L'année suivante, il est chargé avec une colonne de Regulares de briser la révolte des mineurs asturiens. Ami personnel de José Antonio Primo de Rivera, il adhère à la phalange.

De retour au Maroc, il commande la 2e Bandera de la Légion. En juin 1936, pour l'éloigner, le chef du gouvernement Casares Quiroga lui propose un poste d'attaché militaire à Rome qu'il refuse. Il rentre à Ceuta et le 14 juillet un télégramme codé de Mola lui demande de passer à l'action. À 11 heures du soir, il prend Ceuta sans effusion de sang puis télégraphie à Franco à Las Palmas pour mettre l'Armée d'Afrique sous ses ordres. Il se rend avec Franco à Séville et prend le commandement de la colonne qui marche vers Madrid ; le 11 août, il prend Mérida, le 14, Badajoz ; le 21 septembre, il atteint Maqueda. Deux jours plus tard, il est remplacé par Varela, qui délivre les assiégés de l'Alcazar. Il participe à la bataille de Madrid, sous les ordres de Varela, puis aux opérations autour de Teruel, à la conquête de Vinaroz ; il repousse la contre-offensive de l'Ebre et prend Barcelone le 26 janvier 1939. Après la victoire, il est nommé ministre de l'Air ; trop pro-allemand, Franco le destitue en juin 1940. Comme lieutenant-général, il est chargé de lutter contre les infiltrations de Républicains depuis la France. Retraité, il meurt à Burgos en 1952.

Voir sa biographie par Garriga.

ZUGAZAGOITIA MENDIETA Julián

Né à Bilbao en 1898.

En 1931, il est élu député de Badajoz et de 1932 à 1937, il est directeur de *El Socialista*, organe du PSOE. En février 1936, il est élu du Front Populaire à Bilbao. Du 18 mai 1937 au 5 avril 1938, il est ministre des Finances (*Ministro de Hacienda*), puis Secrétaire général du ministère de la Défense. Réfugié en France, il est arrêté puis extradé en Espagne, où il est condamné à mort et fusillé en 1940.

TABLE DES ILLUSTRATIONS

I. CARTES ET CROQUIS

1 **Le partage de l'Espagne entre Républicains et Nationaux au début du mois d'août 1936** 12

2 **L'Alcazar et ses dépendances au moment su siège** 21

3 **La ville de Tolède et les principales routes d'accès** 28

4 **Croquis panoramique de l'Alcazar et de ses dépendances** (*croquis de Vizcaino, publié dans l'ouvrage de D. Rafael Casas de la Vega,* El Alcazar *et reproduit légèrement modifié avec son aimable autorisation*) 35

5 **De Talavera à Madrid en passant par Tolède** 73

II. PHOTOGRAPHIES

Ces photographies sont pour la plupart conservées dans les Archives photographiques des musées et bibliothèques de l'État, notamment le Musée de l'Armée (Museo del Ejército), récemment transféré de Madrid à Tolède. Les défenseurs de l'Alcazar ne disposaient pas de matériel photographique et les documents publiés pendant le siège proviennent de reportages effectués dans le camp républicain par des correspondants de Guerre espagnols ou étrangers. D'autres clichés ont été pris après la libération de l'Alcazar. Nous avons laissé de côté les photographies réalisées dans un but de propagande.

1 **L'Alcazar avant la Guerre civile**
En contrebas, le vaste Gobierno Militar. Au Premier plan, le pont de Alcántara sur le Tage. *(Archivo fotográfico del Museo del Ejercito, Photo Rodriguez)* 16

2 **La place de Zocodover avant la Guerre civile**
Au fond, l'imposante masse de l'Alcazar. *(Archivo fotográfico del Museo del Ejército)* 16

3 **La proclamation de l'État de Guerre lue par le capitaine Emilio Vela Hidalgo dans la cour (*patio*) de l'Alcazar**
(Photo aimablement communiquée par D. Rafael Casas de la Vega) 18

4 **Protégé par un véhicule blindé, les Républicains reprennent la ville de Tolède aux insurgés et lancent leurs premières attaques contre l'Alcazar**
(Instituto de Historia y Cultura Militar) 25

5 **Les barricades, qui bloquent les accès à l'Alcazar, sont peu à peu renforcées et rendent impossible toute sortie des assiégés. Elles sont gardées par des miliciens de mieux en mieux installés**
(Instituto de Historia y Cultura Militar) 26

6 **Installés sur les hauteurs de Pinedo puis sur celles de Los Alijares, les canons républicains pilonnent sans répit les assiégés**
(Instituto de Historia y Cultura Militar) 56

7 **Au début de septembre, l'artillerie républicaine a détruit la façade Nord de l'Alcazar et le *torreón* du Nord-Est s'est écroulé**
(MCU. Archivos Estatales) 58

8 **Au milieu de septembre, le *torreón* du Nord-Ouest s'écroule à son tour**
(MCU. Archivos Estatales) 59

9 **Le président du Conseil des Ministres républicain, Francisco Largo Caballero, vient lui-même assister, en tenue de milicien, à l'explosion des mines qui doivent anéantir l'Alcazar et ses occupants**
(Instituto de Historia y Cultura Militar) 62

10 **L'explosion simultanée des deux mines, le 18 septembre au lever du jour provoque un énorme nuage de fumée noire, mais les souterrains de l'Alcazar résistent et il n'y a que six morts**
(Photo aimablement communiquée par D. Rafael Casas de la Vega) 65

11 **La brèche ouverte par l'explosion des mines a détruit la façade Ouest et le *torreón* du Sud-Ouest a complètement disparu. Les ferrailles enchevêtrées ont rendu imposible l'assaut des Républicains par ce côté du bâtiment**
(Archivo fotográfico del Museo del Ejército, Photo Rodriguez) ... 68

12 **C'est par la brèche ouverte dans la façade Nord que les Républicains sont parvenus le 18 septembre à gravir les éboulis et à surplomber la cour centrale avant d'être repoussés par les défenseurs. Au premier plan, la statue du commandant Villamartin a échappé à la destruction**
(Archivo fotográfico del Museo del Ejército, Photo Rodriguez) ... 68

13 **Au cœur de l'Alcazar, la statue de Charles Quint, arrachée de son socle, est restée debout au milieu du *patio* en ruines**
(Archivo fotográfico del Museo del Ejército, Photo Rodriguez) ... 69

14 **Groupe de défenseurs photographiés après la libération de l'Alcazar**
(Archivo fotográfico del Museo del Ejército) 77

15 **Le 29 septembre, le colonel Moscardó fait visiter les ruines de l'Alcazar au général Franco (à droite) et au général Varela (au centre)**
(Photo aimablement communiquée par D. Rafael Casas de la Vega) 77

16 **Une des rares photos prise pendant le siège (ou au moment de la délivrance) d'un garde civil blessé, soigné dans un des souterrains de l'Alcazar**
(Archivo fotográfico del Museo del Ejército) 81

17 **Les assiégés ont enterré leurs morts d'abord dans le vaste manège (*picadero*) puis dans les cabines de la piscine qu'ils ont murées**
(Archivo fotográfico del Museo del Ejército) 81

18 **Après la prise de Tolède par les Nationaux, ces cadavres républicains sont accumulés dans le cratère ouvert par l'explosion de la mine le 27 septembre**
(Instituto de Historia y Cultura Militar) 85

19 **Le Commandant Méndez de Parada**
(Photo prise en 1939, document personnel) 98

TABLE DES MATIÈRES

Introduction V

Note préliminaire VI

Chapitre 1 – Les prémices de la guerre civile 1
1. L'instabilité politique 2
2. L'aggravation des conflits sociaux 3
3. La virulence de l'anticléricalisme 5
4. Une armée inquiète et divisée 5

Chapitre 2 – Le soulèvement de juillet 1936 7
1. Le complot des militaires 7
2. Le déclenchement du soulèvement au Maroc et en Andalousie 9
3. Succès et échecs du soulèvement 11

Chapitre 3 – Le ralliement des militaires de Tolède à l'insurrection 15
1. Tolède aux mains des insurgés 15
2. Le regroupement des gardes civils 19
3. La récupération des munitions de la fabrique d'armes 20
4. L'encerclement de l'Alcazar 24

Chapitre 4 – La dure réalité d'un siège de longue durée 29
1. Les effectifs des assiégés 29

2. L'organisation de la défense 34
3. Comment survivre pendant un siège de 70 jours ? 35

Chapitre 5 – La guerre psychologique : comment obliger les assiégés à capituler ? 43
1. Le calvaire de la famille Moscardó 43
2. Les tentatives pour obtenir la capitulation 47
3. Les efforts pour démoraliser les assiégés 49
4. Le maintien du moral des assiégés 51

Chapitre 6 – L'action militaire : détruire l'Alcazar par tous les moyens 53
1. Les attaques aériennes 54
2. Le pilonnage par l'artillerie 55
3. Asphyxier ou brûler les défenseurs ? 59
4. L'ultime solution : faire sauter l'Alcazar 60
5. Les journées terribles : 18-21 septembre 64

Chapitre 7 – La libération des assiégés de l'Alcazar 71
1. La progression de l'Armée d'Afrique 71
2. L'attaque désespérée des gouvernementaux contre l'Alcazar... 74
3. La prise de Tolède par Varela et la délivrance des assiégés. 75

Chapitre 8 – Les horreurs de la guerre 79
1. De lourdes pertes pour les défenseurs de l'Alcazar 79
2. La « terreur rouge » à Tolède de juillet à septembre 1936 ... 82
3. Les pertes des Républicains 83
4. L'implacable répression franquiste 87

Conclusion : Les conséquences de la libération de l'Alcazar 89

Document annexe : Le siège de l'Alcazar de Tolède
par le Commandant D. Pedro Méndez de Parada 97

Bibliographie sélective sur le siège de l'Alcazar 143

Notes biographiques sur les principaux protagonistes 161

Table des illustrations 175
I. Cartes et croquis 175
II. Photographies 175

Campagnes & Stratégies

LE JUTLAND (1916). *La plus formidable bataille navale de tous les temps*, François-Emmanuel Brézet.

YORKTOWN (1781). *La France offre l'indépendance à l'Amérique*, Raymond Bourgerie, Pierre Lesouef.

CONTRE-GUERILLA EN ESPAGNE (1808-1814). *Suchet pacifie l'Aragon*, Jean-Louis Reynaud.

LA BATAILLE D'ANGLETERRE (1940). *La bataille aérienne décisive de l'Histoire*, Patrick Facon.

DENAIN (1712). *Louis XIV sauve sa mise*, Gérard Lesage.

L'AMIRAL DE RUYTER AU COMBAT (1607-1676). *Le Zélandais qui fit trembler l'Angleterre*, Hubert Granier.

BULGNEVILLE (1431). *L'Etat bourguignon prend pied en Lorraine*, Bertrand Schnerb.

BEVEZIERS (1690). *La France prend la maîtrise de la Manche*, Jean Meyer.

LA CAMPAGNE DE BIRMANIE (1942-1945). *L'armée des Indes défait les Japonais*, Pierre Lesouef.

LA NOCHE TRISTE (1520). *La dernière victoire du Peuple du Soleil*, Paul Hosotte.

LE SIÈGE DE MEXICO (1521). *La mort du Cinquième Soleil*, Paul Hosotte.

MAGENTA ET SOLFERINO (1859). *Napoléon III et le rêve italien*, Raymond Bourgerie.

LA GUERRE DE VENDÉE (1793-1796), Yves Gras.

MERS EL-KEBIR (1940). *La rupture franco-britannique*, Hervé Coutau-Bégarie, Claude Huan.

PALIKAO (1860). *Le sac du Palais d'Eté et la prise de Pékin*, Raymond Bourgerie, Pierre Lesouef.

VENISE ET LA PORTE OTTOMANE (1453-1566). *Un siècle de relations vénéto-ottomanes de la prise de Constantinople à la mort de Soliman*, Marie F. Viallon.

LA BATAILLE DE L'ATLANTIQUE (1939-1945). *La victoire logistique et celle du renseignement, clés de la victoire des armes*, 2e éd., Guy Malbosc.

FONTENOY (1745). *Louis XV, arbitre de l'Europe*, Jean-Pierre Bois.

LA CAMPAGNE DU MEXIQUE (1862-1867). *La fin de l'hégémonie européenne en Amérique du Nord*, Jean Avenel.

LA BATAILLE DE GETTYSBURG (1864). *Le tournant de la guerre de Sécession*, Lee Kennett.

LA BATAILLE DE MALPLAQUET (1709). *L'effondrement de la France évité,* André Corvisier.

L'ARMÉE DE L'AIR DANS LA TOURMENTE. *La bataille de France (1939-1940)*, 2e réimp., Patrick Facon.

LA GUERRE DES BOXERS (1900-1901). *Tseu-Hi évite le pire*, Raymond Bourgerie, Perre Lesouef.

L'ARME BLINDÉE FRANÇAISE. *Tome 1 : Mai-juin 1940 ! Les blindés français dans la tourmente – Tome 2 : 1940-1945 ! Dans le fracas des batailles*, Gérard Saint-Martin.

L'AFFAIRE DU RIO DE LA PLATA (1838-1852), Jean-David Avenel.

L'ARMÉE DE L'AIR DES ANNÉES NOIRES. *Vichy 1940-1944*, Claude d'Abzac-Epezy.

LA BATAILLE D'ABOUKIR (1798). *Nelson contrarie la stratégie de Bonaparte*, Michèle Battesti.

SUFFREN DANS L'OCÉAN INDIEN (1781-1783). *L'empire des Indes à la portée du roi de France*, Claude des Presles.

LA GUERRE ISRAÉLO-ARABE D'OCTOBRE 1973. *Une nouvelle donne militaire au Proche-Orient*, Pierre Razoux.

NASAN (1952-1953). *La victoire oubliée*, Jacques Favreau, Nicolas Dufour.

LES FLOTTILLES CÔTIÈRES DE PIERRE LE GRAND À NAPOLÉON. *De la Baltique à la Manche*. Maurice Dupont.

LA FIN D'UN EMPIRE. *Les derniers jours de l'Isle de France et de l'Isle Bonaparte*, Roger Lepelley.

EN MAI 1940, FALLAIT-IL ENTRER EN BELGIQUE ?, 2e éd., Bruno Chaix.

INTERVENTIONS ALLIÉES PENDANT LA GUERRE CIVILE RUSSE (1918-1920), 2e éd., Jean-David Avenel.

LA BATAILLE NAVALE DES « CARDINAUX » (20 NOVEMBRE 1759), Guy Le Moing.

DE GENGIS KHAN À QOUBILAÏ KHAN. *La grande chevauchée mongole*, 2e éd., Dominique Farale.

LA BATAILLE DE LÉPANTE (1571), Henri Pigaillem.

LES ERREURS STRATÉGIQUES DU IIIe REICH PENDANT LA DEUXIÈME GUERRE MONDIALE, 3e éd., Bernard Schnetzler.

LES ERREURS STRATÉGIQUES PENDANT LA PREMIÈRE GUERRE MONDIALE, 2e éd., Bernard Schnetzler.

SALAMINE ET LES GUERRES MÉDIQUES (480 avant Jésus-Christ), Henri Pigaillem.

L'INDÉPENDANCE DES PAYS DE LA BALTIQUE (1918-1920), Jean-David Avenel et Pierre Giudicelli.

LA GUERRE DES SIX JOURS (5-10 JUIN 1967). *Du mythe à la réalité*, 2e éd., Pierre Razoux.

LA BATAILLE DES MONTS NEMENTCHA (ALGÉRIE 1954-1962). *Un cas concret de guerre subversive et contre-subversive*, Dominique Farale.

DAKAR 1940. *La bataille fratricide*, Hervé Coutau-Bégarie et Claude Huan.

BLENHEIM 1704. *Le prince Eugène et Marlborough contre la France*, Henri Pigaillem.

1914. *Une Europe se joue sur la Marne*, Patrick Garreau.

ANTIETAM. *Le jour le plus sanglant de la guerre de Sécession*, Frédéric Naulet.

LA PREMIÈRE GUERRE AÉRIENNE, 1914-1918, Lee Kennett.

HOA BINH (NOVEMBRE 1951-FÉVRIER 1952). *De Lattre attaque en Indochine*, Philippe Fouquet-Lapar.

LOUIS XIV À LA CONQUÊTE DES PAYS-BAS ESPAGNOLS. *La guerre oubliée (1678-1684)*, Bertrand Jeanmougin.

L'ARMÉE DE L'AIR DE LA VICTOIRE (1942-1945), Patrick Facon.

LA CONFÉDÉRATION SUDISTE, 1861-1865. *Mythes et réalités*, Serge Noirsain.

LA BÉRÉZINA. *Une victoire militaire*, Fernand Beaucour, Jean Tabeur, Lidia Ivtchenko.

JEANNE D'ARC. *La politique par d'autres moyens*, Jean Cluzel.

LES ERREURS STRATÉGIQUES DES GAULOIS FACE À CÉSAR, Philippe Richardot.

LA GUERRE HISPANO-AMÉRICAINE DE 1898. *La naissance de l'impérialisme américain*, Jean-David Avenel.

LES PLAINES D'ABRAHAM. *Québec 1759-1760. L'adieu à la Nouvelle-France ?*, Gérard Saint-Martin.

LA DÉFAITE FRANÇAISE : UN DÉSASTRE ÉVITABLE. *TOME 1 : Le 16 mai 1940, il fallait rester en Belgique – Tome 2 : Le 16 juin 1940, Non à l'Armistice !*, Jacques Belle.

HISTOIRE DES LUTTES ENTRE LA RUSSIE ET LES TURCO-MONGOLS, Dominique Farale.

EYLAU *(8 février 1807). La campagne de Pologne, des boues du Pultusk aux neiges d'Eylau*, Frédéric Naulet.

FRIEDLAND *(14 juin 1807). La campagne de Pologne, de Danzig aux rives du Niémen*, Frédéric Naulet.

LA GUERRE RUSSO-TURQUE (1768-1774) ET LA DÉFENSE DES DARDANELLES. *L'extraordinaire mission du baron de Tott*, Ferenc Toth.

KOURSK, LES QUARANTE JOURS QUI ONT RUINÉ LA WEHRMACHT (5 juillet-20 août 1943), Jean Lopez.

LES TURCS FACE À L'OCCIDENT. *Des origines aux Seldjoukides*, Dominique Farale.

L'INDÉPENDANCE DES PROVINCES UNIES. *Cent ans de sièges et de guerres (1559-1659)*, Kees Schulten.

LA CONQUÊTE MUSULMANE DE L'EGYPTE. *(639-646)*, Louis Chagnon.

STALINGRAD. *La bataille au bord du gouffre*, Jean Lopez.

DÉFENSES ET SIÈGES DE PARIS (1814-1914), Marie-France Sardain.

PARIS CONTRE LA PROVINCE ! *Les guerres de l'Ouest, 1792-1796*, Jean Tabeur.

LA TURQUIE OTTOMANE ET L'EUROPE. *Du XIVe siècle à nos jours*, Dominique Farale.

MORAT (1476). *L'indépendance des cantons suisses*, Pierre Streit.

ROMMEL ET LA STRATÉGIE DE L'AXE EN MÉDITERRANÉE *(février 1941-mai 1943)*, Vincent Arbarétier.

LES BATAILLES DÉCISIVES DE L'HISTOIRE DE FRANCE, Gérard Blier.

WARERLOO (1815). *La double incertitude*, Kees Schulten.

WAGRAM (5 ET 6 JUILLET 1809). *Le canon tonne sur les bords du Danube*, Frédéric Naulet.

MOHACS (1526). *Soliman le Magnifique prend pied en Europe centrale*, Janos B. Szabo et Ferenc Toth.

BERLIN. *Les offensives géantes de l'Armée rouge – Vistule-Oder-Elbe (12 janvier-9 mai 1945)*, Jean Lopez.

LA FIN DE LA CAMPAGNE DE FRANCE. *Les combats oubliés des Armées du Centre (15 juin-25 juin 1940)*, Gilles Ragache.

TANNENBERG (1914). *Sacrifice russe pour la France ?*, Pierre Rigoux.

LES PRISONNIERS DE GUERRE FRANÇAIS. Enjeux militaires et stratégiques (1914-1918 et 1940-1945), Evelyne Gayme.

LE SIÈGE DE L'ALCAZAR DE TOLÈDE (JUIN-SEPTEMBRE 1936), Alain Huetz de Lemps.

LES DÉBARQUEMENTS EN ANGLETERRE. *De César à Hitler*, Général Gilbert Forray.

Achevé d'imprimer en France en octobre 2010
dans les ateliers de Normandie Roto Impression s.a.s.
à Lonrai (Orne)
N° d'impression : 103739
Dépôt légal : octobre 2010